シニア 学びの群像

定年後ライフスタイルの創出

木下康仁
Yasuhito Kinoshita

弘文堂

シニア　学びの群像――定年後ライフスタイルの創出　◎目次◎

第2部

タイプ別特性：大学併設型と市民大学型——189

第4章◉大学併設型二例……191

第5章◉市民大学型

第3部 シニアの学びの国際動向

序章　日本的サードエイジへ

はじめに

本書は学びの経験に着目し、超高齢社会と呼ばれるまでに至った日本社会において変動期を生きるシニアの人たちが豊かなライフスタイルを形成していくプロセスを探求したものである。

はじめに、本書で用いるシニアの意味を説明する。この言葉は一般には高齢者と同義、あるいは、どちらかというとポジティブなニュアンスで用いられていると思われるが、本書ではもう少し独自の意味を込めている。第一に、年齢上高齢者は六五歳以上とされ、また定年年齢も六五歳が基準になっているが、本書でのシニアはおおむね五〇歳以上とする。実態は圧倒的に定年後の人たちを指すが、定年前からのある程度の期間を含むものとする。定年後のライフスタイルは定年になって突然始まるのではなくそれ以前から考え始め準備するのが望ましいからである。

第二に、シニアを対象とする生涯学習プログラムは国内外とも五〇歳以上としている場合が一般的なためである。

第三に、シニア期を人生段階としてサードエイジ（Third Age）、第三期と位置付ける。新しく創出されるシニアのライフスタイルは、心身状態に左右される面はあるものの、限りある時間の中でのことである。「いずれそのうち」ではなく「いまさら」でもなく「今ここで」が重要となる。健康状態など個人差は非常に大きいのであるが、本書は学びの経験が「今ここで」のきっかけとなり、そこから始まる知的関心の深化、人間関係の拡がり、社会的活動への参加のプロセスを明らかにしている。そして、このプロセスを形容するのに最も適切な表現は、楽しさである。詳しくは後述するが（とくに第六章）、サードエイジとは成長して社会に出るまでの人生第一期、ファーストエイジ、仕事や家庭での責任を負う第二期、セカンドエイジに続く人生段階であり、この概念の提唱者であるイギリスの社会学者ピーター・ラスレットによって「人生最良のとき（crown of life）」と呼ばれる。つまり、サードエイジは厳密に定義される性質の概念ではなく、第二期の終わり頃から連続的に始まる。

第四として、シニアを幅広くとらえるとその中には異なる世代が含まれるが、本書ではシニアの主力を占めるいわゆる団塊世代（第二次大戦後の一九四七年から一九四九年に出生したベビーブーマー）と次に続く世代に主たる焦点を当てる。新たなシニア世代が次々に登場してくるのは言うまでもないが、これからはすべて戦後世代である。この後述べる人口動態の変動特性からみると、日本社会におけるサードエイジの生活文化の創造は本書が焦点化した世代の生き方にかかっていると考えられる。現状ではシニアは当事者の意識においても一様ではなく社会的にも漠然とした高齢集団とみられていて、顔が見えない。例えばこれはシニアを対象とする学びのプログラムの多様性、あるいは、混乱となっている。地方自治体主導で開始された老人大学と比較すると、現在の課題が理解しやすいであろう。対象者とそのニーズが変わってきているのである。したがって、シニアをどのように想定するかがプログラム構成のカギとなるが、この点に関して提供側も多様である。実は学ぶ側のシニアも暗中模索の状態であり、両者のマッチングにも多様な差が生じている。このように現状を過渡期とみると定年後のライフスタイルの創出に向けて学びの経験がもつ戦略性は、現在その渦中にある団塊シニアとその次の世代の意識と行動にかかっていると言えよう。

1　本書の理論的枠組みと構成

本書の基底にある理論的関心は、歴史的にみても極端な人口変動期の渦中にある日本社会において個人の成熟と社会の成熟はいかにして両立しうるかという問題である。これは相互的関係でありプロセスとして理解すべきであるが、本書は学びの経験を軸に個人の側からアプローチを試みる。言うまでもなくシニアにとって学びの経験はそれ自体として意味のあることなのだが、本書は、目的としての学びの経験の実態を詳細に理解しつつ、同時にそれが高齢社会における高齢者の社会的統合の戦略的な手段たりうるのではないかという問題意識に基づく。個人の側からアプローチし、学びの場を中心としたメゾ領域を介して社会にとっての課題の対応へと到達しようと試みる。

具体的には、個人史と社会の時間関係、社会学からの「役割なき役割（roleless role）」と社会的統合、生涯発達学からの第二モラトリアムとサードエイジ、そして、学びの戦略性の四点で本書の理論的枠組みを構成する。これらについては本章で説明していく。

なお、本書は都市部のシニアを主たる対象としている。これは本書のもとになった研究プロジェクトが首都圏で実施されたためであるが、プロジェクトの狙いが、シニアが最も多く生活する場である大都市という人工的環境においてシニアの学びの経験の目的性と手段性が明確に探求できるのではないかという判断にあったことによる。換言すると、人間と環境の相互関係でみたとき豊かな自然的環境は子どもであれ高齢者であれ人間の側の変化に柔軟に対応してくれるが、大都市とそこで人生の大半、あるいは、すべてを過ごしてきたシニア世代は独自の相互関係を築いていかなくてはならないわけだから方法論を必要とする。本書ではそれを、学びの経験とした。ただ、人間の側は生活水準、高等教育の普及、情報化などにより全国的に均質化しておりシニア世代も例外ではないので、本書の内容は大都市部以外の地方や地域においても参考になると考えている。

本書は三部構成で、第一部「シニア、学びの経験を語る」では立教大学が独自に開講している生涯学習プログラムである立教セカンドステージ大学（以下適時、セカンドステージ大学と略記）で学んだ六人の語り（第一章）と、そこから大学院へと進んだ二人の語り（第二章）、そして、筆者の担当した科目での学部生とシニアの共に学ぶ経験のエスノグラフィー（第三章）である。こうした構成で、シニアの学びについて当事者の経験を提示している。

第二部「タイプ別特性：大学併設型と市民大学型」は学びのプログラムを取り上げその特性と課題を検討するとともに、学ぶ側のシニアの経験の多様性を、プログラム提供側の組織的支援との関連で考察している。プログラムの説明だけでなく受講側に力点をおいているのは潜在的受講生を含め、シニア受講生像が定まっていないなかでプログラムを提供する側もターゲットが絞り切れていないと考えられるからである。

大学併設型（第四章）と市民大学型（第五章）の二つのタイプを取り上げ、具体的には前者では立教セカンドステージ大学と同サポートセンターと同窓会、後者は東京農業大学グリーンアカデミー（以下適時、農大グリーンアカデミーと略記）を事例として取り上げ検討する。市民大学型では、かわさき市民アカデミーとなかの生涯学習大学という独自の特性と歴史を有する二例を取り上げ、学習プログラムの詳細な検討から市民大学が果たしうる可能性を考える。

改めて指摘するまでもなく、シニアを対象者に含む学びの機会はこれらのタイプ以外に多数提供されている。大学を中心にみれば併設型としてエクステンションセンターをもつ大学は少なくないし、学部や大学院への正規入学型、放送大学などがある。また、市民大学にいたっては地方自治体がベースに展開されているから文字通り多数存在している。いわゆるカルチャーセンターのように商業的にも多くのプログラムがみられる。そうした多様なタイプについても本研究プロジェクトでは現状理解を進めているが、本書は大掛かりな実態調査ではなく、少数の具体例を参加者の視点を含めて詳細に理解するものである。

今回のアプローチの特性は、研究プロジェクトのチーム編成にある。筆者は所属学部である社会学部と立教セカンドステージ大学の両方で講義科目とゼミを担当したのであるが、後者を修了後に農大グリーンアカデミー、かわさき市民アカデミー、なかの生涯学習大学へと進んだ人たちが「当事者」としてチーム参加者となっている。筆者と彼らとの関係も六年間に及ぶ。したがって、ここで取り上げる四例はそれぞれ明確な特性をもつが、そのタイプにおける代表例として選定されたわけではない。また、参加シニアも学びのスーパーモデルではなく普通の経験者である。ただ、さまざまな迷いを含め学びについての関わりの深さがあり自身の経験自体を振り返ることが可能というか、振り返るだけの経験の蓄積をもつシニアたちであり、サンプル調査ではできないアプローチをとることができた。

さて、第三部は海外研究であり、イギリスにおいて第二次世界大戦後もっとも成功した社会運動と評価されているシニアの自律的学習活動U３A（University of the Third Age の略、以下適時、U３Aと略記）について、まず全国的視点から歴史的経過を含め総合的に取り上げ、ついで、実際の活動展開を事例研究としてのシェフィールド市のU３Aを例に報告している（第六章）。なお、U３Aは訳せば第三期大学となるが訳語として落ち着かないので、むしろこのままで覚えるのがよい。

本書の構成は以上のようであるが、ここで次の点に触れておきたい。第一部と第二部でU３

Aへの言及が見られるのであるが、これはプロジェクトの進め方として、最初にイギリスU3Aをチーム内で検討しそこから本書全体を通底する視点を得たことによる。つまり、共通枠組みとしてU3Aを位置づけ、それを参照軸とした。テーゼ的に言えば、「教える者も学び、学ぶ者もまた教える（those who teach shall learn and those who learn shall also teach）」である。本書では、これをラスレットのテーゼと呼ぶ。したがって、第六章を先に読むと全体の理解がしやすくなるであろう。

2　高齢社会における高齢者という時間枠組み

日本の人口の高齢化に関してはすでに一般の人々の意識の中に織り込み済みになっていて、話題自体が食傷気味となり関連統計資料の最新値が発表されても新鮮さは乏しいものに感じられるようになってしまった。高齢化率（総人口に占める六五歳以上の比率）、平均寿命（〇歳児の平均余命）、特殊合計出生率（一人の女性の生涯出産数）など主要な統計指標は広く理解され、近年では高齢化社会（高齢化率七％以上）から高齢社会（同一四％以上）への変化の先に「超高齢社会」（同二一％以上）という言い方を耳にするようになってきた。ちなみに、二〇一五年の高齢化率は二六・七％で、今後二〇三〇年には三一・六％、そして、二〇五〇年には最大の三九・六

％に達すると予測されている。高齢者の定義を六五歳以上から七五歳以上に変更すべきという学会提案もある。そして、日本は世界のどの国もいまだ経験したことのない課題状況、モデルなき時代に突入しているといわれる。これも、誇張ではないだろう。

しかし、私たちの理解は果たして十分かつ適切なのだろうか。社会政策は人口動態の予測に基づいて策定、実施され、私たちの受益と負担――といっても比重は負担に大きく偏るのであるが――に直結してくる。このあたりで一度立ち止まり私たちの置かれている状況をぐるりと眺めてみてもよいだろう。

例えば、次の資料をみてみよう[1]。

これは日本の総人口の長期推移を示したものである。鎌倉幕府成立（一一九二年、七五七万人）以降の総人口の推移を、主な歴史的転換時のデータを交えて二〇〇〇年頃までの実績とその後二一〇〇年までの推計である。一般に人口の増加は社会の発展、拡大の指標と考えられているが、日本の歴史において急激な人口増加が始まったのは明治維新以降の近代産業化の時代である。歴史人口学的には長期的な変遷も興味深いが、ここでこの図で注目したいのは、大き

1　総務省、www.soumu.go.jp/main_content/000273900.pdf
二〇一七年七月一日閲覧

図　我が国における総人口の長期的推移（総務省グラフ）

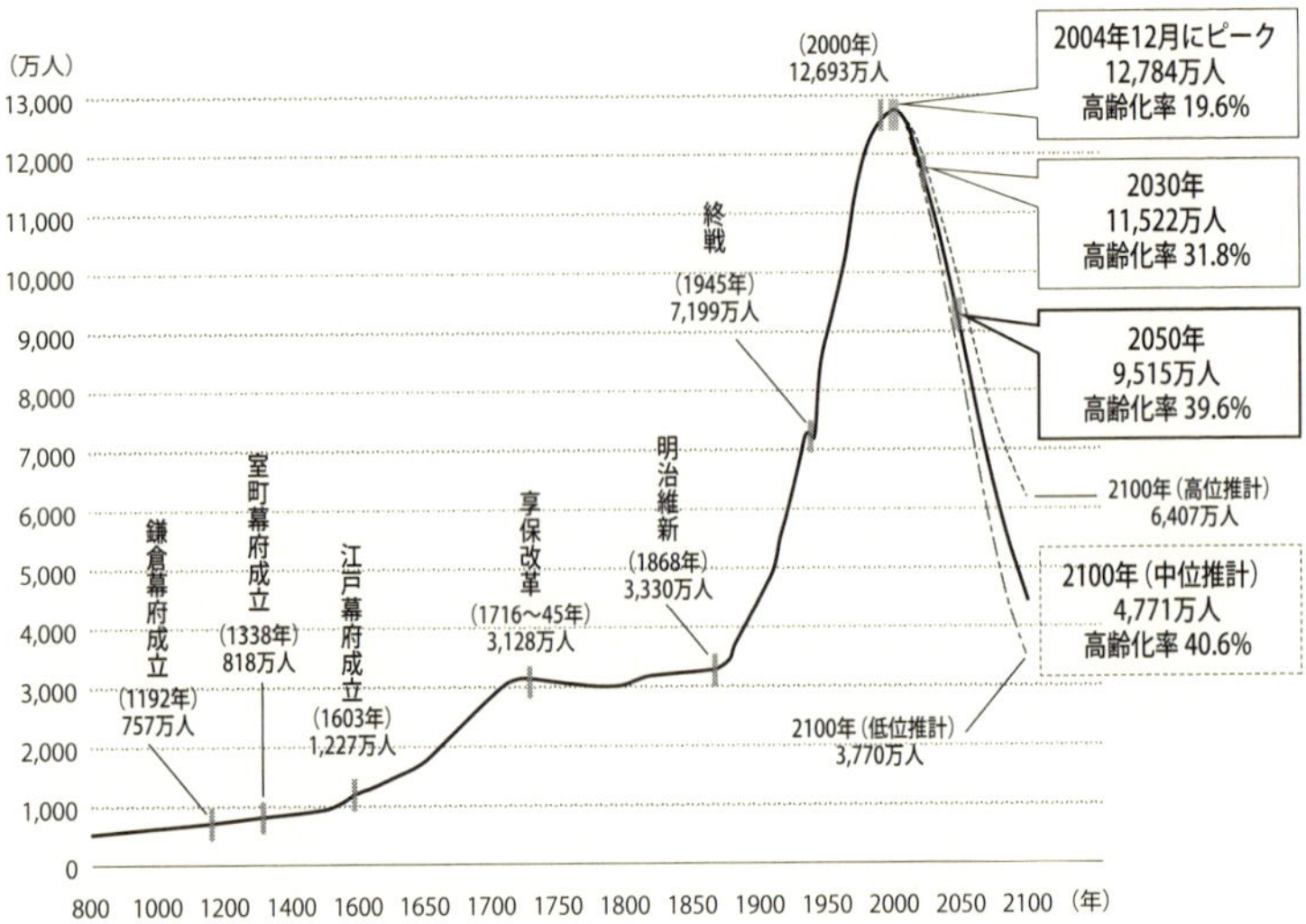

出典：「国土の長期展望」中間とりまとめ 概要（平成 23 年 2 月 21 日国土審議会政策部会長期展望委員会）

くは明治維新後の約二〇〇年、さらに絞って太平洋戦争後の一九五〇年から二〇五〇年までの一〇〇年間である。

その理由として、六点挙げられる。第一に、総人口は二〇〇四年に一億二、七八四万人でピークに達し、以後長期的な減少局面に入るということ。出生数よりも死亡数が多くなる多死社会となる。

第二に、増加にしても減少にしても変化の極端さである。日本の総人口は二〇〇四年を頂点に約五〇年間の急激な増加から一転急激な減少局面に突入していくと予測されている。むろん、人口の増減は歴史的にもみられ社会変動の動因となった例は珍しくはないが、ここでの増減現象は構造的といえる規模の、極端な変化である。ジェットコースターのようにという表現が比喩を越える迫力を感じさせるほど、これは歴史的にみて非常に特異な変化である。

第三には、人口規模の比較である。二〇五〇年は九、五一五万人と予測されている。一〇〇年前の一九五〇年では八、三二〇万人であった。ちなみに、一九六〇年は九、三四二万人で一九六五年が九、八二八万人なので近似値でみると一九六〇年代前半の高度成長期と同程度となる。ただ、ここでの関心は厳密な人口規模の比較ではなく傾向をつかむのが目的であるからおおむねでよく、区切りの良い一九五〇年から二〇五〇年まででみていきたい。なお、図は二一〇〇年の予測を三パターンで示しているが、本書での議論としては二〇五〇年までとしておく。その頃には定常化を見越した社会の在り方が明確になっているであろう。したがって、最終的に総人口が定常化するレベルがどのあたりになるのかは、現時点では推計値の幅をおさえるので十分である。

第四として、総人口の規模はほぼ同じになるとしても年齢構成は大きく異なる。周知のように高齢化率が七％に達し高齢化社会となったのは一九七四年であったが、二〇〇四年には一九・六％、二〇三〇年には三一・八％、そして、二〇五〇年には三九・六％と達するとされる。

第五に、そしてこの点を強調したいのだが、この一〇〇年間で区切る狙いは、現時点（二〇一七年）で見た場合一九五〇年以降に生まれた人たちはこの期間を〝生きている〟ということである。他人事ではなく自分がこの変動渦中を生きていく。単純にこのグラフに自分の人生期間を重ねてみると、ミクロ（個人史）とマクロ（社会・国家の歴史）の関係がイメージしやすい。過去の存在としてではなく、人口統計に抽象化されてくくられる存在でもなく、当事者として生活し現実に存在しているのであり、この人々が本書のメッセージの一番の届け先である。

いわゆる団塊世代は日本の場合厳密に一九四七年から一九四九年に出生と定義されているが、切りの良い一九五〇年を基点にすると人口急増期に人生の前半期を過ごし人口減少期に入って間もなく定年となり、年金生活に入り八〇歳までが寿命とすると二〇三〇年、九〇歳なら二〇四〇年になる。いずれにせよ二〇五〇年にはごく少数を除き生涯を終えていることになろう。当然だが、後続世代はピークの二〇〇四年を遅れて通過し減少局面を生きる期間が長くなる。なお、第三章「シニアと学部生の異世代共学エスノグラフィー」で私たちは二〇一五年前後の時期に筆者が担当した授業におけるシニアの人たちと、一九九五年頃に生まれた現役大学生——人生の大半を人口減少局面で生きる世代——とのやり取りを取り上げる。

さて、最後になる六番目の理由は、一九五〇年前後に出生した世代の、あまり指摘されることのない特性である。先の図でミクロとマクロの重なり合いから、何が読み取れるだろうか。生涯一度も戦乱や大きな社会混乱に巻き込まれることなく、生物としての限界に近い長寿を全うできるのがほぼ約束された幸運の世代なのであり、この一点で奇跡の世代と呼んでも誇張ではないだろう。「ほぼ」という限定を一応つけたのはこの先のことは誰も保証などできないからであるが、戦後七〇年以上も平和が続き人々の生活が豊かになり長寿が一般化したのは、やはり奇跡としか呼びようがない。この事実がどの程度必然であり偶然であったかは議論の分かれるところであるが、ここではこの議論には立ち入らない。ただ、後続世代が押しなべて奇跡の恩恵にあずかれるかどうかは不透明である。

以上が本書のミクロ（個人史）とマクロ（社会・国家）を架橋する時間枠組みであり、「我々は今、この時代を生きている」という認識の共有のための作業である。

3　役割なき役割（roleless role）の克服と社会的統合の促進

次に、高齢社会における高齢者を理解するための社会学的な理論枠組みとして、個人レベルにおける「役割なき役割」という概念と、巨大な人口集団となった高齢者の社会的統合の困難性というマクロなレベルでの課題を設定する。ここでもミクロとマクロの文脈の分裂傾向が自明とされ、一方では定年退職により得た自由な時間を趣味や社会活動などで有意義に過ごすことが奨励されて、他方では高齢者人口の存在は年金を中心に社会保障制度への巨大な負荷として論じられる。前者では当事者任せ、後者は医療や介護を含め国家の責任、そして、私たちはこの構図に疑問を感じることもない。心身面でとりあえず自立できていれば当事者任せでよいということだが、「高齢社会における高齢者」、とりわけ現在の日本の状況を踏まえると、これは個人の問題であると同時に社会的問題でもある。しかし、特段の健康問題や要介護状態でなければなぜ個人と社会にとって問題であるのかは理解されにくいのが現状である。本書は「学ぶ」という一点からこの状況に対して取り組んだものである。なぜなら、前節でみたように日本は静かな社会変動の渦中にあり、みえにくいがさまざまなレベルで軋みが増幅している。高齢者はむろんだが人々の意識と社会の仕組みが再構成される必要がある。

ミクロなレベルにおける個人の具体性とマクロなレベルでの個人の抽象化という双方の特性をどのように架橋、統合できるかという問題に対して、個人レベルでの役割なき役割と社会的には不安的な巨大な人口集団の存在（社会的不統合状態）の概念構成でアプローチを試みる。基軸は役割という概念になる。社会学にとっては最重要概念の一つであり、本来であれば役割論として詳細な議論が必要であるが、役割なき役割（roleless role）の概念はその新展開の可能性を秘めている。

さて、役割なき役割——語感もよく覚えやすいのでroleless roleの表記も適時使っていきたい——とは言うまでもなく、逆説的概念である。存在はしているが果たすべき役割があいまいな状態を指す。人間が社会的存在であるためには、たとえ中は空っぽであっても器として役割の概念は不可欠であるということであり、それほどに重要な概念なのである。簡単に言えば、役割とは個人を日常的に他者との安定した関係におくものであり、社会的関係の場合と家族関係の場合に大別される。本書での比重は社会的関係におく。通常この関係は好むと好まざるとを問わずという性格を帯びる。なぜなら、役割は個人が自由に選択できるというよりもある組織や集団に所属しある位置を占めることと連動しているからである。この社会的位置のことをとくに社会的地位（status：俗にいう地位が高い、低いの意味ではなく、社会における個人を分析するための概念である）と呼ぶ。したがって、役割は地位の機能的表現で、例えばある会社の課長さんであればその地位ゆえに、しなくてはならないこと、すべきこと、してはならないこと等々他者との関係でさまざまな役割が発生し、必要な調整をしながらの多様で複雑な相互行為となる。これが私たちの社会生活である。地位を占めれば役割は自動的に生ずるのであるから、roleless roleとは存在はしていても地位が不在なために他者との安定した関係をもちにくい状態ということになる。高齢化とは、定年退職者という地位なき存在の巨大集団化である。例えば、仮に定年延長が進めば地位は供給され続けられ、その程度においてroleless化は緩衝されるであろうが、定年退職あるいは退職はいずれは訪れるので、ロールレス化が社会的に完全になくなることは考えにくい。社会制度、社会組織のフォーマルなレベルに回収されることはないし、他方、伝統的に、また、高齢化の初期段階においては家族内での地位が役割を与えていたが、家族の変容も著しく役割供給源としては先細っている。つまり、考えるべきはやはり「高齢社会における高齢者」についてなのである。

本書では高齢者について考えていくのだが、roleless roleは高齢者に限定されるわけではない。思考練習として他の場合を考えることで、この概念が活用しやすくなろう。地位が不在かあいまいなために役割があいまいな状態にある人はだれかを考えてみる。例えば、引きこもりと呼ばれる現象はどうであろうか。この現象自体、程度も定義もあいまいであるが、会社員とか学生とか、職業あるいは学業における地位を離脱した状態と考えると、その実態は他者との安定した日常関係の世界から離脱、つまり、存在はしているが役割があいまいか欠如している状態とみることもできよう。高齢者の場合は定年という制度により強制的に地位を失うのとは対照的に、引きこもりでは状況的に強制の面もあるのかもしれないが自身の側から撤退する面もあろう。役割という概念が本来的に人と人を結びつけ関係を形成するという意味であるから、引きこもりの状態を問題視し職業や学業につくことを支援の直接的目標にするよりも、roleless状態からの脱却、まずは他者との安定した日常関係の成立を目標にするという考えが導ける。今の社会ではむずかしくなってきているが、個人にとっても社会においてもあいまいさの許容幅が縮小しすぎてしまったのではないか。何を言いたいかというと、実はそうした社会変革の突破口になるのが高齢者のroleless roleの克服で、社会的統合を進めていくと高齢者だけではなくいまの社会において周縁化され居場所をもてない他の人々、最近の言い方では社会的に排除された人々をも抱摂していくことができる。成熟社会の姿はそこまでいって構想できるのであり、高齢社会における高齢者への対応は目的であると同時に成熟社会への方法でもある。

以上の議論から示唆されるように、役割なき役割の克服を考えると役割概念の整理が必要になる。ごく簡単に説明させていただきたい。社会学の役割論におけるフォーマルな役割とインフォーマルな役割の概念区分を本書の目的に合わせて再設定する。両者を明確に分離し後者を前者の従属的とする対比的関係ではなく、つまり、フォーマルな役割を前提としてのインフォーマルな役割という理解ではなく、インフォーマルな役割をそれ自体として拡張する。上記のあいまいさの許容幅の縮小化に対してそれを拡大しようとすることはこの点と重なる。

地位と役割をフォーマルな概念セットとし、地位を介して個人を社会構造に統合する方向を定式化したのはアメリカの文化人類学者のラルフ・リントンであった（Linton, 1936）。社会的秩序の理論化を目指した構造機能主義の立場からのフォーマルな役割論によるミクロとマクロの統合であり、カギは言うまでもなく接続点としての地位におかれた。この考えでは、地位をもたない人は社会的に統合されず、社会のメインストリームからは離脱していることになる。病気のために社会的参加から一時的に離脱しても病者／患者役割、sick role（Parsons, 1951＝1974）と概念化され、存在としては病者、医療システム内では患者というフォーマルな地位に移行し、社会復帰のために努力することが役割として期待される。フォーマルな理論的立場は社会全体のシステム統合を最優先するから、この概念セットでとらえられるところまで個人をどこまでも追跡していく。それが困難となった人々は残余カテゴリーにまとめられ社会的統合の周縁部に位置付けられる。しかし、この理論化形式が破綻せざるを得なくなるのが高齢社会における高齢者の存在なのである。高齢は、周縁化を許さない規模であるためメインストリームの再編をうながすことになる。その結果、フォーマルとインフォーマルの中間領域で、後者を拡大することで緩やかな地位と柔軟な役割からなる新たな組み合わせを開発し提供していくことが課題となる。

一方、社会学においてはインフォーマルな役割はフォーマルな役割を補完するという位置づけではなく、インフォーマルな役割を積極的に意味付ける独自の理論的系譜がある。アメリカ社会学を代表する理論潮流の一つであるシンボリック相互作用論（Blumer, 1969=1991）がそれであり、社会的秩序は、人が他者との相互作用により共有できる意味を生成し安定した関係性を構築していくプロセスにあるという基本的立場をとる。個人が社会の一員に成長していくのは社会化過程における役割取得により社会的自己を形成していくからであり（Mead, 1934=1995）、役割関係に基づく成人してからの他者との相互作用が社会的秩序の源泉を成すと考える。役割を社会的存在としての人間の発生論的中心におきつつ、社会に能動的にかかわり現実を変革していく個人の力を重視する考え方である。ミクロなレベルでの実際の社会的相互作用のダイナミズムに照準化するので構図としてはフォーマルに対してはインフォーマルとなるが、シンボリック相互作用論からみればこのインフォーマル性はフォーマル性に対して従属的なものではなく、それ自体で成立する本来的なものである。したがって、本書はシンボリック相互作用の役割概念を踏襲するが、高齢化と高齢者のロールレス化は社会構造的問題でもあるからマクロな視点と構造機能主義との関係はおさえていきたい。改めての強調になるが、高齢社会における高齢者の問題は部分的問題ではなく社会全体にかかわる問題だからである。両者の理論的統合が要請されていることになる。

役割をめぐる上記の対照的な理論は、社会構造とその安定性を重視するか、個人の能動性を重視するかの理論的立場と人間観の違いを反映している。前者はマクロ、役割は構造的に地位を介して付与されるもの、そして、社会規範に順応的な受身的な人間観となり、後者はミクロ、役割は与えられるのではなく主体的に安定した人間関係を創出するもの、現実に積極的に関与していく人間観を特徴とする。かなり大雑把な整理であるが、roleless role の概念の理解にはこの程度で十分であろう。

もう一点ここで指摘しておく必要があるのは、フォーマル性とインフォーマル性がオーバーラップするところで存在してきた家族についてである。社会構造からは社会を構成する基礎集団として位置づけられ社会成員の再生産と労働力の再生産が強調され、国家からは行政の基礎単位（世帯）とされる。他方では、こうしたフォーマル化の力が及びきらない、親密な関係性で成り立つ独自的世界であり人が社会の一員となる基礎力を身につけるところでもある。そして、この複合的性格により社会や歴史の変化に対して自身を変化させながらしなやかなバネのように対応してきた面もある。しかし、近代化の過程においてはともかく、高齢社会においては家族自体も形態面での縮小化や構成員の意識の個人化により大きく変化してきている。その結果、高齢者もまた個人化され、祖父母などの伝統的家族役割で roleless 化に対してバランスをとることも困難となっている。家族も役割供給源として機能しにくくなっているのであり、定年退職により職業的役割から roleless 化する高齢者は家族的役割すらも roleless 化している。

ところで、roleless role の概念を最初に提唱したのはシカゴ大学の社会学者のバージェス（Burgess, 1960, pp. 20-21）である。老年社会学の第一世代あるいはその前の先駆者世代の一人という方が適切かもしれないが、彼の名は都市社会学、それを含めたアメリカ社会学の基盤を確立した研究者としてシカゴ大学の名前とともに社会学では不動のものとなっている。この概念の歴史は古い。彼が高齢化の問題に取り組んだということは彼の構想力の大きさを示すものである。当時の老年社会学の理論的枠組みは近代化論で、彼の見方も大仕掛けであったが本質はとらえていた。高齢者は定年によって社会から押し出され、その役割は産業革命以前と比べ重要性を喪失し社会的マイノリティとして差別の対象になっていくとする。その結果、次の六点、すなわち、行動が消極的になり、他者に依存的になり、心身の衰えは介護施設頼みとなり、社会参加からは引きこもり、定年後の生活に何の準備もなく、学習能力もなく役に立たないといった差別的ステレオタイプに影響されることを指摘する。その上で、roleless role の問題を解決するには新しい余暇活動と機能的価値のある新しい役割を創出することだと主張した。

しかし、近代化論という歴史的変化の枠組みがあったことも関係してバージェスが指摘したのは個人レベルでの役割なき役割までであり、社会的統合との関係で理論化を進めたのは老年社会学第二世代の社会学者、カリフォルニア大学（サンフランシスコ校）のロソー（Rosow, 1974=1983）であった。彼も当時主流であった近代化論の影響は受けつつもオハイオ州クリーブランドで行った高齢者の集住環境の調査（Rosow, 1967）から、社会全体では排除される傾向にある高齢者が集住度の高い環境においては相互の関係性を活性化させコミュニティを形成していることを明らかにし、個人レベルを超えたところでの社会的統合の可能性に着眼することになる。背景の同質性の高さが社会的相互作用を活性化させていたことを発見した。

そして、高齢者が社会的に統合される条件として、社会的価値――高齢者、高齢であることに社会的に価値がおかれているか、社会的役割――高齢者には社会的役割があるか、集団所属――高齢者は所属する集団があるか、の三点を挙げた。地位と役割をセットとしたリントンの定式化、つまり、役割を地位の機能的表現とする解釈を批判しその関係を解除する。インフォーマルとみなされる領域の可能性を重視し、組織ではなく集団という緩やかなとらえ方をする。役割の日常的安定性を集団所属と関連させた。また、社会的価値とは社会的統合を推進する文化的、社会的背景と人々の意識のあり様を意味する。

ロソーの場合にはアメリカという若さを賛美し老いを忌避する文化をもつ社会において高齢者が社会的に排除され統合されない問題を構造的なものととらえ、言わば社会内社会として高齢者の社会的統合の理論化を模索したものである。老いに対する激しい拒絶を文化的背景とする社会であるから、理論化といってもどこまでもセカンドベストの制約を払拭できなかった。ただ、高齢者は他の世代と一緒に生活する環境が望ましいのであり高齢者だけの居住環境は一種の隔離であるという社会通念の中で――公民権運動に揺れた一九六〇年代のアメリカでは差別・偏見・隔離の克服は最重要の社会的課題であった――、その後社会学者や文化人類学者らによる社会経済的に多様な形態の高齢者集住環境のフィールドワークとモノグラフの発表が続き〝高齢者コミュニティの発見〟(代表例としてHochschild, 1973)がされていく。この研究の流れは、ロソーの理論モデルを確認するだけでなく、消極的で依存的、能力を喪失した高齢者というステレオタイプに対して、適切な環境があればメリハリのある日常生活を営むアクティブで能動的な高齢者像を具体的に示すことにもなった。

本書では、高齢社会における高齢者の視点から現在の日本社会における高齢者の社会的統合を検討していくので、社会内社会という問題設定は行わない。その必要はないからである。四人に一人以上が高齢者となった社会では高齢者はもはやマイノリティではない。しかし、巨大な規模にもかかわらず社会的には不安定な存在である。それゆえ、高齢者の社会的統合は社会全体の在り方にかかわる問題であり、他のすべての年齢層にも深くかかわる問題でもある。

社会的統合の三条件を作業仮説的に活用するうえで、社会的価値をどう考えるかに触れておきたい。社会的役割と集団所属の関係は実際に調査で探求するが、社会的価値はそこに影響を及ぼす背景要因である。先に指摘したようにバージェスからロソーに至る流れは、高齢者の経験と知識が若年者に対して指導的価値を有していた、近代化以前の伝統社会を参照軸におき、近代化の過程でその基盤を喪失し高齢者自体も社会的に存在価値を喪失していくという理解であった。ロソーが、高齢者、高齢であることに社会的価値がおかれているかと問うとき、すでに否という答えは用意されていたのであり、社会的価値の喪失は与件としてセカンドベスト、社会内社会を方向づけるものであったといえる。

私たちは本書でこの立場はとらない。近代化の歴史の中に高齢者の社会的価値の痕跡を捜す作業も意義あることであり、筆者も明治維新から第二次世界大戦末までの日本を例にかつてその検討をしている（木下、一九八三）が、高齢社会の高齢者を近代化の到達点を示す特有の歴史段階ととらえる私たちの作業には近代化論はもはや参考にならない。むしろ、ここでの老いの社会的価値とは、喪失状態をむしろ与件とし、外的に付与されるものではなく高齢者自身によって創造されるべきものと考えのが自然なのである。彼らがどのような生き方をしていくか、その実践によって生成されていく。本書では社会的役割と集団所属の関係からその可能性を探求していくが、そのダイナミズムの一端は、第三章「シニアと学部生の異世代共学のエスノグラフィー」で詳述している。

4 第二モラトリアムとサードエイジ

生涯発達学も本書が採用する理論枠組みの一つで、E・H・エリクソンの心理社会的発達理論に基づき独自に導いた第二モラトリアムの概念と、本章冒頭で言及したイギリスの社会学者ピーター・ラスレットが提唱した人生のサードエイジの概念で構成する（第六章で詳述）。エリクソンの理論については詳細な議論が必要なのであるがすでに多くの著作もあり、ここでは第二モラトリアムの概念との関係に絞って扱うことにする。一方、サードエイジの概念については、ここでは理論枠組みとの関連で述べるにとどめる。なお、社会学においては人の一生を就職、結婚、定年、配偶者との死別など人生上の出来事（life events）に着目しその変化や移行の観点から分析するライフコース論があるが、本書の関心は人生全体ではなく高齢期にあるので必要に応じて参考にするにとどめる。

次の図はエリクソンが理論化した生涯にわたる人間の社会心理的発達を示したものである（以下は、木下、一九八九、第六章の要約）。乳児期から老年期まで人生を八段階に分け、それぞれに固有の発達課題と危機を対比的に提示し、課題を達成することで獲得される人格上の強さを具体的に提示している。人格的強さは「徳」「善」などと訳されているが、原語はvirtue。英語の古形で生まれながらに備わっている強さの意味であるが、宝石の原石のようなものであるから人はその強さを生きていく中で獲得していかなくてはならない。しかも、薬の薬効のように時間的限定があるから獲得にもっとも自然な時期があり、これが人生段階の区分におおむね対応する。したがって、人間の生涯にわたる発達、人格的強さとは希望、意志、目的、技能習得力、忠誠、愛、ケア、知恵から構成される。

例えば、最初の一年目に相当する乳児期では発達上の課題は基本的信頼であり、発達上の危機は不信感、課題達成によって獲得される人格的強さは希望（Hope）である。ここでいう人格的強さは大文字で表記され、個々の具体的な希望（hopes）ではなく希望というものの意味である。生後間もないこの時期は母親あるいはその代替者との関係が最も重要でその後の他者との関係性の原型となるから、基本的信頼を築けた場合には他者一般は信頼できる存在として受

図　E・H・エリクソンの生涯発達理論（作業仮説表）

老年期								統合性 対 絶望 〈知恵〉
成人期							ジェネラテビティ 対 自己埋没 〈Care〉	
若い成人期						親密さ 対 孤独 〈愛〉		
青年期					アイデンティティ 対 その拡散 〈忠誠〉			
学童期				勤勉 対 劣等感 〈技能習得力〉				
遊戯期			自発性 対 罪悪感 〈目的〉					
幼児期		自律性 対 恥・疑惑感 〈意志〉						
乳児期	基本的信頼 対 不信感 〈希望〉							
	1	2	3	4	5	6	7	8（階級）

（木下、1989、p.64、一部修正）

け止められていく。逆に、この課題に失敗すると他者は警戒すべき存在となる。人格的強さの希望は「求めるものが得られるという確固とした信念」と定義されている。

エリクソンの理論の中で最も広く知られているのは、青年期の発達課題であるアイデンティティの概念である。自己証明、存在証明とも訳され、自分にとっての自分らしさと他者による自分への見方が一致するところに成り立つ概念なのだがこれは外形的なものというよりは優れて内面的で安定したもの、行動の判断基準となる価値観に当たるようなものである。したがって、簡単に達成できる課題ではなく、青年期においてはそのためのさまざまな試みがなされる。人格的強さである忠誠にはfidelityがあてられており、王に忠誠を誓うという場合のloyaltyの忠誠とは意味が異なる。「避け得ざる価値体系の矛盾にもかかわらず、自ら自由に選んだものに忠誠を尽くす能力」と定義されている。これがアイデンティティの基盤である。同時に、青年期にあっては社会的スキルの習得も重要であり、自分らしさを他者との相互作用において模索し完全にコミットメントすることなくさまざまな役割を経験する。これは役割実験と呼ばれる。社会人であれば失敗すれば責任を問われるような場合であっても青年期のこうした行動はそうした責任を免除される傾向にある。この状態に対して、エリクソンは経済学で支払猶予を意味するモラトリアムの概念を借用したのである。アイデンティティ模索の時期における社会的に許容される猶予期間の意味である。

近代化が進んだ社会では社会に出る前に一定の調整的猶予期間が与えられる傾向にあり、具体的には大学あるいはそれに類似した環境がその主な例とされる。

本書ではシニアを五〇歳以上とするが、定年前後の時期をその後の生き方を模索するためのもう一つのモラトリアムと考え、「第二モラトリアム」として概念化したい。シニアライフへの移行は一般に思われているほど自由でも簡単でもなく、当然青年期とは異なる面があるが当事者にとっての切実性ではそれほど差がないといえる。二〇一四年の簡易生命表（厚生労働省）をみると、平均余命は男性で、五〇歳で三二・一八年、六〇歳で二三・三六年、六五歳で一九・二九年、同様に女性では五〇歳で三七・九六年、六〇歳で二八・六八年、そして、六五歳では二四・一八年である。これだけの時間を生きることは、定年を契機にただなんとなく入っていくのはむしろ危険ともいえるのであり、調整的猶予期間（第二モラトリアム）が必要であると考えた方が現実的であり、自分自身が納得できる生き方を創り出すためにさまざまな試み行動が必要である。なぜなら、アイデンティティの場合と同様に、ここでいう調整の中には価値観や人生観などの内面的な要素が含まれるからである。

青年期の場合ではアイデンティティは成人として社会に出ていくために獲得していくもので

あり、そのための猶予期間がモラトリアムであったのに対して、第二モラトリアムにおける課題はむしろそれまでの社会生活で獲得してきたものからいったん自由になって組みなおす、再編成することである。俗に定年後はただの人になることといわれているが、これはたいしたことではないと思われているかもしれないが実は至難なことである。この点は強調しておきたい。したがって、そのための方法論と場が重要となるのであり、本書では第二モラトリアムを学びの経験と関連付け、学びの場の特性について検討する。

次に、人生段階としてのサードエイジ（third age）の概念についてである。人生の区分の仕方についてはいろいろな試みがなされているが、エリクソンの発達理論からすればこれはおおむね成人期の後半から老年期に対応すると言えよう。現実には定年退職が重要な人生上の出来事となるので、ある程度その前からを含めた人生段階を人生の第三期、サードエイジと位置づけ、そのはじめに第二モラトリアムの時期をおく。

エリクソンの理論は人生後期の発達について内省の深さを強調していくのだが、成人期における発達課題と危機は世代継承性（generativity）と自己埋没と対比され、課題達成によって獲得される人格的な強さではケアとされる。一方、老年期では統合性と絶望が対比され、人格的強さは知恵とされる。簡単に触れておくと、世代継承性とは次世代を育て、教えるといった世代から世代への関係性を指し、ケアとは人やモノの社会的価値を認め大切にすることである。自分のことだけに執着するのではなく、次の世代との直接的なやり取りにより教えることが重要な実践となる。では、何を教えるのか。エリクソンはこの点を指して人は「教える種」であると述べていて、教える内容は伝統と不可分の関係にあるという。今どき伝統などという言葉は特定の主義主張の立場の専有物のように思われがちだが、伝統とは自分たちの社会の価値体系を凝縮したものである。彼は、「教育の問題は、教師のみに限定されているものではない。すべての成熟した成人は、自分が大事にし、価値をおいているものを伝え、しかも求める心でそれが受け止められ、理解されたときに感ずる満足感を知っているものである」と述べている（Erikson, 1973, p. 129）。先に高齢者の社会的統合の一つの要件として社会的価値に言及し高齢社会の課題はその社会的喪失を確認するのでは意味をなさず、むしろ高齢者が主体となって新たに創造していくものと位置付けた。

エリクソン理論における老年期は、自分にとってかけがえのない時間であった一生を意味付けによって統合し、その限界を認識しつつも次世代に伝えていくものが知恵とされ、「死に直面しながら、生そのものへの執着のない関心」と定義される。成人期のケアにしても、ここでの知恵にしても内省的洞察の深さを特徴とするが、決して自己に閉じていない。この点は発達上の危機が自己埋没であり絶望であることからも明白である。他者との関係は最後まで人間の可能性を保証する。

ここで紹介したエリクソンの生涯発達理論は老年期を成熟の到達点としていたが、言うまでもなく老いは衰えと無縁ではなく死に至る自然的プロセスがある。彼自身そして生涯の共同研究者ともいえる妻のジョアン・エリクソンによって、この部分への探求がなされる（Erikson and Erikson, 1982=2001）。また、老年的超越 gerotranscendence の概念により、衰え、とくに心理社会面でそれを自然なものと受け止め理論化したスウェーデンの社会学者トレンスタム（Tomstam, 2005）を挙げなくてはならないが、本書の範囲を超えるので言及するにとどめる。

人生の第三期としてのサードエイジの概念は、社会学者ピーター・ラスレットの『A Fresh Map of Life: The Emergence of the Third Age（人生の新しい白地図：第三期の出現）』（Laslett, 1989）で明確に示された。彼は、グローバル・エイジングの時代の到来をみすえ高齢化が先行して出現したイギリスとアメリカ、そして他に国名が挙げられるのは日本なのだが、新たにもたらされた人生の白地図 third age に書き込んでいくための知的ガイドの必要性を強調する。この本は研究書ではあるがむしろ啓蒙的実践書と理解すべき内容で全体を凝縮した序文は、サードエイジの人々に向けた解放のマニュフェストと読めるものである。古い観念を論破し、老い／エイジングに対する否定的なイメージを払拭し、サードエイジを生きる恩恵を認識し、自分のため、社会のための変革の主体たれと呼びかける。その一つの具体例としてイギリスモデルの高齢者による自律的学習活動University of the Third Age（U3A）を例示する。

サードエイジとはcrown of life（人生最高のとき）と規定され、生き方にかかわる。上記のライフコースにあれば誰でも自動的にサードエイジにあるわけではなく、人生において与えられた機会を自身の意識と行動によって自己実現を図り、満足のいくライフスタイルを作り上げていくという能動的な意味が込められている。

5 学ぶという行為と学びの場

ここまで述べてきた個人史と社会の時間枠組み、roleless roleと社会的不統合、第二モラトリアムとサードエイジの三つの枠組みは、現在の日本社会において高齢社会における高齢者を考えるためのものであった。したがって、これらの理論枠組みは一般的なものでいろいろなテーマに活用できるが、本書はシニアにとっての学ぶという行為と経験、それが営まれる社会的場に着目する。本書は教育からの発想ではなく、高齢社会における高齢者を理解するために〝学びの経験〟がもつ可能性に着目して探求を始めたという順序であった。教育学の中に、高齢化との関連で生涯教育、社会教育と呼ばれる分野があり、筆者はその専門ではないが本書は参考になると思われる。

学びに着目するのは、以下の理由による。第一に、知的好奇心に応えられる。つまり、学びがそれ自体として目的となる。教養としての新しい知識の習得、趣味やスポーツなどスキルの学習など広範囲、多種類におよび、文字通り汲めど尽きない世界がある。しかも、学びには連鎖的期発展とでも呼べるダイナミズムがあり、あることを学ぶとさらに学びたいこと、関心の拡がりがあり、途切れることなく継続しやすい。これは資格所得の場合にも見られ、最初は手の届きやすいものから始め、だんだんと難易度の高い専門的資格への挑戦となる。また、資格取得の場合に限られるわけではないが、定年後の学びを介してフルタイムかどうかはともかく仕事を見つけようとする場合もある。緩やかな形で働き続けたいという思いは多くのシニアのなかで根強い。

第二に、ひとりだけで学ぶことは例外的であるから、他の人たちとのやり取り、交流が発展しやすいことである。しかも、公的な義務や責任が発生しないインフォーマルな関係であるから、自由度が高い。交流からどのような関係性が形成されるか、そのプロセスを場の条件などとの関連でみていくことができる。

第三には、プログラムに参加することで学生あるいは受講者という緩やかな地位が得られ、スタート時点からある程度の役割がもてる。この緩やかさが提供されることで、参加しやすくその後の展開が自然に進みやすい。

第四として、第二モラトリアムの課題と関係するが、シニアの学びとは新しいことを身に着けるという一般的な意味でのlearnの面だけでなく、もう一つの重要な学び、unlearn、つまり、身に着けているものを外していく面がある。これがただの人になるむずかしさである。それまでの自分の人生を振り返る意識的、内省作業となるから、気づかなければ、あるいは、気づけなければ、現役のときの価値観やスタイルをそのまま退職後の生活に持ち込むことになる。卒業証書を手に社会に出ていくまでの学部生の学びはlearnの経験と蓄積の一方向なのに対して、シニアの学びは社会から戻ってくるわけであり、課題も複雑である。

では、何を、どのようにunlearnできるのか。本書ではこの点も取り上げていく。

これまでと関連するが、第五に、日本人にとっての役割の文化的意味の理解である。かつてアメリカの文化人類学者で日本研究者でもあったジョージ・ディボスは、役割ナルシズムrole narcissismという概念を用いて、アメリカ人にとっては役割は演ずるもの、着脱可能なものであるのに対して日本人にとって役割は「なるもの」、自分に血肉化するものという説明をしている（DeVos, 1973）。定年退職者が名刺にこだわる象徴的意味がこの概念からうかがい知れるのであるが、この見解にたてばroleless化の影響は両国で大きく異なることになる。日本人にとって深刻化しやすいとも思えるが、こうした点を考慮に入れていきたい。

第1部

シニア、
学びの経験を語る

第1章　偶然から必然へ——六人の軌跡

本章では、大学併設型生涯学習プログラムである立教セカンドステージ大学に学び、本科と専攻科の二年間の課程を修了後現在に至るまでの六人のシニアの学びと活動の経験を、グループディスカッションでの語りからみていく。登場する六人は男性四名、女性二名である。このシニアたちは学びの達人という傑出した人たちではなくごく普通のシニアであり、六名とはいえ各人各様、どこか自分と重なる部分があるのではないだろうか。その意味で、まだ学びの経験をもたない人たちを含め多くのシニアに身近な具体例を示してくれる。前半でそれぞれの経験を語ってもらい、後半は話し合いで浮上した主要なテーマのうち、①学びを楽しむとは、②学びへの呼びかけと学びのニーズ、③卒業後の先がない、の三点を取り上げる。

1　個人の軌跡

Ａ（六九）　まず立教セカンドステージ大学の入学動機なんですけれども。これは私、六三歳の後半の一一月下旬の日曜日だと記憶しています。朝日新聞を毎日読んでいるわけですけども全くたまたまセカンドステージ大学の募集案内がちょうど目に留まって、すごく引かれたんですね。六五歳まで仕事をしようということで一年後どうしようかなと考えたときに、たまたまこの募集案内があった。現役でまだ仕事をしていたのですが、心に引っ掛かったりしていました。そんな感じでいたのですけれども、このままでも企業生活はあと一年しかないということで、その後の計画もなかったので取りあえず募集要項だけ取り寄せてみようかなと思って取り寄せました。でもそれでもまだ迷っていて、入学の願書の締め切りのぎりぎりなって、このままパスしてしまうとたぶん次の年もまたパスしちゃうだろうということで、要するに後悔しないようにということで取りあえず受験票だけは出したんですよね。それでもまだ迷っていまして。

それで二月の面接試験のところでもまだ迷いがあって、これもここまできたんだから面接を受けてみよう。それで、合格しなかったらそれはそれでいいなと思っていたんですよ。面接したのが三人の先生で、十分間ぐらいだったんですけども。その会話のやりとりの中で、三人の先生方は私が経験した企業のいろんな人たちとはどこかやっぱり違うなという強烈な印象がありました。その印象があったので、これはちょっと勉強してみたいなというのが入学のきっかけですね。

それから、仕事とセカンドステージ大学の両立をどういうふうにしようかなということで、一カ月ぐらい時間があったので科目の履修をどのようにするか考えて、週に二日通学し夏季集中科目をフルに履修すればまあ一年間の単位は取れるということで思い切って入学をしました。まだ仕事と両立をしていたので、正直言って入学をしても果たして九〇分の授業に体力的にもつかなということと、それからゼミが一八時からなので時間的にもむずかしいので続かないのかなと思っていました。

それが、一学期終わった後で私が考えていた以上に新鮮なわけですよ、授業にしても。その中で一番決定的なのは教授との関係性。それがあったので、すごく今までにない感じの印象。年齢的にも私より下の教授の人もいるし、仲間もいろんな経験をされているんですね。今まで私が企業の中でずっと培っていた考え方と随分違うなと考えました。それで、特に授業の中で感動を受けたのが一つは、「社会老年学」。それから「障害者とノーマライゼーション」。それから「成熟社会論」が私の中で、その後の行動を決める上で非常に役立ったんですよ。というのは、それぞれサブジェクト（科目主題）が明確なわけですよね。ずっと会社人間でいたわけですから、そことは全く無縁の世界だったんです。定年後に何かにトライしてみるというポジティブな考え方などが私が思っていたこととといろいろ同じ、そういう感覚なんですね。それで、一年間を通して理論構成とかができて何か非常に納得できる、今までと違う領域の勉強ができたなということがありました。

それともう一点。続けていくきっかけになったのは、清里の合宿ですよね。あの中で皆さんといろいろと触れ合う中で、私も授業だけの往復でしたから関わりができなかったのですけど。その中でいろんなイベント、ちょっと気恥ずかしいようなこともあったのですけど、非常にリフレッシュするというか、昔に戻った感じがありました。

講義からはより大きなテーマとなるような話を聴きましたし、それから修了論文ですよね。論文作成に一年間かけたので、ああいう長期にわたって自分で作業をすることが非常にいいきっかけになったなということですね。

それから二年目の専攻科。これは私の意志で絶対続けたいなと思ったんですよ。専攻科に入ってからは、仕事との両立のため本科ではほとんどできなかったいろいろな活動をしてみたいなということで。そういう感じで二〇一四年三月に専攻科を修了しました。専攻科ではPBL（Project-based Learning）ですか、あれは初めて経験してその中でテーマを決めるまでのいろいろなディスカッションを重ねたのですが、これが非常に刺激的でした。私にとって初めての経験だったので、それも非常にプラスになったということですね（第三章「シニアと学部生の異世代共学エスノグラフィー」参照）。

それから行事ですが、先ほど言った清里の合宿とクリスマスパーティー。一番印象的だったことは、入学してからすぐにウェルカムパーティがあり秋にホームカミングパーティがあったじゃないですか。あれは非常にフレッシュな感じがしました。いずれにしても、想像していた以上に私にとっては刺激のある二年間だったなという感じがしていました。それは仲間であり先生であり、それからサブジェクト。

修了後なんですけども。何かやりたいなということでまず行政のほうに行って、セカンドステージ大学のサポートセンターの中のコミュニティ活動研究会に参加していたので、地域で活動しようということでよくわからないですけれども取りあえず行政に行ってみようっていうことで行政の窓口に三カ所ぐらい行きました。「ボランティア的なことありませんか」と。一ヶ所だけ、今もやっている外国の人の日本語学習のボランティアがあったんですよ。ちょっと忙しかったので忘れかけていたら、向こうから連絡があって「枠が空いたんでどうですか」っていう話がきて、それで日本語のボランティアを始めました。それが二〇一四年一〇月からですね。卒業してから半年たった頃です。

それと、五期生を中心としてその年の十一月からかな。これは五期生と他の期のセカンドステージ大学卒業生を中心として何らかの形で集まりたいねっていう話があって、アクティブシニア研究会の中で読書会を立ち上げました。それでいろいろ読書を通して交流を図りたいということで、二ヶ月に一回集まりをもって、持ち回りで読書を通していろいろな方と意見交換をしています。それも今、一九回を数えています。

それからもう一点が、私は別のところにも入っていて、健康と生きがいをメインとして活動している一般財団法人健康・生きがい財団なんですけども、そこで要するに、生きがい就労をメインテーマに高齢になっても何らかの形で社会に関わりたいということから五人で昨年（二〇一六年）の四月から研究会を立ち上げて一ヶ月に一回、その辺のことをディスカッションするということを今もやっています。

あとは去年の七月。かわさき市民アカデミー（第五章第一節参照）で新しい科目を立ち上げようと企画立案し、今年の五月に市民企画提案型としては初めての試みとして講座を立ち上げました。アカデミーの受講修了者を中心とした研究会を立ち上げ、そのまとめ役をしました、それのベースになるのは、U3A（University of the Third Age）の考え方（第六章を参照）。学ぶ側から教える側へということが一番のテーマだったので、自分の近くではかわさき市民アカデミーだったので駄目もとでチャレンジしてみようかなということで講座企画の準備をやり始めたんですよ。一人ではなかなかできないので五人で始めた生きがい就労研究会でディスカッションをして、企画の提案はコーディネーターである私のほうでやって、あとは五人の仲間で講師の決定だとか、その辺のところを調整をして今年実際に講座を開講しました。受講経験者たちが独自に講座を企画し実施したことは、非常に大きな意義のあることかなと思っています。

もともとの活動の原点っていうのはセカンドステージ大学で、それは学びであるし仲間なんですよね。一人じゃできないという感じです。

筆者　セカンドステージ大学の募集案内を見たときに「心に引っ掛かった」とおっしゃったんですけど、それってどんいう感じだったんですか。

A　学び直しっていうのがありました。われわれ団塊の世代は、大学紛争がありましたよね。というのが一つと。それから定年で六五歳になると、どこに行っていいかよく分からないなということで、これからの次の人生でもう一回いろんなことを学んでみたいという感じがありました。それと、現実的なことで立教大学の要するに現場の教授の人が先生になるということなので、それは本格的だなというところ。そこが私の中では、求めていたものだなという感じでしたね。

B（六五）　私は皆さんと入学の動機が、母校ということで違ってくると思うんですよね。学び直したいとか、そういう崇高な理想とかがあんまりなかった。ただ、立教大学でこういうことをやっているっていうのを在職中から聞いていたので、定年なったら行ってみたいなと考えていた。大学に戻ってみたいなという思いだけというわけでもないですが、それとまたここに戻って勉強ができるならこんないいことはないなと思っていたわけですね。それまでは一生懸命、真面目に働いておりましたが、願書を取り寄せてエッセーなど出願書類を提出し、面接日が来ないかなととても待ち遠しかった。

私、松戸の立教会（立教大学地区校友会）に入っていて、年に何回か会合があってそこに学部の先輩がいらっしゃったんですよね。それで「Bさん。セカンドステージ大学、俺、受けたんだけど落ちちゃったよ」って言うんですよね。第一期だったんですけど。それで「えっ、そうなんですか。大体どれぐらい倍率あるんですか」って言ったら、「結構あるよ」と言われ、ドキドキでした。それで二月の面接のときにいろいろと話をして、「実は母校なので、こういうことで大した大志を抱かずに応募した」ようなことを話しました。めでたくということで入りました。倍率が話題になったのは第一期だけだったようです。

セカンドステージ大学の中で、先ほども「成熟社会論」というのがありましたけども、まだ六〇になったばかりの自分には「成熟社会論」っていうのはそういうものだったのかっていう認識を改めるような感覚で話をお聞きしていました。その中でやっぱり頭に一番残っているのはロールレスロール（roleless role：役割なき役割）ですね。そういう考え方があるのか。そういうのが新鮮に感じられて今でも残っております。

そういう感じで、授業とかそういうものに対してもすごく感銘を受けたりしたこともありますけども、もうちょっと深く突っ込んだ学問的な話もしてくれればよかったかなっていうふうに思う先生もおられました。ただ、先生たちも一生懸命、私たちが一生懸命って言うのも変ですけれども、やっぱり実社会で何十年も訓練されてきた私たちと、学校の中で若者を対象にして話をされている先生っていうのは緊張感というのが違うんではないかなって毎回授業を受けるたびに感じていたわけですね。そういうことで非常に、セカンドステージ大学っていうのはわれわれも緊張するし先生も緊張する。そういうお互いが学んでいく、お互いが成長していく。

そういうような場だったのかなっていうふうに思えています。それが授業ということですけど。行事ではやっぱり一番、清里の合同ゼミ合宿。あれが一番インパクトあるかなって思います。それまでは授業でもゼミでも何となく遠慮していて、しっくりいかないような場面もありましたけども。二泊の経験してガラッと人間模様が変わったなって思えて、それからは皆さんと酒を飲んだときも、また授業でも全然違う感覚で接することができたのではないかなと思っています。

グループ活動では実際、私はサポートセンターとかそういう組織だったものにはかかわっていませんでした。卒業してから最初の一年目、五期生会の会長をFさんがやってくれまして、その後私のほうに会長役が回って来たんです。五期生会を運営していく中で、大人は用事があったり体調が悪くなったり、いろいろと大人は考えますのでむずかしい局面もありました。そういうことで都合二年間やることになったんです。その五期生会を引っ張っていくときにトップに立つむずかしさを一番感じました。五期生会のトップ。同窓会のトップ。そういうトップに立つ者っていうのはどういう立場でいるのが一番いいのかなっていうのが、その二年間で分かってきたような気がします。また職場とは全然違い、職場にはいろんなしがらみがあってもやらねばならないことが目に見えていますので、そういう意味では職場のほうがやりやすいと思いました。会の運営のトップっていうのはどういう接し方をしていくのが一番いいのかなっていうのを学んだような気がします。非常にむずかしいという感覚をもちました。

修了してから私は、陶芸教室とか俳句とか、そういうのを始めまして二年目になります。そこから人間関係がどんどん広がっていくんですね。そうすると全然今まで知らなかった人とか考え方とか、そういうものが人づてに広がっていって、またそこで新しい関係が生まれてきているんと思うんです。そのことが非常に励みになっているんですね。

最初の話に戻りますけど。入学のときの面接で私、実はすごく消極的な人間だというようなことをお話ししたんですね。それで、「じゃあ、それをどうしたいの?」って聞かれたような記憶があります。それに対しては「新たな人間関係をつくって自分の消極性っていうものを別の方向にもっていけたらいいなと思っているんです」っていうようなことを話した記憶があります。

そういうことからセカンドステージ大学に来て、母校だから来たという安易な選択だったんですけども、それ以上に大きな成果があったのではないかなと思います。こうやって皆さんと机に座ってディスカッションできるっていうのもやっぱりセカンドステージ大学があればこそのことだったんで、非常にありがたいことだなと思っています。

筆者　五期生会の会長をやっていたときに、仕事とは違うむずかしさがあったとおっしゃってましたが、それをもうちょっと説明してもらうと、どんなむずかしさのことなんですか。

B　仕事のときは、目標はもう決まっていますからそれに向かってただするだけですけども。五期生会のときは、どういうイベントをするかから始まって、全然違うわけです。何十年も大人をやっていると価値観も違うし。善かれと思って提案すると、それが全く別の見方をすればそんな全然いいとも思われないこともあったし。だから、長が引っ張るのではなく、こういう完成した大人の集団っていうのは合意形成をするっていうのが一番いいことなのではないかと思いました。それで、自分が旗振りをすることももちろんあるときは必要なんでしょうけども、そうでないことがいっぱいあると。これだけの経験豊かな人たちが集まってしまうと。そういうことから、自分は皆さんにお任せしたほうがいいかなっていう感じでやっていました。

C子（六六）　よろしくお願いします。セカンドステージ大学への入学動機ですが、私はAさんとは全く反対で。五〇代後半ぐらいに、雑誌の名前は覚えてないんですけど、新聞じゃなくて雑誌にシニアも学ぶ所っていう特集みたいのがあって、それにここ（セカンドステージ大学）も載っていました。広島大学も載っていたかな、いくつか載っていて。それを見たときに、とにかく家のことと子育てと、仕事で毎日拘束された生活の中で、これで定年退職したらここへ行くんだって決めてました。一般の大学に入るには勉強しなきゃいけないし入試もあるし。ここも入試はありますが面接なので。それを目標に五〇代の後半は頑張っていたんですね、退職まで。Bさんと同じように面接のときもちゃんとやらないと受かんないんじゃないかってすごく必死でした。

今回、先生（筆者）からメールをいただいてから私、久しぶりに自分の志願理由書、今もプリントアウトして持ってきているんですけど。そのときに受かりたい一心で、すごいかっこいいことを書いていました。「私は六〇代という貴重な時間を〝学び〟というテーマでスタートを切りたい」と書いていて、仕事から解き放たれ時間を自由に使える喜びと、四〇年以上にわたって培われた時間に拘束された生活感覚から抜け出すことのむずかしさの矛盾した気持ちの先にあったのが〝学び〟でした。でも読み返しても、今の気持ちとほとんど変わってない。それはちゃんとしたことを、自分の思いを率直に書いたんだなって改めて思いました。

ちょうど入試が二月でしたよね。その前の年の十月に六〇歳の誕生日、二週間後に定年退職。

私は大学を出てなかったので、学ぶ、そのことよりも大学っていう雰囲気、その場所に自分の身を置きたいっていう思いが正直なところだったんですね。ただ、一月ぐらいに「会社に戻らないか」っていう上司の誘いもあったりして私の中ですごいせめぎ合いで、戻りたいけど戻りたくない。学校も行きたい。どうしたらいいんだって随分悩んだんですけども、結局セカンドステージ大学への思いのほうが勝ったというか。もう仕事には、拘束された生活には戻りたくないっていう思いが勝って無事合格して入学することになりました。

でも結構未練みたいなのが自分の中にあって、それっていうのはやっぱり長い間会社とかいろんなことに自分が支配されている、拘束された生活をずっと続けていたので、そのライフパターンから自分が抜け出すってことがなかなかできなかったんですね。

セカンドステージ大学に入ってからはいろいろな講義を受けたり、すごく知的好奇心を満たしてくれたっていうと言い方はいいんですけれども、そういう面もありました。一番特筆したいのはゼミの存在ですね。本科も専攻科も両方。ゼミで一つのテーマを自分で決めて一年間かけて論文を書くっていうこともそうだし、それに対して教授からのいろいろなアドバイスも受けられたし、ゼミの仲間からもいろんな意見とか共感とか、「こういう本も出ているよ。読んだら?」とかいろいろ応援してくれて、それはみんなお互いさまなんですが、そういった関係を築けたっていうのが一年目で。ただ受身の授業形式のシニア大学だったら、こういった気持ちにはならなかったなと思います。だからゼミの存在がとても私にとっては大きかったですね。

セカンドステージ大学の男女ってすごくフラットな関係で、私の生い立ちに関係があると思うんですけれども、女子の中で育ったんで、短大まで。小学校だけなんです、同級生が男の子っていうのは。だからそれがすごくうれしくて。男の人とも女の人とも同じように肩を並べて授業も受けられるし、意見も言えるし、そういったのがとても新鮮で、今こういう座談会に機会をいただいて参加できるのもうれしいですし。それは、ここに入学したからこそ受けられた人生のご褒美みたいなものかなと思ってとても感謝しています。

専攻科の時にクラス委員というのがありまして、ゼミからその委員を引き受けて一年やりました。ＰＢＬの報告会の開催やら議事録なんかを書いたり、これも勉強になりました。その縁で仲間と英会話クラブを立ち上げて、今年で五年になります。これまで使っていた英語を忘れたくなかったし、さらにスキルを伸ばしたいですね、今でも。外国人講師に教わるだけでなく、メンバーがトピックを持ち寄り自分たちだけでディスカッションも毎回継続しています。セカンドステージ大学を卒業した後も私の学びのモチベーションに変わりはなく、こうした学習は楽しいです。

卒業してからは、今、Ａさんが一生懸命やられている、私、川崎市民なので、かわさき市民アカデミーにすごく興味ある講座がいっぱいあるんですよね。ワークショップみたいな、ゼミ形式みたいのもあるんですけれども。そこに文学とか。Ａさんと一緒に傾聴のクラスとかを受けたりして。ただ、私、講座を二つしか取らなかったんですけど、アカデミーは今の両親の介護を終わってから七〇代になって来てもいい所だなっていう、私の感想で。

あと、セカンドステージ大学を修了してから、要するに六〇歳以降の私の目標っていうのは今までできなかったことをやるんだっていう、それが一番大きくて。もちろん学びもそうですし、あと、フラダンスを始めたんです。私にとっては地元でやっているクラスで、そこでさっきＢさんが言ったように、初めて地元の人たちと知り合いになったんですね、そのクラスの中で。歩いて行ける距離にお友達ができるってこんなに素晴らしいんだなっていうのが。今までは職場だとか同級生も私、地元の学校を出てないんでみんな遠い所なもんですから、地元に根付いたアクティビティーに参加するっていうのですごく充実感を味わっています。

今思えば、もし、会社に戻ったとしても、絶対セカンドステージ大学に来たと思うので、多分そのときは、五期生じゃなくて一〇期生だったかな。それか、七期生か八期生か。でも、五期生で良かったなと思ってます。皆さんとお会いできて。

A　私もあれ（新聞のセカンドステージ大学の募集案内）見てなかったら、まず来てなかった。こういう活動はしていなかった、一〇〇パーセント。

F　本当だよね。これは、見聞きをしてないけど、偶然か必然か。だから、人生は運命だったんですね。

D子（六一）　私は、入学の動機としては子育てや仕事で忙しかった頃に、高校のときの友だちが、娘と同じ大学に社会人入学で入ったっていう話を聞いて、私も何となく大学にまた行きたいなっていう思いがありました。実はセカンドステージ大学は夫が先に入学をしています。私が調べていて、夫は別の大学に行くようなことも最初検討してたんですけれども、夫が先に入学しました。夜、公開講座を立教の校舎でやっていたので、そこに一緒についていって、先生がたの話を聞いたり在校生の方たちの話を一緒に聞いたりしていて。やっぱりここがいいなっていう思いで、仕事が片付いたっていうか退職したときに入ることにしました。

私もC子さんのように、志望の原稿をちょっと読み返してみました。やっぱり、ちょうど子どもたちも独立したし、自分も仕事が終わったりっていうようなタイミングで、これから次をどんなふうに生きようかなっていうような思いの中で、これから今後の生き方として自ら学び続けるっていうそんな楽しさを見つけたいなっていうようなことを書いていました。年を取っていくと、何となく人生の選択肢が減っていくんじゃないかっていう、自分の中のマイナスのイメージがあったので、何か年を取っても新しいものが発見できるような生き方をしたいなっていう思いもあって、学ぶことから何か開けていったらいいんじゃないかっていうようなことが志望の動機でした。

実際に入学してっていうところなんですけれども、私は、短大を出て、結婚して、家庭に入って、子育てがちょっとひと段落したときにまた働き出してっていうM字カーブの女性の生き方の典型のような時代を生きたんです。授業で、歴史やら経済やら、それから家族論なんかの講義を聴いていて、自分の生きた時代っていうのはこういう時代だったんだなとか、そういったことが自分の生きてきたところを客観的な視点で振り返ることができたっていうのがとても私にとっては良かった。自分のことを肯定できたみたいなところがありました。それまでは、何となく家族やらもろもろ、世の中のことに何となく流されているような思いがあったんですけれども。私はこういう時代にこういう形で生きてきたんだなっていうことで、自分が生きてきた道を肯定できるっていう、そういった思いをすることができました。

それから、自己紹介をする機会が多かったと思うんですけれども。そういったときに何を語ればいいんだろうかとか、何について答えればいいんだろうかっていうのが、常に自分に問いかけられるっていうところで。私はこういうことをしてきた人ですとか、こういうことに関心持ってますっていうようなことを、自分を言葉で説明していくっていうことを学んだんじゃないかなと思います。

授業では例えば、児童書の講義を受けたりしたんですけれども、それまで軽く触れてきてたこととか断片的にしか知らなかったことがつながっていったというか、そういうことだったんだななんていうことを改めて知ることができて、とても視野が広がったような、自信につながったと思います。

あと、授業も一方的な講義を聴くっていう、そういう授業ではなかったので、先生のお話に対して意見をこちらからも話したり、仲間同士で一緒に考えたりっていう、そういう学び方っていうのはすごく新鮮で、刺激的な学び方というか体験だったなっていうふうに思っています。

やはり、私もゼミ活動が一番自分の中で思い出深いし、影響を受けたことだったんじゃないかと思います。私は幸福論、どうやったら幸せに生きられるかなんていうのを自分のテーマにしたので、いろんな方にフィールドワークでインタビューに行きました。ちょうど、東日本大震災の後で、被災地の方にお話を聞くこともできました。いろいろ困難にぶつかったときにどのように幸福を感じたんだろうかなんていう、そういうフィールドワークを通して学んだことがすごく多かったなと思います。これからどうやって生きていくのかっていうのが、入った頃の課題だったんですけれども。やっぱり、誰かとか、人とつながっていくことを大事にしなきゃいけないなって思ったのが一つと。もう一つは、年を取っていっても、緩やかに働き続けたいなっていうようなことを感じました。ワークシェアリングをして、高齢者の人も、自分の働きやすい時間とか、自分の得意なところを生かして働いている方にフィールドワークの中でお話をいろいろ聞いていったときに、私も無理なく自分のできることを仕事にしていくようなことをしていきたいなって思いました。

実際に卒業後何をしてるかというと、緩く働くっていうところで、私は障害者の方の就労支援をやってるんですけれども。これは、別に私は福祉の専門家でもなんでもないので、実務的にすごい深いことができるわけじゃないんですけれども、それでもやっぱり人手の足らない分野なので、何かしらのお手伝いをすることができています。それは、自分にとってもとても楽しいなっていう状況です。

セカンドステージ大学では、やっぱりいい仲間ができたっていうのは本当に財産だったと思います。呼び方とかも随分変わって、これまでは大体名字で呼ばれていたんですけれども、ここでは、みんなファーストネームで、ちゃん付けで呼ばれたりとか、さん付けとかで、名前で呼び合うっていうようなことが多くなりました。すごくフラットな自分の関係で、年代問わず、いろんな方とお友だちになれたのはすごく財産だったなと思ってます。現在でも、ゼミのときの仲間であるとか、卒業式の担当をしたときのメンバーの方たちとは今も継続的に近況の報告をしています。

セカンドステージ大学の人たちは生き生きとして元気にみえるが、それだけではなく、それまでのさまざまな思いの屈折、模索などがあったからこそを元気であることは若い学生には理解できないかもしれない。いろいろな人生を送ってきた人たちが、ここで一緒になり新しい人間関係を作り上げていくというプロセスがあって、でも、なぜ、ここで合流したのか不思議な気がします。

E（七一）　はい。じゃあ、入学動機からいきたいと思います。私は、社会人時代、回遊魚、太平洋を動き回ってるマグロみたいな仕事の仕方をずっとやっていまして、止まったら死んじゃうみたいな生活を送っていました。六五歳直前、退職寸前になったときに、これで辞めていくんだと思ったとき、心の中が空虚な感じ、さみしさっていうか、なんかにすがりたいというような感覚に陥りました。行く所がない、通う所がなくなったら、どうしようと思ってた矢先に、ネットで偶然、立教セカンドステージ大学を知りました。リタイアした世代向けのこういうシニアの大学があったんだ、そうだ、ここに入ろうとすぐに思いました。昔の学生時代と同じような生活ができたらいいなあと思ったんですね。二〇歳前後の学生と同じ大学構内で、また学生生活が送れる、エンジョイできると考えると本当にうれしくワクワクしました。僕はサミュエル・ウルマンですか、「青春の詩」[2]が大好きで、「青春とは人生のある時期を言ってるんじゃない、心の持ちようである」と。それで、青春時代をもう一度やってみようと思った次第です。今も一生涯学生でいたいっていうのが、僕の気持ちです。そんな動機ですので、入学試

2 「青春」(『「青春」の詩サムエル・ウルマンの生涯とその遺産』マーガレット・アームブレスター著、作山宗久訳、産能大学出版部、一九九三、pp.220-221)
青春とは人生のある期間ではなく、
心の持ちかたを言う。
薔薇の面差し、紅の唇、しなやかな手足ではなく、

たくましい意志、ゆたかな想像力、炎える情熱をさす。
青春とは人生の深い泉の清新さをいう。

青春とは臆病さを退ける勇気、
安きにつく気持ちを振り捨てる冒険心を意味する。
ときには二〇歳の青年よりも六〇歳の人に青春がある。
年を重ねただけで人は老いない。
理想を失うとき初めて老いる。

歳月は皮膚にしわを増すが、熱情を失えば心はしぼむ。
苦悩・恐怖・失望により気力は地に這《は》い精神は芥《あくた》になる。

六〇歳であろうと一六歳であろうと人の胸には、
驚異に魅かれる心、おさな児のような未知への探求心、
人生への興味の歓喜がある。
君にも吾にも見えざる駅逓が心にある。
人から神から美・希望・よろこび・勇気・力の
霊感を受ける限り君は若い。

霊感が絶え、精神が皮肉の雪におおわれ、
悲歎の氷にとざされるとき、
二〇歳であろうと人は老いる。
頭を高く上げ希望の波を捉える限り、
八〇歳であろうと人は青春にして已《や》む。

験はわくわくで、入学するときの面接試験もちゃんと緊張して受けました。

授業で、ゼミに入る動機ですが、イースター島に行きますよっていう先生のチラシに飛びつきました。人生は旅であるなんて思ってましたもんで、「世界の絶海の孤島」「モアイ像」で有名なイースター島、仲間と一緒に一週間行けるなんてこんなチャンスはないなと思いまして選びました。入学して間もないゼミ仲間との海外研修旅行は本当に充実した一週間でした。先生も含めていろんな人生を歩んでこられた方々との研修旅行は、社会人時代にはない新鮮さがあり、いろんな意味で勉強になりました。

授業については、社会学って僕は初めてなんですね。出身大学は理科系でして、こんな柔らかい学問受けたことなくて、社会学ってあるんだ、マイノリティーとかいろいろな話を聞くと、頭がぐちゃぐちゃになるくらいに感銘を受けました。ただ、僕がそこの領域に興味関心があるかどうかは、また別なんですけども。その中で、成熟社会論のロールレスロール（roleless role）の話を聴き、これが全くぴったりと合いました。今までいろんなことをやってきたんだけど、この年代になって、自分は何をしたらいいのか、どんな役割をすべきか悩んでいました。社会人のときは全部ノーとかイエスとかはっきり議論を戦わせて、自分の立場・役割に合わないとノーって言ったりしてました。このロールレスロール論を聴き、全部イエスというようにしました。要は、役割がない中で役割をつくり成し遂げていく、人の役に立つことはなんでもやってあげよう、やろうよっていう考えに変えたわけです。そういう意味で、ロールレスロール（役割なき役割）論が、今の僕の生き方、指針であり、一番の原点かなと思ってます。

グループ活動もいろんなことをやりまして。例えば、異文化研究会に入り、先輩から引き継いで代表となり仲間とともに異文化交流を図ったりしました。あるいは、キリマンジャロの会というやつを立ち上げて、「タンザニア・キリマンジャロの麓に全寮制の女子中学校を建てる活動」の支援をしました。それから「ほっとサロンむさし野」の立上げです。二年目の専攻科でPBL（Project-based Learning）っていうのが先ほどありましたですけども。PBLで仲間が、「私、こういうことやりたい」という、自分の家をサロンにして、二歳未満の子どもたち、赤ん坊抱えた母親たち、あるいは、出産間近のママたちに来てもらい、そこでいろんな形でコミュニティのサロン、憩いの場、相談の場を作りたい。また別の日にはシニアの人たちに来てもらって、お茶飲み話ができるようなサロンを作りたいと。その立ち上げをやろうよっていう形で、PBLで一年間プロジェクト活動を行いました。メンバーと検討・議論したり、いろんなコミカフェの見学に行ったりして、それでオーナーである仲間は無事、見事に「ほっとサロンむさし野」を立ち上げることができました。これもPBLでの仲間六人の支援・後押しがあったからだと思っています。今も一年に一度は、その評価、反省会をするような形で懇親会を続けています。これらすべてロールレスロール論のおかげと思っています。

その後ですが、卒業後から現在まで四年経っており、一番充実しています。セカンドステージ大学は二年間で卒業しました。その後、どうする？　大学、行く所がない。いろいろ探したら、「Eさん、農大グリーンアカデミーがある、一緒に行こうよ」っていう話があり、あったんだ、良かったたって思いました。そこの入学選考は先着順なんですよ。遅れたらまずいな。これに落ちたらまた行き場を失うっていうことで朝一番で六時頃着いて並びました。一〇番目から二〇番目の間で、これで自分の行き場所が見つけられたと思った次第です。だって、泊まってる人たちもいたんですよ。こんな形で入学して、四年目です。とにかく学生でいたかったのが実態です。シニアの学生をずっと続けたい。それと、緑とか土に触れあうことができるなんてすごい。これ、初めての経験でして。セカンドステージ大学の説明に「学び直し」ってあったんですけど、僕にとってはすべて「新しい学び」でした。たぶん、社会学も新しい学びであり、農大グリーンアカデミーでの「みどりの地域づくり」や園芸も新しい学びです。学びって学び続けることがどんなに大事であり、仲間と一緒に学び、活動することが喜びでありうれしいことかを実感し、生きがいのある日々を送っている今日この頃です。

F（六八） 最後、私なんですけど、皆さんの今の話聞いてきて。行きつくところは同じようになるんですね。ただ、そこに至るまでの背景とか状況とかいろいろ違うので、簡単に、まず入学するときの経緯をちょっと紹介します。

退職間際になって、会社の中で仲間はずれになったりして、ちょっと嫌な経験があって。やっぱり、組織っていうのは終わると付き合いもあまりないんだなと思ったので、私としては退職したら会社の連中と付き合うっていうことをメインにしたら駄目だなと思ったたってことが一つと。あと、今住んでる家も女房の実家のあるところの土地なので、これもどちらかというとあの辺りは結構ローカル色強くて、みんな醤油屋さんだとか、お茶を製造してるとか、昔からの土地の人が多いので結構入りづらいんですよね、よそから来ると。引っ越す前は、東京の小金井市にいたんですけど、そこはみんなサラリーマンの人が多くて、同じマンションで住む所同じだから意外と生活似てる。ちょうど年格好も同じなので結構楽しくやってたんですけど、そっちに行ったらそういうことなので、これからも地元にいても暗いなと思って。取りあえず、私としては、退職後を想定すると、新しい自分のヒューマンネットワークを持たないと、ちょっと行き詰まっちゃうなって思いもあって。それで、退職する一年ぐらい前かな、日経かなんかのネットで見てたら、ここセカンドステージ大学がウェブで紹介されてて。そうなのっていうことで、入学願書をもらったんですよね。退職した後一年間、六月から顧問だよってことなので、顧問をやっていてはそれじゃ通うの無理かなと思って、四月から入学だから。二カ月間は無理だなと思ってたので、じゃあ一年ずらすかっていうことで。結局、一年ずれたってことで五期になって、そういう意味では皆さんと知り合えて、さっきの話じゃないけど、いろんな伏線があって一緒になるっていうのは、偶然って言えば偶然だし、そういう導きがあるのかなと思って。

入る目的は今言った、新しいヒューマンネットワークが自分としては欲しかったってことと、あと、もう一つ、その頃は円が異常に高くなって、一ドル八〇円超えたり、七五円くらいまでいったんですけど。一ドル五〇円説っていうのまであって。僕、会社で新入社員の採用の面接とかいろいろやったんだけど。大卒が就職難で、「何社回ったの?」、「五〇社です」とか、「一〇〇社です」っていう人がざらで。これから、本当日本どうなるんだろうって思って。つまり、そういう状況の中で、なんで円がこんなに高いのと思って、そのギャップを僕はよく理解できなくて。そうだ、これはもう少しそこのところを勉強したいなっていうことも一つテーマであった。あと、もう一つ、それはそれとして。これからどうすべきかという思いもあって、新たな自分のシニアライフを俯瞰した場合に、生きがいとか、そういう三つが動機で、そうだ、まずはいいか悪いか分かんないけど、入学してみる価値はありそうだなっていうことでここに入ったというのが、私の入学の動機です。

それで実際入ってみて、まず大きく言えば学びっていうことと、学校ですから学びの場っていう二つがあって。学びっていうことであれば知識を深めることで、私としては強烈に印象があるのは、今につながっているのはやっぱり実践形式の勉強が良かったですね。そういう意味ではサステナブルな社会の作り方の授業で、これEちゃんなんかも一緒にやったんですけど。あれは、いろんな活躍してる人を紹介しながら。D子ちゃんもいたね。僕、あれは非常にこういうとこならではかなと思った。

ただ、僕としては、よりアカデミックな勉強を期待してたんですよ。しかし、どちらかというと知識を深めるっていうよりも広める、新しい視野を作るみたいな、そういう科目が多かったので、そういう意味では僕にするとちょっといまいち中途半端感はあったんです。あと、キーワードとしては、皆さんから出てる、先生（筆者）のロールレスロールの概念、それは役割がなくなったってことに対する新しい役割は一体何なんだっていうこと、これ、やっぱりすごい頭に入ってるキーワードですよね。シニアライフの生き方、アクティブなシニアライフをどうやって作っていくんだっていう意味ではいろいろ参考になって、それは、このシニア大学ならではの一つの切り口かなということで、非常に参考になりました。

それから、あと、学びの場。これを通しては、結構楽しいことがいっぱいあって。一つは、サークル活動で、生きがい創造研究会を在籍中に皆さんと一緒にやって。それからさっき言った、サステナブルな社会の作り方の授業を通して、福島県いわき市のオーガニック・コットン栽培、それが今のNPO活動につながってる。あと、飲み会は結構やりましたよね。週に二、三回ずつやって、カミさんに何しに行ってるのって怒られた。これは、やっぱりお酒入って、いろんな仲間と飲んで、いろいろ言い合うっていうのは非常に楽しくて。これは、ゼミであるとか同窓会であるとか同期会であるとか、あと、講演会であるとか、そういうの非常に楽しかったな。これが、そういう意味では新しいヒューマンネットワークの役に立ってるなと思います。

それから、各種イベント交流会。これも結構いろいろありまして、僕としては、今、非常に良かったなと思うのは豊島区のNPO推進協議会、あとは三菱総研のプラチナ研究会とか、いろいろやりましたよね。あれも、全く学校とは異なって、単なるボランティアでもないから、実社会の人と、そういう意味では退職後もそういう接点があって、これも良かったな。

ただ、残念なのは、さっき言った生きがい創造研究会では、もともとNPOとかそんなふうなことをやって、ある面では社会起業しようぜみたいな話があって。豊島区の中小企業をサポートしようという、そういうＮＰＯ作んないっていう話がやってる間に一抜けた二抜けたで人がいなくなっちゃって。今思えば、単なるボランティアっていうんじゃなくて、本当に起業家的な、いろんなそういうことができたんですけど、残念ながらちょっと中途半端だった。ただ、いろんなそういう新しい交流だとか視点を開くとかっていう意味では、非常に充実してて楽しかったなっていう思い出があります。

卒業して今思うことですけど、入学が二〇一二年ですよね。だから、六年目に入ったんだね。六年目に入って思うのは、結局ここでやったことが今にほとんどつながってるんだなと思うんです。今、思うと、学びっていうと教えられるっていうイメージっていうかスタンスがあって、これだと受動的ですよね。そういうスタンスが駄目なんだよね。そうじゃなくて、楽しく学ぶってことが、つまり、受動的な学びから、自分でどうやるかって能動的に変わっていく、こういうスタンスで学ぶっていうことのテーマが見つかって、それを今度はライフワークにできるんだなっていうことですよね。しかし、そこのところがちょっと足りなかったなと、今思えば。そこのところはまだはっきりしてなくて、埋まってない状況なんですけど。学びっていうことでは、そこのところが今思えば反省点だったなと。

あと、学びの場を通してはいろいろあって。今やってるＮＰＯ活動があって、あと学校の仲間からアドバイスもらって今、鎌倉彫をやってて、これも三年くらいやってるんだけど、結構集中できて面白いなと。あと、今、学び直しで中国語も習ってんの。そういう意味では、これやると結構みんなで時間食うんですよ。だから、これらを楽しみながらやれるってことで、継続的に自分のライフワークにできるかなというところがあります。

2　浮上した主なテーマ

①学びを楽しむとは

筆者　学びを楽しむということを何人かが言われて、これはすごく大事な要素だと思うんですけど、この学びを楽しむということの中身についてもう少し話してもらえますか。

Ｆ　これは、われわれの学びというのは、職業じゃなくて、自分のやりたいことを学ぶわけでお仕着せじゃないと。つまり、先ほども言ったけども、教えられるんじゃなくて自分で自ら学ぶ。そういう意味では自分で興味を持って取り組むわけだから、楽しんでやらないと長続きしない。だから自分の好きなことをやるんだっていう、そういう心理状況です、楽しむっていうのは。

E　何ていうんでしょうね。学生の義務教育じゃないですから、義務感ではないでしょうけど。義務感からではなくて、自主的に学んで得た喜びみたいな感じ。

F　そう。学ぶ喜び。それもありますね。

A　そういう世界があるんだ。視野が開けたなとかね。そういうときに、ああ、なるほどねというのがあるよ。いろんな人との会話であったり、対面での授業形式もあるし。ある程度の年代になるといろんな人とのつながりがあって確かにそういうことがあるよね。そういう学びもある。

D子　あとやっぱりレポート仕上げたりして、一応出来上がったっていうときは何となく楽しい。苦しかったけど楽しいっていうのは、あったんじゃないかと。達成感ですよね。

F　レポートをまとめるっていうことで考えると一つも楽しくないんだけど、自分の思ったことを表現してそれが結果として出来上がったっていうことに対する、達成する喜びっていうのは大きい。まとめることの楽しみっていうのは大きいよね。

D子　調べていくとかってそういう時間、今までなかったから。そのことのために本読んだり、話聞きにいったり、掘っていくみたいなのが非日常というか、それがちょっと楽しかった。図書館でキーワード入れて、本探したりとか、ああいうのってあんまり今までの生活になかったから、この先生の本、じゃあ読んでみようとか、そういうのは楽しかった。ワクワクした感じがしました。

C子　私も英語を毎週勉強して、聞き取れなかったら、みんなでヒアリングして聞き取れなかったことが聞き取れるようになったら、英語の理解がもっと深まった。すごく楽しいですね。もっと上手になりたいなと思う。

E　分かる分かる。僕の場合は、ボランティアと教養と両方あって。ボランティアの場合は一緒に仲間と活動し、それがランチ会してみんなでワイワイガヤガヤ。それは本当にひとときの楽しみっていうか、ひとときの喜びを味わうっていうのもあって。

B　一つ自分のハードルを乗り越えたときってありますよね。今、僕、ピアノやってるんですけど、六〇の手習いで。右と左が合ったとき。それまでは全然駄目だって思ってるんだけれども、合ったとき、あ、やったーっていう感じ。だから、そういう意味では、それぞれに楽しみっていうのは感じ方、全部別なんでしょうけども、達成した喜びなんじゃないかなと思いますね。

D子　あと、立教で例えば聖書とか、キリスト教とかイスラムっていったときに、例えば旅行で絵見てたんだけど全然ただ見てたものが、あ、これだったんだってつながったときとか、授業のときすごく楽しかったですね。今まで点だったものが、あ、つながったって、自分の引き出しに入ってたものが、すごくいいもので湧き上がってくるみたいなのがすごく楽しかった。

②学びへの呼びかけと学びのニーズ

筆者　これからシニアライフに入る人たち、あるいは定年後の生活で学ぶことが選択肢に入っていなかったり、まだ迷っている人たちに皆さんが経験した学ぶ楽しさ、ワクワク感、達成感といったことをどう伝えられるでしょうか。

E　だからその人の興味関心によって違いますよね。こっちから話を持ちかける。本を読んだらこんなに楽しかったっていうのに興味を抱く人と、こういう作業をしたら楽しかったっていうのに興味抱く人と、別かもしれないじゃないですか。

F　やっぱり僕なんか、セカンドステージ大学に来たときに、会社の先輩なんかとゴルフやるとね、「F、何やってるんだ。いまさら、何学んで楽しい」って言われて。何やってるのとか、楽しいのとか、何のためにとかって話になって、そういう切り口からいうと学びっていうのを、非常に狭義の意味で単なる座学だと思ってるだよね。例えば、学んでいくともっと奥深いものがあってさ、知識を広げる、深めるとかそういうことをやって、場としても仲間が増える。仲間が増えると、新しい視野が広がって、活動につながるとか、そういうことまで意識してないんだよね。

ということは、そういう人にはやっぱり、まず興味を引かせなきゃいけないんだけど、その人が分かりやすいようにどうやって伝えるかっていうことが非常に大切かなと思うんだよね。でも、興味ない人に何言っても無駄なところあるんじゃない？　はっきり言ってね、何とかの耳に念仏みたいなさ。だけど、ただそう言ってる人は、深く考えて言ってるわけじゃなくて、一般論として、今、おまえの年になって勉強して何が楽しいんだよっていうの、一般論として分からん話じゃないんだよね。ただ、捉え方がその人は、その人なりの狭さがあるんだろうなと思うから、そこのところは、いや、そうだけじゃないでしょって話はある程度言わないと伝わんないかなって気はする。

D子　私の友達のご主人は、やっぱり退屈してるんだけど何もしないって。なんでっていったら、会社生活の人間関係、誰かと関わるうっとうしさを、その新しい大学とかでまた人間の誰かと付き合っていくっていうのがおっくうで、その中に入るのが嫌だって言ってるんですね。だから、私、「どう思う？」って言われたんで、「一人で行って、取りあえず一人でいいんだから、誰か連れ立って一緒に行きましょうじゃないんだから、取りあえず一人でぽつんと行って、聞いてくるところから始めればいいんだから、そんないきなり友達を作ろうとか、あんまりそんなふうに考えずに、取りあえず聞いたら面白い話があったらラッキーと思って次聞けばいいって、それくらいにいったら？」ってその方に言ったんですけど。人間関係の中に入るのが嫌だって、最初やっぱり思ってらっしゃるみたいでした。

E　特に男性。すぐ斜めに構えちゃって、なんか裏があるんじゃないかとかね。そういう疑いを。

D子　また評価される。できないやつとか言われるのが……。

F　だから僕も思うけど、もう一回セカンドステージ大学に入り直したらっていうとね、以前の五期生時代とまた若干違ったアプローチの仕方があると思うんだよね。それは、私なりにさっき言ったように、やはり学ぶっていうことでは受動的で、能動的でなかったなっていうところがあるから。そういう意味では、自分の興味のあることはやったと。興味のないところからそういうことをやって、自分のこれからを広めて、深めて、自分の学びをライフワーク化するテーマ。それは歴史か古典文学かなんか分かんないけど、そういうことが見つかってないっていう、今もって私の課題なんですよ。もしもう一回やったら、自らそういうことを求めて、要するに求めなければと思う。例えば、そういう人には四の五の言わないでやってみたらと。やってみた結果、自ずと答えは見つかるよ。現状で満足してれば別だけど、どうたらこうたら言ってる人には、やっぱりまず飛び込んできなさいと。結果が必ずあるはずだし、今、みんなの話を聞いたって入った後の成果っていうのは結構あったよって言ってるわけだから。

B　自分でもそこ分からないんだと思うんですよ。さっきのゴルフのお友達が言ってたみたいな、なんでいまさら学校行って、みたいな表現でしか理解できないわけでしょ。

A　私も、（かわさき市民）アカデミーの人で、何人か話したんだけど結局何していいか分からないっていう。で、たまたまそういうのがあったっていうんで、結構、そういう人のほうが多いんじゃないかな。もともと要するにこれをやりたいっていう人はもう決まってるから。

F　逆にね。たまたまみんな一緒になってるだけで、それが必然なんだけど。そうじゃないと、その先輩なんか「じゃあ先輩何やってるんですか」って聞かれたら、「俺か。俺は午前中、犬を散歩に連れてって、帰ってきて、少しゆっくりして昼寝して、それで夕方、最近ご飯食べるの早くてさ、五時か六時には食べちゃうんだよ」って、そういう生活してるの。四の五の言われたくないおまえに、と思うんだけど。でも多分そういうことだから、ないんだよね。そういう人はニーズもないんだと思うんだけど、でもニーズがないからといって、やりたくないっていう話じゃないのかもしれない。

A　ニーズは、私はあると思う。

D子　ニーズはあるよね。

F　あるかね。

D子　なんかしなきゃっていうニーズ。

A　ただそれが見つからないんだよね。

F　ニーズがあれば救われるけど、ニーズがない人にニーズを起こせっていうの大変なんだよ。

あと思うんだけど、やっぱりシニアっていうと僕ら世代だよね。僕らの世代の学びっていうと、それは例えば学校で教えられる。だから、どちらかっていうと僕らの今のシニア世代っていうのは多分一般論でもって学ぶってことを捉えてるんじゃないかな。だけど、学ぶっていうのは幅広くて、単なる勉強だけじゃなくて、例えば農業でも、趣味でもスキルでも何でもそうだけど、まず学びから始まるよ。誰でもね。だから、非常にある面では入り口が広いんだけど、多分、学びっていうと、さっきのように座学、授業に出る、教えてもらうと思っている。だからそこはどちらかっていうと、イメージでね。すごい受動的なイメージがあって。そうじゃなくて、もっと能動的にね。さっき言ったような楽しむって話になるんだけど、自分のやりたいことといっぱいあるじゃない。

一番最初は何でも教えてもらうでしょって、そこだよね。だから、どうもね、今われわれはそこのところの垣根が崩れて、自分でこうやれば、次、楽しみながら続けられるよみたいな話になってるんだけど、多分入り口が妙にそういう人は狭いんじゃないかな、狭くしてしまう価値観をもっているんじゃないかなって僕思うんだよね。だから、そこを崩すには、そうじゃないよというのをどうやって彼が分かるかって。でないと、そんないまさらやったってとなる。だけど、何だっていまさらやったってじゃないの。ゴルフだってさ、最初知ってる人に教えてもらって。それだって学びだよね。多分そういうスタンスが必要だし、そんなふうにして柔軟に考えれば飛び込みが結構早いかなと思うんだけど。

D子　そうね。切り口がね。だから、きっと、自分たちの学生時代のイメージしかないじゃないですか、大学っていっても。ああだったなって。眠かったな、講義ずっと聞かされたな、みたいなのじゃなくて。

F　あとはあれですよね。学びって概念として非常に抽象的なんだけど、学び方をもっといろいろ工夫が必要だよね。だから、家にいてもそういう学びができるような簡便な仕掛け作りとか。そうなってくると、間口ががんって広がりますよね。だから、意識を学びにどうやって向けるかっていうことと、そういうことを取り組みやすいような仕掛け作りをどうするかっていうことは、多分、組み合わせになっていると思うんだよね。遠いところに住んでいてセカンドステージ大学に通うために下宿してまでやりますっていう人もいれば、豊島区にいるのに来ない人もいるわけだから。僕はそういう学びっていう概念をどうやって楽しさっていうことに変えるかっていうことと、それを実現するしやすさの仕組み、仕掛け。この辺りをうまく織りなすとぶわっと広がると思うんだよね。そういう意味からすると、いろんなもう少し仕掛けが多くないと。

③卒業後の先がない

D子　ステップアップするときに、例えばセカンドステージ大学でさっき言われた、もうちょっと深掘りしたいよねとか。私だと、今、関わってる仕事に対する資格っていうか、その資格をもらうんじゃなくて、もうちょっと勉強したいなと思ったときに、じゃあどこ行ったらいいんだろうと。実はその先が、そこがないの。

F　そう。俺もそれ言いたかったの。つまり、卒業した後のイメージが描けない。

D子　だから、知識をもっと得ようと思ってもセカンドステージ大学から他に行くところがない。あっても、ここの大学と比べてみても概して学ぶこととしてはつまんないんですよ。ここを出た後、じゃあもうちょっとこのことやりたいって思ったときに、じゃあどこ行けばいいんだろうっていうのが、分かんない。

F　一般の大学は単なる勉強する所だよっていうイメージがあるから、そんな所行って、いまさら勉強して何になるのって思うだろうけど。いや、そうじゃなくて、セカンドステージ大学は、一般の大学と違うんだって。同じ大学って名前付いてるけどね。多分、そういうコンセプトっていうのを、多分分かってないと思うんだよね。入る前まで分かんないよ、だって。だから卒業後ね、自分のこんなふうな学びじゃないけど、いろんな居場所だとか、楽しみだとか、単に卒業して就職するんじゃなくて、われわれのゴールっていうのは、そうじゃないんだよって話を、もう少し分かればじゃあ学んでみようか、入ってやろうかって人も多いんじゃないかな。だから、学びっていう手段をどうやって目的化してあげるかっていうことのイメージをどうやって描かせるかっていうことが大切であって、学びがイコール目的になっちゃうと、以上！、で終わりになっちゃうから。だからその辺りが非常に大切なコンセプト、方針じゃないのかなって気がする。

だから今、セカンドステージ大学のサポートセンターなんかまさにそうですよ。卒業して、じゃあどうやって活動するんだとかって、ああだこうだって話ができる場所。

四年制の大学とは違うぞっていう、明確な、やっぱしシニア大学の大学像っていうのがあって、在学中だけでなく卒業後の方向まで示せるのがシニア大学像に必要なことで、だからそこのところがわかれば、学ぶ目的がもてるんだと思うんだよね。

第2章　学びが導く大学院までの軌跡

本章では、立教セカンドステージ大学で学んだ後、大学院に進学し修士号の学位を取得した男性と女性の二人の語りからその経験の軌跡をたどる。定年後、あるいは職業経験がなくてもシニア期になってから大学院に正規に入学し修士号、さらには博士号を目指す人たちは増えている。大学院によっては特別枠での入試や通常より長期の在籍期間としているところもある。ここで紹介する二人はそうした人たちの統計的代表例としてではなく、筆者が数年間にわたり個人的に知りえた大学院までの学びの実践者である。

1　G氏

G氏、六七歳。経済学部を卒業後、金融関係の会社一筋で働き六四歳で定年、その直前の二〇一二年にセカンドステージ大学に入学した。修了後、学部に編入学し卒業、さらに続いて大学院へと進んだ。学究肌の人で、学びを深化させつつ修士を終えてさらにライフワークとなるテーマを見出している。学びが生きがいを拓いているような印象を与え、シニアにとっての学びの一つの方向性を示している。

なお、〈 〉は筆者の質問、カッコ内は筆者の補足である。

セカンドステージ大学に入学したのは今から四年前（二〇一二年）、五期生になります。私は四月九日生まれなんです。誕生日に定年退職になるので（会社に数日）在籍したままセカンドステージ大学に入りました。本科（一年次）が終わった後、学部編入で（立教大学）文学部キリスト教学科に入り二年間終わって卒業し、今年から（立教大学）大学院のキリスト教学研究科です。

〈最初に、セカンドステージ大学に応募してみようと思われたのは、どういうきっかけ、どういう動機でしたか。〉

そもそも、私の場合のセカンドステージ大学の位置付けっていうのが……もう一度大学へ

（正規に）入り直そうと初めから決めてたんです。それを学部でするか、そのまま大学院で試験を受けるかどうか、初めから考えてましてね。

〈いつ頃からそういう考えをお持ちだったんですか。〉

定年前の、私ら昭和二三年生まれは、六四歳が定年なんですね。六四が定年でございまして、ですから六三ぐらいのとき、一年ぐらい前ですかね。一年前に、もう一度大学に入り直しをしようという決断をしたんですが、約四〇年間社会人生活をしてると、果たして続けられるのかどうかも分からないと。若い人たちの間に入って、一緒に勉強ができるかどうか分からない。その一つのステップって言ったら変なんですが、感触を確かめるために、たまたま、そうこうしてるうちにセカンドステージ大学の案内っていうのがありまして、これって確か全カリ（全学共通カリキュラムの略。立教大学のリベラルアーツのカリキュラム）ですか、全カリの科目を幾つか受けられるというそういうものがあったもんで、じゃあ一年間準備段階としてセカンドステージ大学で本当に本格的な勉学ができるのかどうかを確かめたいなと。ですから、ちょっと皆さんとは違った意味のセカンドステージ大学への入り方だと思うんです。

かつ私の場合には経済学部ですから、神学の勉強を一切していなかったと。いわゆる昔の、中世のベーシックのリベラルアートは何かということの、例えば医学、法学、神学という三本柱の一つ、神学を勉強してみたいという全く未知の分野に挑戦してみたいなということで、あえてキリスト教学科を選んだと。

〈定年になったら、もう一回大学で勉強しようと思われたきっかけというか、お考えが前からあったんですか。それとも、定年のことを考えたときに出てきたアイデアだったんですか。〉

企業の中でご一緒させていただいた先輩方、同僚、後輩ですかね。幸いなことに、勤務した場所には優秀な人たちがかなりおりまして、非常に学者タイプの人、いろんなタイプの人がおりまして、こつこつと勉強なさって寡黙なんだけれどもはたから見て魅力のある人たちがかなり。人間的にも。いわゆる世俗のサラリーマンの出世競争とは関係なく、こつこつとなさる方の姿を見ておりまして、私は学生のときになんにも勉強しなかったなあと。四年間を、打ち込んで勉強しなかったなあと。(在籍した) 経済学部っていうのは、卒論ないんですね。ただ私の場合には、卒業する以上は卒論は指導もなんにもなかったんですが、やはり一冊の本を書いてみたいっていうことで卒業式の前日に、卒論を先生の所に提出したっていう経験がございまして、そのことをふと思い出しまして、本格的に自分の未知の分野ではあるんだけれども、こういったものに挑戦してみたいなということが大きな要因だったのかもしれません。

それともう一つは、サラリーマンっていう、どろどろして、人の不幸は蜜の味的なものを、自分でも本当に人間としてと思うようなことを平然としてきた自分に対しても、こういうことで人間生きてていいんだろうかという、一つのざんげの気持ちじゃないんですけれども、もっと純粋に年を取ったらば、純粋に人間としての尊厳ですかね、そういったものに邪念を捨てて打ち込めるものって、やっぱり学問かなと。

〈だから単に、定年になったら大学で勉強しようということだけじゃなくて、キリスト教を勉強したいという気持ちがあったということでしょうか。〉

そうですね。初めは、一年前に正式にこの学問を決めたんですね。その前から、もちろんもう一度勉強したいなと思ったのが、いわゆる経済学とか、金融とか、経済とか、社会学を勉強したいなっていう関心はあったんです。でも、はたと考えて、それは安易な方向に、自分の経験をもとに、安易な方向に行ってるんではないのかなと。全く異分野のほうが、素直な気持ちで白紙の状態から学べるということのほうが、重要性があるんではないのかなという。

〈なるほど。でも、会社勤務でいい人たちと一緒にお仕事ができたというのは、恵まれてましたよね。〉

と、思いますね。嫌な面もたくさんございました。非常にコンサーバティブな企業だったものですから、入社したときから序列ができてるような企業だったもんですから。ただ、初めは嫌だなあと思ったんですが、中には本当に素晴らしい人たちもたくさんおりまして、やはりそういう意味では、魅力的な人たちがたくさんおられたっていうのは、今になって思えば本当にいい職場で仕事をさせてもらったなあっていう、嫌な思い出のほうがいっぱいあるんですが嫌な思い出は一切捨象いたしまして、何を自分は影響受けたかなあということを、もう一度組み立て直しをしまして。

〈セカンドステージ大学で必修の修了論文は、どんなテーマでお書きになったんですか。〉

私の場合には、例えば院生で、聖書学とか神学思想の専門家たちがたくさんおられるんです。そういう人たちにはかなわないっていうのもございまして、いわゆる立教大学の初代学長のガーディナーの、建築家としてのワークっていうんですかね。ですから建築を、主体は教会建築なんですが、ガーディナーの建築を研究してるんです。当然ながらガーディナーですから、アメリカ聖公会の宣教師として来まして、立教の中には聖公会の資料というのがかなり整っておりまして、明治期のいわゆる近代日本におけるガーディナーの果たした役割っていうのをどういうふうに捉えていくのかなあという、ですから、キリスト教学研究科の中では、芸術系というか、そういった類になるのかなあと思うんです。

〈今おっしゃってる論文っていうのは、セカンドステージのときに書かれた修了論文ですか。学士編入して卒業論文でしょうか。〉

（学部の）卒論も、ガーディナーの教会を取り上げまして、修論もガーディナーの建築作品をテーマに。

〈修論だから、これから書かれる？〉

ええ。もう中間発表が一二月二日なので、構成をどういうふうにするか、今悩んでるところです。

〈セカンドステージ大学のときの修了論文は。〉

私、基本的に絵が好きだったもので、特に絵画でも、現代アートが好きだったもんですから、フォンタナというイタリアの現代作家が、画家がおりまして、そのフォンタナに関してセカンドステージ大学ではつたない文章で書かさせてもらいました。

〈セカンドステージ大学でのゼミとかは、どんな感じだったですか。〉

文学の先生でしたから、メルビルなんですよね。いわゆるアメリカ文学ですかね。非常に難解な文章ではあったんですが、そういう意味では、これが一つの大学の授業かなっていう気はしました。ですから、先生もそういった意味では万人受けするようなことじゃなくて、かなり専門的におやりいただいたっていうので、私はすごく良かったなあと思うんですね。

〈文学への親和性みたいなのも、もともとおありになった。〉

全くございません。学生のときに本が好きだったのかっていうと、決してそうじゃなくて。今の院での勉強は、私の場合には、基本的には神学・思想と芸術系っていうことは、いわゆる中世キリスト教美術、あるいは古代ローマ、ギリシャの文献ですから、当然ながら中世ですとラテン語も入ってきますものですから、ラテン語と英語とギリシャ語もあるもんで、この三つの辞書を用いながら、この英語はこのラテン語から来てるな、このギリシャ語から来てるとか。非常にそういう意味では幅が出てくるっていうか……。

〈ただ英語を読むのと違いますね、それは。〉

諸所に単語はラテン語だったり、ギリシャ語だったりするものですから、この日常使ってる言葉、これギリシャ語から来てるんだと。ラテン語からこれ来てるんだっていう面白さですかね。それをもっと学生のときに気付いていてたら違った人生を歩んだかなとは思いますが。

〈そのテーマですと、いずれはヨーロッパとかどっかでのフィールド調査にもつながっていく可能性はあるんですか。〉

基本的には私の夢は七五歳までに、本を出したいということです。それで、日本の教会に関する本を、明治以降の近代建築としての教会建築の本を出版しようというのが一つの夢なんです。ということは、とくに私の場合には聖公会の教会建築を主体にしておりますから、当然ながらイギリス、スコットランド、ロンドン、ニューヨークとフィールドワークは必要になってきますんで、大学院の修士課程を終わってから海外にずっと行きっぱなしのことが多いのかなっていう気はするんですね。

〈そうすると大学は一応修士課程までで、その先までは考えない。〉

博士課程に行きたいんですが、果たしてついていけるかどうか。自分の文章力からして博士課程はこんな稚拙な者が行って、果たして続けられるのかどうかってのは非常に疑問ですし。七五までにとにかく本を書くということが今、私が六七なもんですからあと八年。修士が終わると七年。ですから五年をめどに本を出したいと。もう一つは、私の場合には、今回、学部編入のときに学芸員課程も取ったんです、ちょっときつかったんですが。

今考えてますのが、もちろん神学的な意味で捉えるか、教会建築を哲学的に捉えるか、あるいはただ建築として捉えるのか、非常に悩んでるところではあるんですね。いわゆる場所論ていうか、場所という空間概念をロケーションと建物との関係という、建築家という依頼主があってお金の問題もありますし、場所という問題。これがどういう変化をするのかっていうのを見てみたいなっていうことなんで。修士論文では、ですから場所というものがどういう形で影響を与えてるのかなっていうのをちょっと掘り下げて。

〈本にまとめたいって言われましたが、ご自身の中ではどんな位置付けになるわけですか。〉

自分で足跡を残すっていうことはおこがましいんですけれども、自分の名前で、要するに出版物にしたいっていうのが一つあるんですね。会社勤めのときに、共著で自分の名前が出なくて、部署でいわゆる実務書を、貿易為替に関する本といってもささいな本でございますが、そういった経験はあるんですね。ところが自分自身で構成から何からやる本っていうのは一度も書いたこともございませんし、そういう経験もなかったってこともありまして、自分がこういったものを一つでも残すことができたらいいなっていう発想からなんですね。

〈そのアイデアは、いつ頃から具体的に考え始められたんですか。〉

本にまとめたいっていうのは、五〇代の後半ですかね。だからそれが何物かっていうのは、例えば教会建築とかそういったものではなくて、何かを一つ本を出したいなっていうのは、それが当初五〇代後半は、やはり金融にまつわるどろどろとした人間模様の文学作品じゃないでしょうけれどもそういったものをイメージしてたんですが、でもそれは全く意味を成さないなっていうことで、今の状態になったってことでしょうね。

〈勤務した会社では〉定年後っていうか途中で辞めて博士号を取って、本を出してる人たちとか、最後まで勤めるって形じゃなくて、四〇代、五〇代始めには見切りを付けて。大体四〇代で先行き見えますから、自分がどの辺に行かれるっていうポジションは見えちゃう世界でございますから。そこで見切りを付けて、異分野の世界に飛び込んでいくっていう人が必ず毎年数名ずつはおりましたね。

〈海外の勤務もおありだったんですか。〉

基本的にはアジア担当でございました。ですから、バンコク、ジャカルタ、香港、それから最後はソウルと。ソウルのときに、もう国際関係はいいですと、国内でお願いしますと。そのときになぜそういう状況になったのかって言いますと、病気をして約七カ月間入院をしておりまして、かなり長くなったんですね。そのときに、家内は教師をしてるもんですから非常にハードだったと思うんですが、毎日終わってから病院に来てもらいまして、やはり一番人間の小単位である家族を大事にしなきゃいけないっていうことで、人生観が変わったっていうんですかね。そういう意味では。

〈それはお幾つの頃。〉

厄年のときですから四三ですか。四二のときにしましたから、四三のときに自分で方向転換を、物事の考え方の。仕事中心からやはり自分自身で時間をつくって、家庭の中で過ごす時間を充実させようと思ったのがそのときですかね。

〈その頃から考え方を変えつつあったということが、先ほどからお話しされているご自分の関心とか勉強とつながっているのでしょうか。〉

神学ってキリスト教学を最終的に学ぼうと決めたのが、やはりそのときの約半年にわたる入院生活によるもろもろの経験が、いわゆる本来の人間とは何だろうということを考えるきっかけを、ベースを与えてくれたのかなと。俗っぽい言葉ですが、神が私に啓示してくれたんだなというふうに思うんですがね。私、浄土宗でキリスト教徒ではありませんが。

〈ちょっと話が前後しちゃうんですけど、セカンドステージ大学を終わった後、キリスト教学科に編入されたんですよね。それも予定どおりの選択でしたか。どの学部なり学科に編入するか、最初からお考えになってたのですか。一年から入るわけではなくて編入とした、その辺りはどんなふうにお考えだったんですか。〉

編入で入ろうと思いました。直接に（大学院へは）そういう意味ではベースがなんにもできてないなと。ただ、別の大学の芸術学の（大学院）は受かったんです、大学院のほうで。だからはじめから行っちゃおうかなと思ったんですが、でもベースがないのに果たしてついていけるのかということもありましたし、要は聖公会の建築を勉強しようと自分で決めましたから、やっぱり立教の文学部キリスト教学科で基礎から学ぶべきではないかってことで、編入学を選んだんですね。

〈キリスト教学科は少人数の授業が多かったでしょうか。〉

ゼミはそうですが、基本的には他の学部の履修してる人たちもおりますよね。ですから旧約・新約ですと、文学部史学科の。それから社会学部の子たちも来てましたね。それから新座にある現代心理学部。ラテン語の授業なんて、いろんな学部の子たちが来てましたね。

〈年齢とか世代的には、いわゆる今の学生さんの中に自分が入って一緒にやるみたいな感じなんですか。それとも、社会人の人も正規の学生さんとしても、キリスト教学科ですとある程度はいましたか。〉

学部時代はまずおりません。ええ。ただ院生が学部の聴講に来られることはありました。キリスト教学研究科の場合には意外と中高年いるんですね。現役の牧師さんとかおりますから。そういう意味で（大学院の）キリスト教学研究科っていうのは、年齢層が高い人たちがたくさんいると思います。

〈そうすると、若い学生と一緒に勉強するということ自体あまり意識しなくて、勉強に入れたっていうか。〉

そうですね。自分が鏡を見て年を取ったなと思うんですが、頭の中は私は自由に変えることができるっていうか、自分は二〇代のつもりで中に入ってないとできませんよね。（年齢差だとか世代差だとかっていうのは）意識をしなかったですね。ただ今年は（開禁時期が変って）八月ですけれども、去年が確か一二月ぐらいからですから、三年生の就職活動。やはり今の学生って情報はたくさんあるんだけれども、実態面のところはどうかっていうのは疑問に思ってる子たちがいたんで、よく会社を選ぶときのポイントとか、何をやりたいんだって、業種は何なのかと、専門的に何をやりたいのかうんぬんってことを聞き出しながら、とにかく私の場合にはブラック企業とか成長してても新興企業のつらさっていうんですかね。そういうのを味あわさせちゃいけないなっていうのはありましたから、極力喫茶店に連れてってはアドバイスは、それはやっぱり先輩として教えてあげるってのは一つの義務なのかなと。

〈今おっしゃったようなやり取りっていうのは、ゼミでの学生さんたちですか。それとも他の科目とかでも。〉

学科のゼミの人もいますよ。私の場合は学芸課程も取ってましたから。学芸課程は理学部、経済学部、法学部、文学部、いろんな子たちが来るもんですから。それから課外実習のときに必ず三泊四日ぐらいで博物館、美術館を旅行しますもんですから。そういうときに、いろいろとこう。

〈そういうやり取りは楽しかったですか。〉

自分の子どもよりも若いわけですよね。でも自分の子どものときを思って自分の子どもの感覚で、親として今までの経験から、かつ銀行員という、銀行員の周りにはいろんな業種の方たちがいて、お会いしておりますからそれぞれの特徴も知ってますから。女性に優しい会社、厳しい会社、いろんなパターンを。中小企業あり中堅企業あり、大企業も見ておりますから、それぞれの長所・短所も十分分かってますから。そういう中で得た経験を自分の子どもに諭すっていうんですか、アドバイス。親の気分かもしれませんね。

私が思いますのに、人間って例えば企業でもって、定年後も飲み会があるんですね。飲み会がありますと、名刺の肩書順どおりなんです、定年後も。いつまでも。もう完全に一つの人間関係ができているんですね。そういう形態ですから、違う社会に入っても、名刺の肩書が人格を形成、その人の価値観を決めているような社会の中で生きた人たちっていうのが、そういう世界から外れても頭の意識下において、常に持ってしまっているんですね。ある意味、変な意味、変な言い方をすると、上から目線っていうんですかね。過去の自分の栄華に浸りたいという郷愁というんですかね。そういうものを持ってしまうと思うんですね。私の場合には、残念ながら出世をしなかったっていうのもありますから、痛みも十分分かっている。自分の目線をどこまで下げられるかが、第二、第三の人生の生き方じゃないのかなと思うんですね。

どこまで自分の今までの肩書を捨象しながら、素の人間として魅力を発揮できるような、どんな層からも、何ていうんですかね。こう、うんって、面白い人だねっていうような人間に、年を取れば取るほどなれたらなと。

〈会社生活が長いと、そこのときに培ったいろんな見方、考え方を、いきなり脱皮するというのもむずかしいと思うのですが。リタイアした後、退職した人たちって、皆さんどんなふうに生きていかれているのでしょうか。〉

いわゆる同僚というんですかね。同僚、あるいは二、三、上の人たちと飲む機会がありまして。そういう意味では、知的に生きている人たちが、半分ぐらいは知的に生きようということで。われわれの世代って、みんな共通して言えることは、歴史、日本の歴史ですよね。われわれが中学、高校、大学と近現代史っていうのは、あまり学んでないんですよね。

近現代史を学んでいないということに対して、果たしてこれでいいんだろうかと。団塊の世代は、そういう意味では貧しい日本も知っている。高度経済成長によって豊かになったときも知っている。バブルがはじけて、リーマンショックがあって、日本が低迷、衰退も見てきているということがあって。もう一度、日本の近現代って、経済、金融、文化、社会、どうだったのかなっていうことを学び直しをしたいと思っている人って、すごく多いんですね。

そういうことがあって、みんな偉いなと思っていますのは、よく日曜、新聞の日曜版、あるいは新聞で各大学の公開講座がありますよね。初めは公開講座でそういうものを調べてくるうちに、直接に大学に来ると聴講も可能ですうんぬんっていう大学、かなり今多いんですね。聴講生を入れるというのが。そういうことから近現代史を教えている授業に、聴講生として通っている同僚たちが、先輩たちが、約半分はそうですね。

それからキリスト教じゃなくて仏教に興味を持ったっていうことで、駒沢とか立正大学とか、そういった所に仏教だけを取っているとかですね。団塊の世代は競争にもまれた世代ですから、一種独特の世代なのかもしれませんけれどもね。

2　Ｊ子さん

Ｊ子さんは約三二年間航空会社で客室乗務員として働き、五四歳で早期退職。二〇一二年に立教セカンドステージ大学に入学し、本科、専攻科を修了後、二〇一四年に立教大学大学院二一世紀社会デザイン研究科に進学し修士号を取得した。在学時から震災復興関連の活動に参加し、現在ではそれに加えて、居住地での地域猫ボランティア活動のほか、超高齢社会の生き方に関する研究会の立ち上げ、市民参加の学会の事務局手伝いなど活発に活動しており、また、取得したままになっていた教員免許を更新し二〇一八年度からは地元の小学校の英語授業の手伝いをする。

学びの経験が、人間関係や社会的活動に拡がりをもたらしている。同時に強調すべき点は、セカンドステージ大学から大学院へと学びを進めつつ、その過程で退職前の疲弊した自己を癒し、再生していく経験をしている。シニアにとって学びのもつ可能性を示している。

私、立教セカンドステージ大学の流れで大学院に行ったんですが、三一年九カ月、企業に勤めていて、どちらかというと企業でもデスクワークじゃなくてブルーカラーの仕事だったじゃないですか、接客業の。最後の六年間は、末端管理職だったんです。（他の航空会社）との企業合併、あのときにもいたし、二つの全然風土が違う企業が合併する中で、本当に末端管理職でやって疲弊してたっていうのがあるし、そして民主党に変わったときに、経営破綻したわけじゃないですか。あのときに、自分の直接の配下は六〇人ぐらいいたんですけど、その子たちの進退、契約の。言葉は悪いですけど、辞めさせるスタンスにもってってたりとか、労務もやってたんで、組合強い会社だったので、本当とことん疲弊していて、それにダブルパンチを浴びるように、二〇一一年三月一一日に実家が震災で被災して、母が災害関連死で亡くなったっていうプロセスがあるんです。

大学時代は米文学科って、（卒業）論文なしだったんですよね。田舎から出てきた女子学生。ミッチェル館（キャンパス内女子寮）にいたし、ひたすらアルバイトだったんですよ。実家も厳しかったんですね。三つ上の姉が東京の私立の大学に行ってたので、だから、二人仕送りするっていうの、親にとってすごい大変だったので、なるべく自分で遊ぶお金とか余暇のお金ですよね。グリークラブだったので、それは自分で稼いでたので、勉強どころじゃなかったんですよ、はっきり言って。専門（科目）落としたりとか、シェイクスピアとか。でも、会社で上司と合わなかったときに、何度も私は〝四丁目〟[3]辺りに来てるんですよ。母校に戻ってきて、すんごく救われた思いがあるので。

〈それは何歳頃ですか。〉

一番きついときだから、上司と合わないころ、四〇代ですね。今、全然四丁目のたたずまい、変わっちゃいましたけど。

〈何が引き寄せたんでしょう。〉

やっぱり、リベラルアーツ。あと、チャペル。あの何とも言えないたたずまいの中で、立教

3　立教大学池袋キャンパスの学生が行きかう十字路で、昔から「四丁目」と呼ばれている。

生って意外と独特なソサエティーなんですよね。ミッチェル館にもいたし、学校と生活が延長線上にある学生生活を送っていたので、ミッチェル館って自治寮でもあったので。でも立教というと職場では、甘やかされたちょっと人のいいお嬢さんみたいなくくりで、あの当時は。今CA（Cabin Attendant）ですけど、スチュワーデスっていうのは一八歳からなってますから、私と同学年の方は四年先輩なんです。一期違えば、虫けら同然の世代社会だったので。今思うと、三二年もいたので親よりも育ててくれたとは思っているんですよ。なので、感謝はしてるんですけど、でもやっぱりあの風土っていうのは独特でもっと知の深堀りをしたかった。

一期一会の世界なんで、お客さまとは。しかも飛行機の上なので、一期一会でその関係性が永遠ではない。もしかすると、私を見て、次回はうちの飛行機に乗りたいっていう人はいたとしても、私との関係性は全然深くない。そういうのも、もういいかなって。そういう意味で、質問に答えるとしたら、立教セカンドステージ大学の二年間っていうのはエキゾースティッドな（疲れ果てた）状態で、自己基盤自体がぐらついていたので、まずはもう一度肥やしを。ベランダの干からびた観葉植物みたいだったので、まずは、もう一度自分の自己基盤を再構築したい。それには、疲弊してガス欠になってるので、まずはその土壌をしっかりしようと思ったのが、立教セカンドステージ大学に入るきっかけでしたね。

〈セカンドステージ大学にはリタイアされた後に入ったのですか。まだ仕事しながら入学されたのですか。〉

仕事をしながら入りたかったんです、最初の（募集案内の）新聞広告が出たときには。でも、まだそのときにはすごい忙しかったので、リタイアして、東日本大震災があって、その後、ホスピタリティ・マネジメント講座（立教大学観光研究所の公開講座）って、昔の、宿屋塾、観光学部の。それで講座を受けて、もう一度、愛着のある母校に、なじみの一歩。再構築のなじみの一歩は、そのホスピタリティ・マネジメント講座で。そして五期生（二〇一二年度）のときに受けて、入らせていただいたんですけど。

〈じゃあ、セカンドステージは始まったときからは、ご存じではあったんですか。〉

もちろん。入りたくてしょうがなかったんです。

〈何で知ったんですか、最初。〉

朝日新聞です。一面広告でしたから。

〈そうですか。実際入って、五期で。そのときは、もう会社辞められてて。〉

辞めてましたね。

〈定年だったんですか。〉

早期です、五四歳なので。経営破綻になったときには、それこそ末端管理職の私たちは、言葉悪いですけど、合併したじゃないですか。下の子たちも辞めさせてるので。こういう言い方ってあれなんですけど、合併したじゃないですか。（相手企業の）管理職っていうのは、その当時四〇代だったんですよ。こちらの管理職は五〇代。私五四だったので、（会社の方針も）五〇以上はもういらないというスタンスになってたので、室長はじめ全部、その当時で。ですから、私に言わせれば、あのとき辞めた私たち、三〇年選手の管理職だった女性のその後って、（研究としても）めちゃくちゃ面白いライフストーリーだと思うんですけど。

私たち辞めたときは、お互いに会いたくもないし、（会社の名前）も見たくないし、あの三〇年間は蜃気楼のような気持ちになってしまって。でも、人間って面白いなあと思って、こうやって大学で、私は母校で充電して、大学院で深堀りの学びの探求をして、こうやって七年たつと、懐かしいんですよね。やっと、今年になってお互いに、下の子たちも、「J子さん、何してるんですか」とか言って連絡してきてくれたりとか。幸運なことに、メルアドとか携帯電話のナンバーって、そう変えないじゃないですか。だから、昔の電話番号で連絡取り合って、すごくいい関係を再構築し始めた。

〈一人だけじゃなくて、皆さんがそういう思いを持つような時間がたったたっていうことですか。〉

あのときは悲惨でした。それは、送り出す末端管理職の私たちもそうだったし、現場の子たちは、もっと悲惨なことで、本当に大変だったと思います。だからお互いに、「本当に大変だったね」って言い合いますよね。

（立教セカンドステージ大学の）一年目は、完璧に自分が疲弊して自己基盤を整えるとき。セカンドステージ大学のメジャーな世代っていうのは、団塊世代。圧倒的にボリューミーな団塊世代だったわけですから、私たちよりも上の。職場だと、自分の直属の上司が一人団塊の世代だった。私はもともと大家族で育って、非常に団塊世代前後に免疫があるので、そのおじさまたちが、いろんなバージョンで現れたことがすごく面白かったですね。生きている世代研究みたいな感じで。

あとは、同期生の中にも、高度成長期の企業戦士を支えた、奥さまたちの論理。主婦業をお金に換算したらどのくらいになるとか、ちゃんと自分の主婦手当の部分をとか、そういうふうに考える。私はどちらかというと、おじさまたちと同じ生活を送ってきた人間なので、非常に、集団でその時代の生き字引みたいな人たちを見るのが興味深かったし、あともう一つは、立教そのものがすごく先鋭的だと思うんですけれども、立教通りに（立教小学校、中学校、高等学校、大学、そしてセカンドステージ大学の）四世代が通うっていうのは、多分、あの当時、今、分かんないですけど、あり得ないことだと思うんですよ。しかも、大教室におじさんが混じって授業受けたりとか。だから、非常に先鋭的な試みの中にいるっていうのが、一年目はすごく面白かったです。

二年目になると、一番強烈なのは成熟社会っていう観点からやっぱり学部生の子たち、ゆとり世代なので、成熟社会の中で生きている子たちじゃないですか。だけど、やっぱり私たちは成長社会の中で生きてきているので、そこの部分で、立教セカンドステージ大学の（受講生の多くは）やっぱり中の上だけど、今、世の中はそうじゃないじゃないですか。その違いがわからないで一緒の授業に参加したりする。だから、不完全燃焼になってしまったんですよ、私自身が。

〈それは、一年目ですか、二年目ですか。〉

二年目ですね。一年目は、すごい楽しかったです。学ぶこと多かったし、成熟社会論とか、バックキャスティングとか。私、本当に、世代研究はライフワークにしたいと思ってるので、その扉を開けてもらい、本当にこの学びを続けていくために私は大学院に行こうと思いましたね。二年目は。

〈一年目はすごく新鮮で、自分が思ったような感じの勉強ができたんですか。〉

自分ががむしゃらに生きてきたことが、論理付けられるっていうのが、すんごくふに落ちたというか。自分があんなに頑張ってきて、常に上を目指していたのは成長社会だったんだからなんだとか。でも、今は違うんだ、成熟社会なんだとか。

あと、家族についての授業では、うちの母が、大家族の長男の所に嫁いでるので、亡くなる寸前まで、「私の人生、一体何だったんだろう」って言ってたんですけど、やはりその当時は、嫁が介護して当然のことで。うちの母は、七人介護したんですね。おしゅうとめさん、おしゅうとさん、それから父が長男だったので、九人兄弟の四人を介護してるんですね。自分がそういう悲惨な亡くなり方をして。何だったんだろうって言ってて、母の人生すごいかわいそうだったなあと、すごく感情移入してたのに。いや、時代がそうだったんだっていう日本の社会のコンテキストを学ぶと、それが、自分がそんなに真剣に悩むようなことではなく、田舎に行ったら、みんな田舎のお嫁さんはあの当時そうだった、おしんじゃないけれども。

ただ、彼女の人生は、本人がそう言うんだから、何だったんだろうと思ったんだろうとは思いますけれども。そういうこともあって、その後セカンドステージ大学と大学院に行って、自分の人生観が変わった点ていうのは、俯瞰できるようになったというか。そこが変わったところですね。

〈そういうお母さんの人生についてのご自身の考え方は一年目と二年目で、どっちで強かったのですか。〉

一年目のほうが、刺激的でしたよね。今まで俗世間にいたので。たまたま、私たちの入学式って、三・一一の後だったので、専攻科（二年次）と一緒だったじゃないですか。そのときに、総長の言った言葉がすごく私は忘れられなくって。「あなたたちは、人生の荒波を乗り越えてきた」と。アジールという言葉を出されたんですね。そのアジールという言葉で、「とことん、ここのアジールで、隠れ家で、取りあえず、考え尽くしなさい」。そのときに私、すごい涙が流れてきて、私、そのために来たんだって。本当にそうしたいって思ったんですね。セカンドステージ大学の二年間は、考え尽くすというより、多分、その二年間が終わって大学院に行かなかったら、あれは考え尽くした二年間だったんだと思ったと思うんですけど、大学院に行って、その四年間、ホスピタリティ・マネジメント講座を入れたら私五年間、母校にいたわけですけど。考え尽くすための助走期間っていうか、種を植え付けてくれたっていうとこですよね。

〈大学院で勉強しようと、そもそも思い始めたのは、いつ頃なんですか。〉

ご存知のように、私、自分が別の復興支援活動をしていて、それは邦楽の演奏家とやってたんですけど、それのきっかけでもって、いろんな復興支援団体と二〇一二年に知り合って。そして三井くん[4]にたどり着いたときに、彼と、彼の周辺の人たちと出会って、そこで成熟社会に生きる若者たちと、成長社会に生きた私たちの決定的な違いを体感するんですね。彼たちの言う言葉の数々が、僕たちには未来はないとか、一日一日の積み重ねでしか未来を見れないと

4　若者が中心となって始まった岩手県陸前高田市広田町における復興支援活動グループのリーダー。彼は、現在、特定非営利活動法人SETの代表。活動の詳細はJttp://set-Jirota.com/　を参照。

か。あと、今、自分たちの首都圏での生活には居場所がないっていう言い方、伸びしろがないとも。でも、（支援活動をしている岩手県陸前高田市）広田町の被災地の人たちとは、僕たちが活躍できる伸びしろがたくさんあるとか。そういうのが、すごく衝撃的だったんですね。

たまたま、彼が（あるイベントで）登壇したんですよ。すごい子だなと思って。そっから始まったんですけど。私、一年目から世代研究してたじゃないですか。なので、これはちょっと徹底的にやりたいなと思って。たまたま二一世紀社会デザイン研究科の先生が（セカンドステージ大学にも）いらっしゃったので「二一世紀に行こうと思ってるんですけど」って言ったら、「いいんじゃない」って言ってくれて。そのとき専攻科だったんですけど、そのときに私が書いた研究計画書が〝世代間通訳〟をテーマにしたものだったんです。

結局、それは却下されて（修論では）違う方向に行ったんですけど。何を言いたいかというと、団塊世代と、元祖しらけ世代といわれる私たちポスト団塊世代っていうのは、団塊世代の物差しで高度成長期を生きていきながら、実際問題、私たちが就職になるときって悲惨な状況だったんですね。一九七八（昭和五三）年の四大卒の女の子なんて使い物にならないくらい就職難だったんですね。それと、バブル世代の物差しで生きながら、自分が実はこんなにすごいんだ、社会人になったらすごいんだって思っている子たちが就活に入った途端にはしごを外されたロストジェネレーション世代。その三〇代後半と私たち世代っていうのは、すごく似たところあるな。だから、私たちとロストジェネレーション世代がタッグを組めば、日本のコーディネーターとして世代間通訳ができるのではないかという構想を練ったんですけど、却下されました。そういうアプローチじゃ駄目だって。

〈でも、なんか面白そうな話ですね。その世代間比較の着想悪くないと思いますけどね。〉

ありがとうございます。ちょっと元気になりました。正直、今、終わったから言えることなんですけど、私たち女子は、団塊世代のセカンドステージ大学のおじさんたちを見て、「あれはやっぱり、地域の中ではサバイバルできないよね」って言ってたりしたんですけれども。団塊世代の男性たちの決定的に弱いところは、コミュニケーション能力だと思うんです。自分は成長社会で生きてきてるので、今の若い世代、他の世代の人たち、失われた二〇年を生きてきた若い世代に自分仕様でコミュニケーションをやってしまうので、爆弾踏んでたりするケース見ているので。だから、コミュニケーションの仕方を学びなおさないと、地域デビューっていうのは、むずかしいかな。

私、地元の図書館に行くんですよ。院のときから結構。それなりにいい本そろえてあるので。九時とか行ったら、団塊世代のおじさまたちが、ロビーにずっと座って新聞読んでる姿見て、それこそ、バックキャスティング、フォアキャスティングの見地で言ったら、二〇二五年、三五年の世界を考えさせられる。団塊世代が後期高齢者に入っていくと、図書館どんな感じになるんだろう、町の風景はどんな感じになるんだろうと、すごく心配で。

シニアがもう終わった人というのではなく、人生一〇〇年、センテナリアンの時代には、本当に自律的で新しいシニア像を。それこそ、私は立教セカンドステージ大学って非常に先鋭的な試みだと思うんですね、教授の皆さまたちが頑張ってくださって。私たちはそれを修了してるわけなので。先鋭的な試みから、先鋭的なシニア像を作らないと。というのも、私、ちょっと後の五〇代の、今現役の女子たちとも交流があって、すると「元気なJ子さん見るのが好き」って言われるんですよ。そうすると、その子たちが自分の未来をイメージできるような、羅針盤になるようなちゃんとした生き方をしないという気持ちになります。

じゃあそれで、セカンドステージ大学のおじさまたちが、その羅針盤になってるかというと、コメンテーターとか批評家になれる方は多い。ちょっと言いづらいんですけど、セカンドステージ大学のいいところもたくさんあるけど、悪いところっていうのはどこかっていうと、それは他の女子と意見は一致してるんですけど、大学漂流の出発点になってしまうんですね。あまりにもここが居心地いいので、リタイアした人のアイデンティティーが大学という所で、名刺まで作るようになっちゃう。そうするとセカンドステージ大学本科生何々っていう名刺を作れる。今度は次に早稲田アカデミーに行けばその名刺を作るようになるんですよ、その人。その人たちが、自分の学んだことを自分のコミュニティで展開していらっしゃるかっていうとどうなんでしょう。地元のコミュニティのおばさんたちに早稲田アカデミーの何とかですっていう名刺は出したとしても、じゃあ、あんた何できるのっていうと、できない人が多い。

学んだ人が、「このおじさんたちここおかしいよね」っていうところを、その本人の前でちゃんと伝えて、それで気が付く人は気が付くと思うんですけど、気が付かない人は永遠に、何言ってるんだよと言うと思うんですけど。そういうシステムっていうのは、まだできてないですよね。まだできてないっていうか、弱いというか。

その理由としては、やっぱ豊かだからだと思うんですよ。健康はもちろんそうなんですけど、経済的に豊かなので、そんな地域コミュニティで何々大会社の人が、実際先鋭隊になるのは地元のおばちゃんたちなので、そのおばちゃんたちに頭下げながら、地域コミュニティに入ろうなんていう人は少ないと思うんです。そこで私が自分自身でやってることなんですけど、始められることから始める。私、地域猫の活動をしているんですけど実際問題関わってる人って、船頭さんとか、船宿のおかみさんとか。私のバックグラウンド、全然知らないんですよ、みんな。

相方の女子が、小学校の給食のおばさんなんですけど、船宿のおかみさんにしたら、給食のおばさんも元スッチーも変わんないわけですよ。時々、「J子さん、給食やってたんだから、屋形船ちょっと乗ってよ」とか言われると、別に給食もスチュワーデスも変わんないなあと思うからどっちでもいいし、地域猫活動で実際にすごい関心を持ってくれるのが自治会のおじさん、おばさんかと思ったら、一番私たちのホームページを見てくれてるのは小学生らしいんですよ、どうも。実は自分が大それた世代間研究をしますっていうよりも、そういった地道な活動をしていると、意外とそれが世代間交流の実践だったりするわけじゃないですか。そういうのができるおじさんっていうのは、なかなかむずかしい。

〈それはやっぱり、一年や二年では、仕事で身に着けたスタイルはそんなに簡単には変わらないっていうことでしょうか。〉

まさにそこを私言いたかったんですけど。本科、専攻科だけでは、ちょっとむずかしいかも。私みたいに大学院に行っちゃうと、留学生とか学部卒の子たちもいるし、こっち（大学院）

のほうがエイジレスの（互いに年齢を気にせず）勉強ができていいと思うじゃないですか。でも、大学院終わってみると、その前の二年間で会ったセカンドステージ大学の皆さんのことを思い出すと、はっきり言って、奥行きが圧倒的に違いますよね、生きてきた。院にいたときは、それなりにエイジレスに若い子たちに関心を持とうとするけれども、終わってみてその四年間を俯瞰したときに、どっちもいいんですけれども、やっぱり最初の二年間の方たちの、人生に対してって非常に関心高いですよね。

〈そういうふうに気付くのは、大学院での生活っていうか、勉強があったからっていうことですか。〉

そうですね。結構、調べものもしましたし。

〈大学院は、学部から上がった人もいれば、社会人の人もいましたか。〉

就活してる子が結構いて、学部上がりの。大体一学年七〇人ぐらいいるのかな。そのうちの一五か一六人は、新卒の子だったですね。しかも、立教の子は三分の一ぐらいで、あとは他の学校から。

〈じゃあ、就職活動の延長みたいな形で。一応、身分としては大学院に籍を置きながら、就職活動も同時にするみたいな。〉

してましたね。本当に私のことJ子、J子って言ってくれるし、利害関係ないのでいろんな相談もしてくれるし、そういうところは、私もすごくいい経験をしたなと思います。あと留学生の子とか。私はささやかな外交だと思ってるので。中国人の方とか韓国人の方がほとんどだったので、すごいホームシックになったりしてるので、そういうときに声を掛けてあげるだけでも、慕ってくれたりしてたので。

〈その前に学んだセカンドステージ大学を比べると。〉

何て言ったらいいんだかな。自分も含めてなんですけど、やっぱり豊かな人たちなんですよ、セカンドステージの方たちは。奥さんたちは、企業戦士を支えたのは私たちの存在があったからだっていう自負はあるんですけれども、でも、やっぱりすごく豊かかな。大学院っていうのは、マイノリティ。あそこはとくにノンプロフィット（非営利）とプロフィット（営利）でいうと、ノンプロフィットの活動をする所なので。NPOとか被災者支援はもちろんなんですけど、貧困者とかLGBT（性的マイノリティ）とか、そういったマイノリティの人たちに対して目を向けることが多いので。そういうところでは、私自身、今までの政治観とかも若干右寄りだったんですけど、あそこ、どっちかというとこっちなので選挙のときもすごく意識するようになりましたね、自分自身が。そこは多分、セカンドステージじゃなくて大学院のほうで身に付けた部分だと思うんですけど。

〈自分の研究テーマ自体は、世代間翻訳からどんなふうに変わってきてますか。〉

世代間ていうか、労働観。要するに、三井くんたちの活動とか事例研究三つぐらいあるんですけれども、地方に移住する若者世代の労働観とか幸福感とか価値観について。とどのつまりは、成熟社会と成長社会の、若い世代の仕事の選択、労働の在り方なんですけれども。私はシニア世代なので、人生一〇〇年時代のシニア世代の第二章として自分の研究が若者だったんだけど、研究のテーマは働き方。今後の私たちの世代は、リタイアした後は多業化。プロフィットとノンプロフィット。たとえ一〇万でも五万でもいいから、プロフィットの部分があって、それをノンプロフィットに循環させていくっていうことが普通になる世界のパターンを示してみたいなっていうふうに、私は思ってるんですね。

〈今おっしゃったのは、大学院のときだけじゃなくって、今に至るところにもつながってくることなんですか。〉

そこが違うんですよ。

〈違うんですか。〉

エキゾースティッド（疲弊）のときは、最低限、自分と家族が過ごすような。夫が同じ年でまだ現役なんで、そこもあるんですよね。夫が現役で働いて収入もちゃんとあるっていうところも甘えなのかもしれないですけど。私は、もう働くのはいいやと思っちゃうパターンです、早期退職したときには。

セカンドステージ大学に入ったときには、どちらかというとボランティア活動とか、そちらにほとんど比重を置いてたんですけど、先日送ったメールにもちらっと書きましたけど、来年から小学校にも関わりそうなので、月五万から一〇万とか、とにかく収入ゼロじゃない形にするのが、後に続く世代の子たちに対して示していくことだと私は思って。それに関しても、働き蜂になることではなくって、プロフィットとノンプロフィットの循環。そういったパターンを創り出していかないと、いいよね、あなたたちの世代は年金があって、で終わってしまうので。

〈今おっしゃったモデルみたいなのって、いつ頃からご自身の中では具体化してきたんですか。方向性としてでもいいんですけど。〉

方向性として思ったのは、やっぱり、大学院入ってからですかね。世代的にはちょうどセカンドステージ大学世代と大学院世代の中間にいるわけじゃないですか、私自身が。そうすると、どっちの世代のコンテキストも伝わってくるので。若干、セカンドステージの方たちは、自分たちさえ良ければいいみたいに見えちゃわなくもない。だから、インクルーシブな（包摂的）状態にするためには、コーディネーターが必要で、それには通訳が必要なわけであるから、この世代がこっちに示さないと分断が激しくなってくるような気がするんですよね、世代間の。だから私たちも、賛否両論かもしれないけど、ちゃんと収入を得るなりわいを一つ持つ。それも、そこに専心するんじゃなくて、多業化のうちの一つにするっていうような働き方にしたほうがいいと思って、自分でトライアルしてるんですけど。

若い世代が地方でサバイバルするには、結局、首都圏で三〇万円の収入を得るとしたら、地方では家賃もいらないし、おすそ分け文化だし、一五万前後ですむわけじゃないですか。その一五万前後の仕事も、かといって、仕事はないわけですよ。なので、五万円は一次産業でやって、五万円は市役所の職員としてやって、五万円はインターネットの仕事でしてっていう多業化するのが普通になってきたっていう論理が、定着しつつあるんですね、Iターン者とか、地方では。それは、若い世代だけじゃなくって、私たちにも言えることだよなって。

人生六〇年だった世代が一〇〇年になったときに、人生八〇年のときの六〇歳と、人生一〇〇年のときの六〇歳って、全然違うわけじゃないですか。プロダクティブエイジングっていうのは、社会に能動的に関わっていくっていう部分で、これはセカンドステージ大学のよく会うメンバーと一致してるんですけど、やっぱり、ボランティアは続かないですよね。ワンコインでもないと。

だからそこの部分を、先の世代が示していかないと、私たちの後に続く五〇代、四〇代がかわいそうと思うんですよね。その、五〇代、四〇代がかわいそうっていう概念が、セカンドステージ大学のおじさんたちには、言いづらいんですけど、あまりないような気がする。自分たち世代の年金のこととか、自分たちの社会保障のこととか。一〇〇歩譲って、自分の孫のことだったら次世代のことでいいんですけど、そっから一歩踏み込んで、みんなで若い世代のお母さんたちの精神的なケアをしようとか、そういうところにもうちょっと発展してもいいんじゃないかなあなんて、思ったりはするんですけどね。

〈そういう考え方のベースに、セカンドステージ大学の後、大学院をやったっていう、二つの世代的世界を経験したことっていうのは関係していますか。〉

すごく関係してますね。言いづらいんですけど、セカンドステージ大学だけで終わってたら、不完全燃焼だったと思います。居場所探しだけだったみたいな。

〈二一世紀社会デザイン研究科で経験したことは、入る前に予想していたのですか。それともいろんな世代の人たちと一緒に学びながら、今おっしゃったような方向性が見えてきたんでしょうか。〉

明確には見えないですよね。自分の第二章が、そうだ、多業化にしようと思ったりとかまでは。それは、院の同期の二〇代の子が就活を全部ネットでやっていて、大学院生室で。目の前にその子たちがいるわけですよ。「昔の人はいいよなあ」って言うの。「昔の人って、いくつくらいのこというの」、「バブル世代」とか言って。「昔の人たちがバブル世代だとしたら、私なんかその前の前の世代なんだけど、じゃあ私のことは、あなたたちどう思うの」って言ったら、

三、四人が「バブル世代の変形バージョン」とか言われて。J子さんはたまたま同期だから話すけど、あえて、親、親戚以外のその世代の人と話す必要はないというような感じで。

〈今されている活動は。〉

地域猫の活動ですけど。（自分の住んでいる地域の）要するに野良ちゃんを、避妊手術をして。それTGR活動っていうんですけれども、捕獲して、手術して、地元にリリースする。市の環境保全課の認可を受けた段階で、活動をしてるんですけど、その活動は自分で立ち上げた部分もある。それから、PPP財団っていってパブリック・プライベート・パートナーシップの略らしいんですけど、たまたまご縁があってそこで農林水産省と厚生労働省がタイアップして農福連携っていうプロジェクトがあるんですけれども。過疎化した町に、例えば地方の秋田とか岩手の町に、一次産業で働き手がいないじゃないですか。そこに、今までは若者。それこそ三井くんたちみたいな若者が行くんじゃなくて、障害者に働いてもらって。障害者は、厚生労働省の管轄じゃないですか。一次産業は農林水産省。省庁がタイアップしてやる活動っていうのはあんまりないんですけれども、そこら辺のプロジェクト。財団員として関わるんじゃなくて、プロジェクト隊員でアソシエイツ（連携スタッフ）として関わっている。今は埼玉県の何市だっけ。明日行くんですけど、ちょっと地味な市なので、そこの観光パンフレットを、地元の人と共同で外部者が一緒になって作っていくっていう、その外部者の役割をするプロジェクトが進んでるんですけど。

〈今おっしゃった財団の関係しているプロジェクトになっていく。〉

そうです。個体で、仕事として関わっていくっていう。

それから立教のときに、私一応、教職取ったんですね。持ってる教職は中学一級と高校二級じゃないですか。それを、しばらくそのままにしてたんですね。地元の塾とか私立で、産休の先生とか、精神的に鬱で休んだ先生の代替要員みたいなのをやってる子がいるので、私立はそれができるんですけれども、教員免許をリカレント（再研修更新）してないので、公立の小中高で働くには、三〇時間の講習を受けなきゃならないんですね。それを受けたんですよ。

それで、私の教職がリカレントになった途端に、教育委員会から電話かかってきて、ご希望の中学校の先生の枠はなかなかないんだけれども、今、講師登録をしている皆さんにお声掛けしてるんだけど、来年の四月から、小学校の三年生からの英語教育が始まるですって。そうすると、担任の先生は、子どもたちのことは良く知っているけど、英語を話せるとは限らない。

外国人の先生は英語を教えるけれども、クラスのことは分からない。そこの間の通訳というか調整のような仕事。地元のちょっと英語をしゃべれるおじさん、おばさんも来て、三者のトライアングルシステムで関わってくださいっていうことを、来年の四月から始めるんですね。週一日から週五日まで選べて、一日五限やるんですよ。五限やって日当一万円なんです。なので、それをやろうかなと思ってるんですけど。

〈結局は今、それも含めると、何種類の活動をされてることになりますか。〉

財団の仕事。それから（シニア関係の）学会の仕事。それと大学交友会の仕事。あと地域猫活動で、小学校での仕事がもう一個入ると。

〈それはだんだん増えてきたんですか。それとも。〉

もうセーブしてます。

〈じゃあ、今の活動っていうのは、ご自身の全体の中ではかなり落ち着いた感じになってきてるんでしょうか。〉

落ち着いたというよりも、これは聞いてほしいなって思うのは、自分で言うのもなんですが、一皮むけたかなって。航空（会社）に勤めていたJ子さんじゃなくて、J子たるJ子になったかなっていう、本当に身一つで。ここに至るのに八年もかかったっていうか。五四で一斉に辞めた子の中では、新潟大学のOGだった子が小学校の校長先生になったりとか、母校の。あとは、変わったところでは、私が今一番仲いい子は、室長までやった子がジャズボーカルやってライブハウスを回ってるとか。それなりに多種多様なんですけれども、少なくとも、接遇の先生とかコーチングの先生とか以前の仕事の関係じゃなくって、自分が自分たるゆえんになったかな。七年かかったけど、まだたどり着いてない人いるな、周りに、っていう感じです。

〈それはどういう自分から、どういう自分に変わったということでしょうか。〉

分かりやすく言えば、こう思われたい自分から、こうありたい自分ですよね。こう思われたほうが無難でしょ、私のイメージはっていうのではなく、こうありたい。ですから、ご質問からいうと、最初、疲弊した五四歳の早期退職のときっていうのは土壌がないのでグラグラしていた。その土壌に肥料はしっかりまきましたので、どんと来いみたいな感じですかね。それに大学の役割っていうのは、本当感謝してますよ。

〈もしセカンドステージ大学の機会がなかったとしたら、そうした自分の変化は経験できたでしょうか。〉

それはあり得ないですね。

第3章

シニアと学部生の異世代共学エスノグラフィー

はじめに

筆者は自分の勤務する大学で学部の講義科目として「成熟社会論」を担当してきた。二年次生以上を対象にした内容設定にしているが一年次生も履修でき、例年全学年にわたって一五〇名前後の学生の履修がある。福祉社会論と生涯発達学を軸に「社会の成熟とは何か、個人の成熟とは何か、そして、この二つの成熟はどのように交錯するのか」を基本の問いとして、高齢社会を近代後期という特定の歴史段階に位置付け、高齢者や老いの意味に関してもこの歴史段階の認識を前提にその意味を問うという設定にしている。つまり、ひとつの現代社会論として、人口の高齢化と個人の長寿化の関係を日本の現状だけでなく国際比較、社会史、文化人類学・民俗学などからのアプローチを含め、解説よりも問いの立て方を重視し、何が問題であるのかを考えてもらう授業を行ってきた。

この授業に、シニアの人たちにゲストとして参加してもらうという試みを二〇一一年度から二〇一六年度まで、年度による多少の濃淡はあったが試験的に実施した。第四章で取り上げる、五〇歳以上を対象とする生涯学習プログラム、立教セカンドステージ大学で筆者が担当した必修ゼミ（一年次・本科および二年次・専攻科）の修了者たちにゲストとして参加してもらい、退職後に大学で学ぶ経験やゼミの様子、必修課題である修了論文の構想、専攻科修了者には共同研究の成果について報告してもらった。本科生の参加から始め、二〇一三年度からは専攻科の必修ゼミにプロジェクト型授業であるＰＢＬ（Project-Based Learning）方式が試験的に導入されたのでその研究内容を中心に発表してもらうことにした。ＰＢＬとはメンバーが自分たちで研究テーマを設定し、研究デザインの策定と調査の実施、分析・解釈から結果を導き、その全体を報告論文にまとめるまでの一連の作業を共同で行っていく学習方式である。座学型ではなく、プロジェクトを立ち上げるところから自分たちでグループワークを行う実践的学習である。詳しくは後述するが私の担当ゼミでは「生き生き二〇三〇成熟社会計画」をテーマとする研究を行ったので、二〇一四、二〇一五の両年度は成熟社会論の授業においてその研究報告をしてもらった。

このほかにも、筆者の担当する学部一年次の基礎ゼミ（半期）や三年次の専門演習（通年）にも中間報告会や成果発表会など節目の機会に参加してもらい、学生たちのプレゼンテーションに対してコメントしてもらい一緒にディスカッションを行った。

この章ではこうした様子を記述しながら、学びの場における世代を超えた交流の意義と可能性を考えていきたい。セカンドステージ大学におけるシニアたち自身の学びと、その経験や成果を学部生たちに話し反応を得ることで異世代共学の一つの具体例を提示する。なお、セカンドステージ大学の学生は立教大学の全学共通カリキュラム（学部横断リベラルアーツ・カリキュラム）の科目を数科目履修できるので、若者の中にシニアが混じっている教室風景が見られるが、ここでは筆者が直接かかわった科目での異世代間の学びについて取り上げる。

1　交錯する人生時間

内容に入る前にシニア世代と学部生たちとの人生時間の特性を確認しておこう。

次のグラフは序章で提示したものであるが、これに両世代の人生を重ねてみるとそれぞれの人生のマクロな背景が対照的な形で浮き上がってくる。一九五〇年から二〇五〇年までの一〇〇年間の人口動態の特性についてはすでに指摘しているのでここでは立ち入らないが、ま

図表3-1

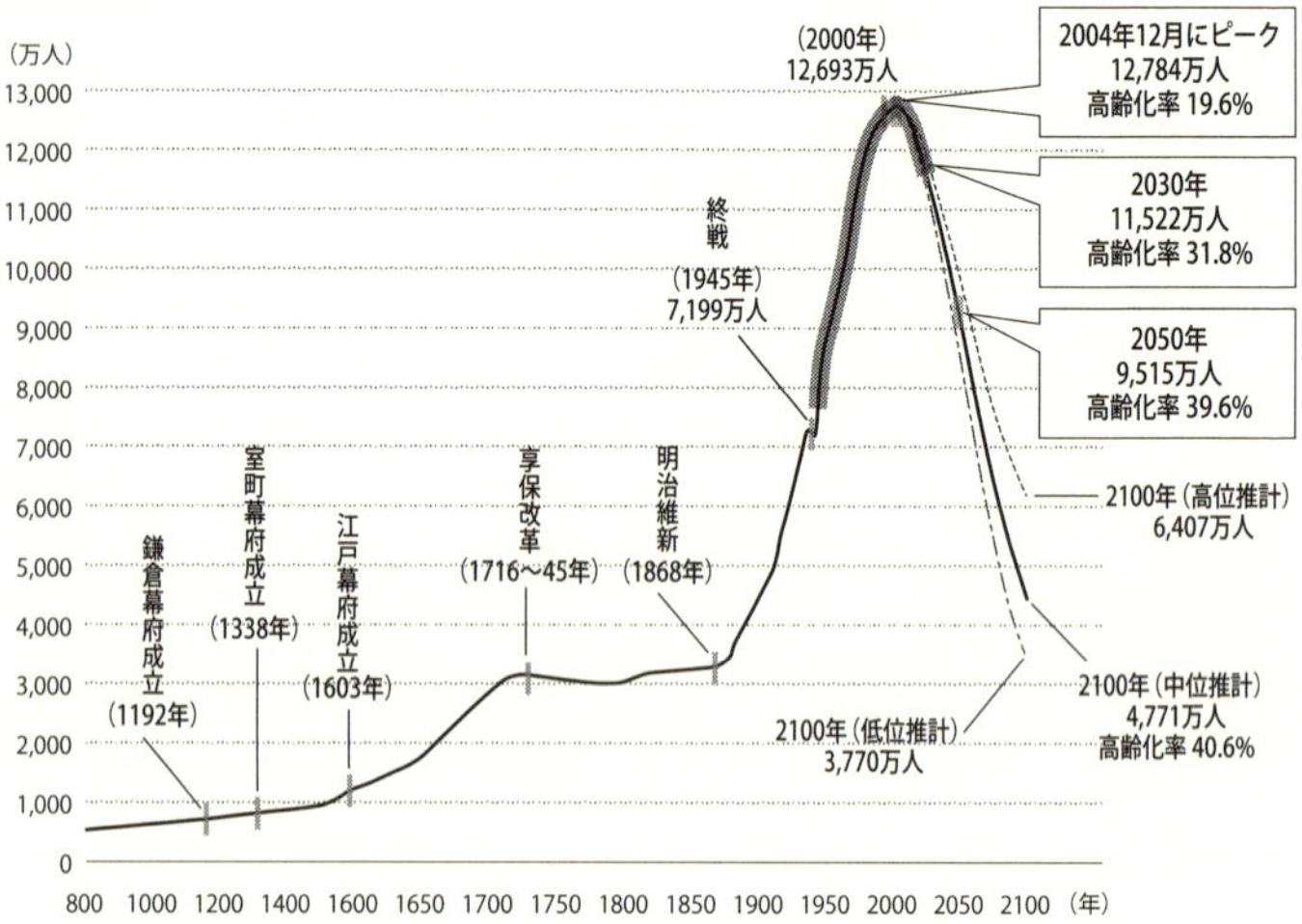

ずシニア世代の方をわかりやすくするために団塊世代でみておく。団塊世代は厳密には一九四七年から一九四九年の間に生まれた集団と定義されるが、ここではわかりやすく一九五〇年生まれとすると二〇三〇年には八〇歳、参考までに二〇五〇年には一〇〇歳となる。

図表3－1が端的に表すように、この世代は戦後日本の申し子であり、戦後復興から経済成長、そして、バブル経済崩壊後から現在まで、人口動態では急激な増加の時代に人生の大半を過ごし、社会的にも経済的にも展望が閉塞化し人口が急激な減少局面に入ってまもない二〇一〇年から二〇一五年頃に定年を迎

図表3-2

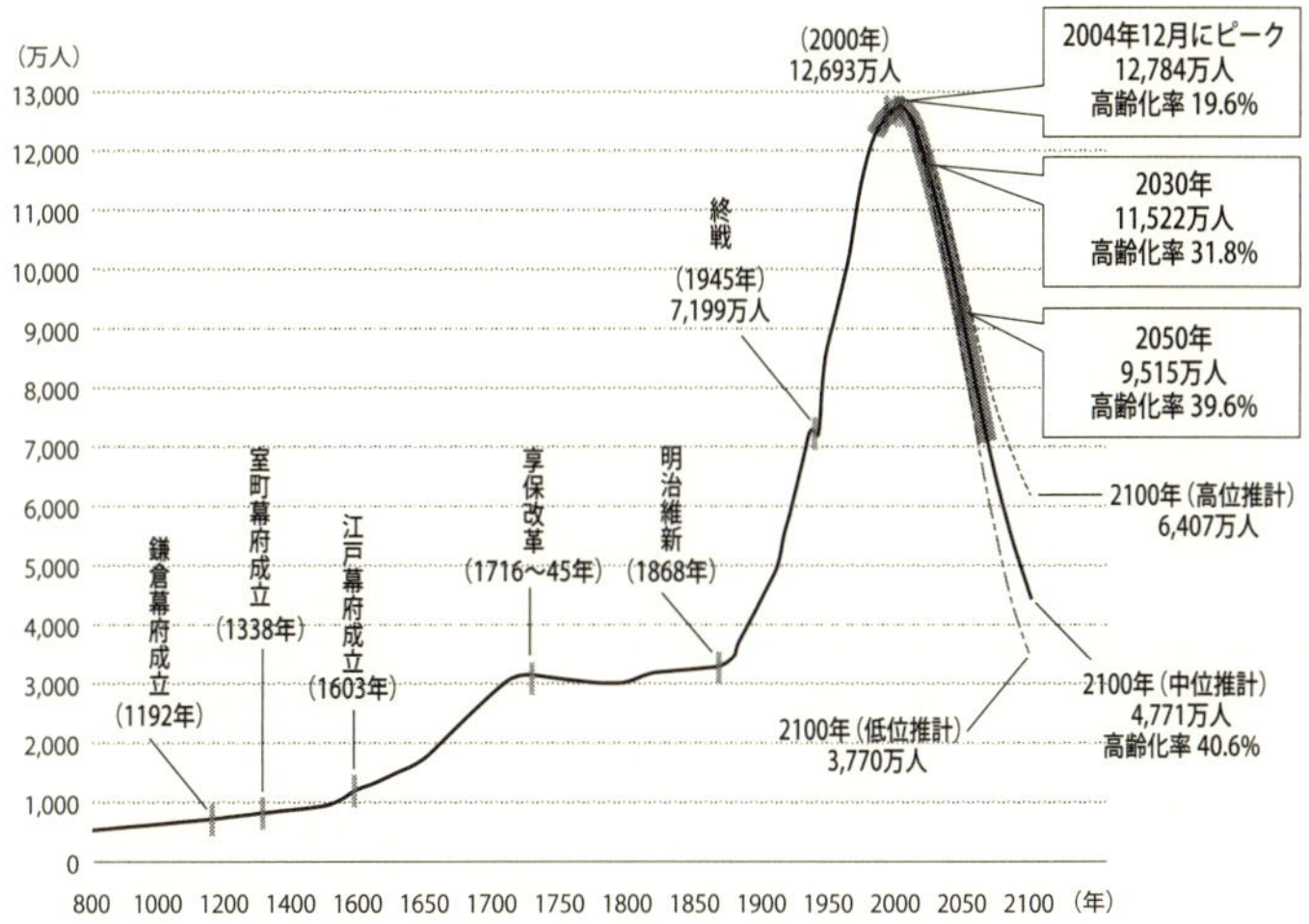

資料：総務省「国勢調査」、「人口推計」、国立社会保障・人口問題研究所「日本の将来推計人口（2006年12月推計）」、国土庁「日本列島における人口分布変動の長期的分析」（1974年）より国土交通省作成

え年金生活に入る。

対照的に、現在の大学生の人生を同じようにグラフに重ねると、図表3‐2になる。

こちらも年齢はわかりやすくするため切りの良いところにするが、一九九五年生れとすると二〇一五年には二〇歳、大学生の時期にある。総人口がピークに達した二〇〇四年では九歳、九〇歳まで生きたとして二〇八五年あたりまでの人生となる。つまり、この世代は総人口がピークに達する直前に生まれ、文字通りジェットコースターが急角度で下降していく時代に一生を生きていくことになる。希望ある将来像が描きにくい時代イメージである。学生たちは少子高齢化についての知識はそれなりにもっているから生産年齢層何人で一人の高齢者を支えなくてはならなくなるとか、保険料を支払っても自分たちの時にはどの程度年金がもらえるかわからないといったことはある程度知っているし、自分たちが生きていく将来について不安を感じているのも事実である。

しかし、このグラフをみせると驚きを示す。それは自分たちの生きていく時代を、日本の人口動態の急激な変動の中に見出すからだと思われる。漠然としていた知識が、マクロな視点を提示されることで再認識されるようである。同時に、彼らが六〇歳頃になったとき日本の高齢化はピークの四〇％強、高齢者（現在と同じ六五歳以上だとして）となる頃から先、人口動態がどの水準で定常化するのかはあいまいである。二〇五〇年以降は予測自体も三通りで示されているが、彼ら自身がリタイアし人生のサードエイジを迎えるときはみえない。これから社会に出ていく若者たちであるから関心は就職や友人関係であって、自身の老年期はリアリティ感はなく、それはまた自然なことである。むしろ、人口動態のマクロな視点の方が間もなく職業生活に入っていく彼らにとって参考となろう。ただ、そこをつなぐ試みというか働きかけも考えられるべきで、今の自分が将来リタイア後の自分を考えるのではなく、今のシニア世代と直接かかわること、異世代交流が意味をもつのではないだろうか。表面的な当たり障りのない関わりというよりも、関心の共有、一定の共感、つまり、コミュニケーションが重要なのであるが実際にそうした機会は驚くほど少ない。筆者はその一つの場が大学であると考えている。

さて、ここで登場するシニア世代は団塊世代よりは少し若い年齢層が多いのであるが、授業での異世代交流は二つの人生グラフが重なる二〇一五年前後に行われたものである。高齢者と若者の交流はどの時代にもそれなりに行われていたとしても、また、将来的にもそうであろうが、個人レベルでの双方の人生段階だけでなくその背景を成すマクロな文脈で考えることもできる。つまり、ここで取り上げる交流は戦後、人口急増期を生きてきた世代と人口急減期を生きていくことになる世代の間であり、しかも、急増減の分水嶺を越えて間もない時期となる。二つの時代潮流がぶつかり合う、その渦中にある人たちである。

2　学ぶシニアへの学部生たちの反応

最初に行ったのは、セカンドステージ大学の一年次ゼミのメンバーに学部科目の成熟社会論にゲストスピーカーとして参加してもらい、修了論文のテーマについての検討の様子と、生涯学習プログラムとはいえ大学キャンパスでの学びの経験、シニア版学生生活について話してもらうことであった。次の小文はその様子の一端である。

◇人生の先達の声に若者関心

五〇歳以上を対象とする立教セカンドステージ大学では、少人数のゼミが必修科目になっている。最近は「木下ゼミ」のように、ゼミを担当教員の名で呼び合っていて、一〇ゼミが開講されている。これが帰属意識をもたらす。大組織よりも十数人程度の小集団の方がメンバー間のやり取りも密で、アイデンティティにもつながるからだ。

ここ数年、セカンドステージ大学のゼミ生に学部生の講義に来てもらって、入学の動機やキャンパスでの過ごし方などを話してもらっている。限られた時間だが、世代を越えた交流の機会になっている。

先日も一〇〇人強の学生を前に、五〇代後半から七〇代後半のゼミ生たちが自分を語り、学生時代の過ごし方などをアドバイスしてくれた。それぞれの個性が反映された歯切れのいい発言には爽快感があった。

静かに聞く学生たちと好対照で、人生経験を重ねることとは自分の言葉を持つことだと実感した。まだ社会に出ていない学生たちにとっても、人生の先達たちから話を聞く機会はめったにないことなので、とても興味深そうな様子だった。

さて、やり取りの中で、「自分は今学ぶ楽しさを実感している」という発言が、セカンドステージ・ゼミ生の一人からあった。学校に通い、勉強することを当たり前のことのようにしか感じていない学生たちは、ハッとしたようにみえた。

ゼミ生は、仕事や介護を含めた家族の責任を果たし終え、自分のために新しい知識を吸収できる今の生活を「学ぶ楽しさ」と表現したのである。

実感を伴う人の言葉にはリアリティがある。経験したいと思っても大抵は願望であり、自分にとって「いま・ある」ものという時間は得難い。むろん、楽しさの意味は変わっていくであろうが、実感したことはその人の中に残り、楽しさの中身を充実させていく。

学ぶ楽しさを実感することは、個人の努力だけでは難しい。配慮と工夫を凝らした社会的な場が求められている。（木下康仁、連載第一回、朝日新聞埼玉版、二〇一二年七月三日）

学生たちの反応をみると、定年後に自らの意思で大学に来て学んでいることへの不思議さがまずあり、活き活きとして語る姿を新鮮に受け止め、比較から自分を振り返るといったところが共通している。多少誇張すれば、シニアたちは異文化人のように現れるが、自身を語るその内容は学生たちの関心を刺激する。例えば、専業主婦だった女性が、子育てが一段落したのちに仕事についた経験を話す中で働いて収入を得ることの自身にとっての意味を、夫の収入に依存している生活が漠然とした圧迫感のようになっていたところから自分で使えるお金をもつことで意識が少し解放されたと表現した。経済的必要性があったわけではなくてもこうした率直な経験談は、ジェンダーや男女共同参画・機会均等といった概念や政策とは別の角度からの問題提起となる。

シニアたちの発言についての学生たちの反応を見ると……

どんなに年をとっても、学ぶことを楽しむことはできるし、仕事と同じように「大学」というやりがいがあるだけで、人はこんなにも若々しくいられるんだなと感じた。

授業などで高齢化の話をきくことはありますが、実際に高齢者（?）のリアルな話を聞く機会はあまりないのでとても新鮮でした。……最後の方で「人生、何が起きるかわからない。何度でもやり直しがきく」という話がありました。大学生である私たちは、今しか遊べないよ、今何してるかが将来を決めるよ、などと言われ、何かしなきゃという気持ちになることが多いです。しかし、この話を聞いて、今焦らなくても後々やり直しはきくのだな、と少し気が楽になった気がします。

（ゲストの）方々がとても生き生きとしていて眩しいです。……正直、年を取ってまで生きるのは嫌だと思っていましたが、こんなに自分らしく、いろいろ乗り越えながら生きている人がいるのだと考えたら胸が熱くなる思いでした。

長年の経験からくる話はとても参考になった。たくさん生きているといろいろな出来事を体験するのだなと思った。年は自分たちよりも上だけど、知識への欲求や勉強しようという意欲の高さにとても驚かされた。

学生たちにとって、自分では気づいていなかった学ぶことの意味を考えるきっかけになっている。この背景には、学生たちがシニア世代と日常的に接する機会がほとんどないという現実がある。彼らが言及する比較対象は自身の祖父母であるが、それもごく一部の学生に限られる。同居していても表面的な比較に留まる。筆者は別の授業で高齢者に人生を聞きライフストーリーにまとめるという課題を出すこともしているが、祖父や祖母を取り上げた場合今まで知っていた祖父や祖母とは大きく違う人物像を得て、驚く。授業の課題で面倒だと思っていたが、この機会がなければ自分の家族なのに知らないままになっていたという感想がでる。交流とは相手を理解し自分を理解してもらうコミュニケーションであり、機会と時と場所を必要とする。むろん、家族でないほうが自分を話しやすいこともある。

現在では日常生活での世代的棲み分けが徹底しているから祖父母であってもそうであるが、それ以上の祖父母世代の人たちとのコミュニケーションの機会となると極端に少ない。とくに強調したい点は、祖父母との家族内関係よりも、社会的関係における世代間コミュニケーションの重要性とその機会の欠落状態の問題性である。とりわけ、学生たちは社会人となれば仕事の世界では他の世代との関係は広がるであろうが、退職した人々とは生活活動圏が重なることは仕事での関係があれば別だが、希である。だから、社会人になってからも高齢者の存在はほぼ〝圏外〟のままで、意味のあるコミュニケーション、つまり、自分を率直に語る、自分の考え、価値観などを語りあう機会は本当に得難い。

3　ゼミを中心としたシニアの学び

一方、シニア世代に目を移すと、同世代間、異世代間に分けてみると実態は学部生以上に深刻である。学部生は大学に在籍しており正課だけでなくサークルなどの非正課、それにアルバイトなど学外活動などで結構忙しい学生生活を送っている。実際、サブゼミ（所定の授業時間以外に自主的に行うゼミ活動）でもメンバーの時間調整で苦労している。学外での活動で多世代とのかかわりはある程度はあるとしても、彼らは当然のごとく同世代中心の生活であるが、卒業後は社会人として他の世代とのコミュニケーションの世界はどんどん拡がっていく。それは読み込み済みでの学生生活である。

対照的に、シニア世代では異世代間云々以前に同世代間のコミュニケーション自体に大きな課題がある。序章で述べた役割なき役割roleless roleと社会的統合の困難性の関係を思い起こせば理解できよう。役割とは他者との日常的に安定した関わり合いをもたらす概念であり、それが欠落していたり不十分であると相互に関係を結ぶ相手がいないことになるから当然意味のあるコミュニケーションの機会がなくなり、孤独と孤立の状態となりやすい。個人にとって深刻な問題となるだけでなく、そうしたシニアの量的存在はマクロでみたときの社会的不統合を生ぜしめ社会を不安定化させかねない。

したがって、シニア世代にとっては異世代間よりもまず同世代間のコミュニケーションとその機会が課題となる。本書の基点となった立教セカンドステージ大学とそこでの筆者のゼミの修了生たちは同世代交流の一つの形態である生涯学習プログラムに参加する機会を得たのだが、社会全体でみればそうした機会はまだ非常に少ないのが現実である。

さらに言えば、シニアの学びは同世代間で自己完結するのではなく、今度はその経験を媒介として異世代との関係や多世代が関わる社会活動へと広がっていく方向性が考えられる。後述するのは、その一つの実験である。シニアにとっての学びは目的であると同時に手段の側面をもつ。言うまでもなく、本書で明らかにしているように同世代間での学びが充実していなくてはならないし、楽しくなくてはならない。ただ、そのことと自己完結とは異なる。知識を得るにせよ、スキルを修得するにせよ、教わり・教え、実践・演ずるといったように、学びという行為には本来的に他者への志向性、相手につながっていく動きが内蔵されているように思える。とすれば、ロールレス化に対して学びをもってくることは戦略的と言えよう。

同世代間での学びの機会が限られている段階でその先の話をするのはどうかと思われるかもしれないが、この視点にたつと同世代での学びがその枠を超えてつながる道筋を最初からプログラムに組み込む必要があるということである。本章では独自の試みではあるが、シニアの学びの経験を学部生の学びの中に投入し、そこでの両者の化学反応をみる実験である。それにはシニアの側が語るべき内容、伝えたい考えをもっていなくては始まらない。しかし、自分の経験談を得々と話しても学生たちは反応しない。内省化されていない経験は語り手のモノローグとなり、学生たちは見事なまでに関心を遮断する。だから、語ることとはシニアたちにとってこれまで生きてきた中で大事なことであり、その確認は自分自身にとってこれからを生きていくうえで重要不可欠の作業である。そして、それゆえに次世代に伝えたいことになるし若者とのコミュニケーションは心理的にも充実感をもたらす。序章でエリクソンの生涯発達理論をベースに第二モラトリアムとサードエイジについて述べ、その中核に「教える」「伝える」という要素が関係しているのを確認した。シニアにとっての学びとは同世代間で行うものであるとともに異世代との間でその内容が交換されることで理解が深まるという本質的に相互的なものと考えられる。

この点に関して興味深いのは、立教セカンドステージ大学が必修としているゼミである。少し一般化して言えば、ゼミという形式がシニアの学びにとってもつ可能性を具体例から検討したい。セカンドステージ大学では一年次・本科生は必修のゼミに参加し、それぞれが年度末の修了論文の提出に向けて検討中の内容を発表し合い、ディスカッションを積み重ねていくのであるが、他の講義科目の履修と比べゼミでは自然に参加型の学習になっていく。すでに書きたいテーマをもっている人は希なので、最初はテーマの検討から入る。いろいろである。個人的なこと、家族とのこと、仕事に関係したこと、趣味や健康、社会的活動経験などから検討を始める。それまでの自分の人生と切り離すことにはならないから、ごく自然にそれまでの歩みを振り返ることになる。だからといって、個人的なことをまき散らすのではない。経験を通して紡ぎだされるテーマは人としての生き方に深くかかわる内容で、他のメンバーも自身の経験を交えて発言するのでゼミのディスカッションは活発になる。学部生のゼミと比べると、発言の活発さは際立っている。最初からそうである。つまり、このプロセスで直接的ではないが各々が自分を語る、表現することになるから人となり、考え方など相互の理解が深まり、論文作成に向けてサポートしあう雰囲気が醸成されていく。つまり、論文のテーマがだんだん明確になり、資料や文献の収集や調査など進み具合を報告し意見を出し合うという展開になる。自分の作業が進むだけでなく、他のメンバーについての理解も同時に深まっていく。

それでいてコメントはかなり鋭い。遠慮は感じさせず、率直なのである。相手がどう受け止めるかに配慮し批判的にならないよう慎重に発言しがちな学部生のゼミとは、少々異なる世界がそこにはある。一年間かけて最後に論文集にまとめるので、この時間の長さも長すぎず短すぎずと思われる。振り返っての感想会で、この機会がなければ生きる意味とか看取りや死のこと、これからの日本の社会が直面している文化や思想の課題など、深い事柄について率直に語り合うことはなかっただろうし、入学前には思ってもいなかったがこの年になって得難い友人たちを得ることができたといった発言が聞かれる。男女混合のゼミ構成だがその違いを意識させられることはほとんどないが、傾向としては歯に衣着せぬ的な率直な発言は女性に多い。

むろん、授業外での親睦やゼミ旅行、ゼミを越えた活動や同期の集まりもあり、講義科目での学習成果もあるからゼミを強調しすぎるわけではないが、しっかりとした議論ができる機会となるとやはりゼミである。修了論文の作成は、当初は自分にできるかどうか不安で受講生は尻込みしがちだが、終わってみれば紹介したような感想になる。参考までに、筆者が担当したゼミの修了論文のタイトルのいくつかを紹介する。自身の人生に直接かかわるものとして、「介護を終えて——二人の母の介護実践記録から」「東亜同文書院の残したもの——父が生きた戦中戦後」、仕事や社会活動として深くかかわった例では「聴導犬ボランティア——ボランティア活動で生活が変わる」「教育現場と教師育成——若い担任教師を育てる先輩教師の教え」、社会問題への取り組みとして「自殺予防対策——こころといのちを支援するゲートキーパーの役割」、「働き盛り男性のうつ病増加とその対策」「クラウドファンディング——新しいお金の集め方」、地域社会との関係から「郊外の住宅地の抱える課題と今後ありたい姿」「神社と共にある暮らし——人々のつながりを問い直す」、趣味や関心テーマでは「絵本の力を考える——

読み聞かせ活動と松居直の功績」「茶の湯に学ぶ」「北前船が運んだものは何か」「冠婚葬祭からみる朝鮮文化」、そして、これからの生き方の模索として「幸福感とともに生きる」「実践異世代交流の秘訣」「二一世紀の持続可能な働き方を探る」等である。これらは複数年からの抜粋例示であるが、だいたいの傾向といえる。出来栄えも総じて良好で、非常に高い水準の論文も少なくない。必修だから義務ではあるが学部生の場合と異なり、多少の個人差はあってもテーマの選定でつまずくケースはまずない。セカンドステージ大学への志願時にその動機をエッセーで提出しているので、その段階である程度の準備はできているともいえる。

筆者の担当者としての経験と本書のもとになった研究プロジェクトの結果を総合してみると、ここで述べたゼミ形式の学習はシニアたちが〝ただの人〟になっていくプロセスではないかということである。一人では〝ただの人〟にはなれない。長い現役生活で培われた価値観、人間関係のスキルは頑強に身についているのであり、定年になったからといって簡単には外せない(unlearnできない)。一人ではなく小グループの仲間たちと同じレベルで、かつ、論文作成という作業課題を共有しながらコミュニケーションを重ねるプロセスを経験することで、当事者たちは意識していないかもしれないが、〝ただの人〟に自然となれる、あるいは、そこに戻っていけるのではないだろうか。このプロセスは、unlearnの面だけでなく作業課題を通して新たな発見や気づき、異なる経験や価値観をもつ他のメンバーとの相互理解などlearnの面もありこのバランスがカギになる。したがって、シニアの学びの方法論としてゼミ形式の有効性が指摘できる。

ちなみに、担当教員の役割であるが、ゼミ全体の進行と運営に目配りし授業内では必要に応じて助言する程度である。教室での机やイスの設定など実際の運営はメンバーが分担する。夕方からの時間であるから誰かしら駄菓子類をもってきて皆に配る。メンバーの間で調整が必要となる場合があっても教員が動く前に自分たちでソフトに調整をしている。排除の方向ではなく仲間に入れるように工夫しているのであり、そこはさすがに社会人としての経験を感じさせ教員以上である。だから、教員としてもこうしたことは新しい経験であり、一種のFD（ファカルティ・ディベロップメント faculty development：教え方の研修）になると思えるほどである。実際、受講生は自分と同年齢かそれ以上の人たちであるから、教員との間に上下差はなく意識する必要もない。自分も相対化され、メンバーの一員のようになる。

どういうことかというと、シニアたちは自分たちで学びを実践できる力量をもっているということで、その認識を踏まえて大学はその機会を適切に提供すればよいということである。彼らは教える対象ではなく、自律的に自ら学びを実践できる人たちである。これは学習プログラム全体について言えることであるが、とくにゼミがそうである。

4　シニアによる共同研究プロジェクト

セカンドステージ大学では二〇一三年度に専攻科（二年次）の必修ゼミで、ＰＢＬ（Project-Based Learning）方式が試行された。専攻科でのＰＢＬ方式の導入は、カリキュラム上のコアとなる必修ゼミについて本科と二年次の専攻科との差異化をめぐる議論から導かれた。当初は一年次と合同のゼミに、つまり、一期下の本科ゼミに合流する形がとられた。その中で一年次と同様に、先にみたゼミ学習に参加しながら個人としてもう一度修了論文の作成に取り組むこととなった。筆者が担当したころのゼミは、おおよそ一〇名前後の一年次生と四名前後の二年次生の構成であった。二年次生の参加はさまざまな情報提供や経験の共有で一年次生には参考となることが多かったし、親睦を深めるにも効果的であった。その一方で、二年生の経験談が一年生に対して重みをもちすぎるきらいもあった。また、二年目にもう一度修了論文を書くに当たり合同形式は必ずしも有効とはいえない面があり、二年目のゼミの特性を検討することになった。その結果、ゼミは本科と専攻科を分離し、二年次には個人単位ではなくゼミとして共同作業をすることでより発展的な学習を目指すことになり、その方式としてＰＢＬが採用され二〇一三年度と二〇一四年度に試行された。共同作業を重視することになった一つの理由はセカンドステージ大学修了後に学んだ内容と経験を活かしてさまざまな社会活動に取り組んで欲しいという設立理念との関係と、もう一つの理由はいわば〝ただの人〟としてのチーム的スキルの習得を目指すことになったからである。共同作業は現役時代に当然経験してきたとしてもここでの共同作業の意味は与えられた目標ではなく、目的自体の設定から始まる必要があり、それに適した学習方法としてPBLが採用された。

しかし、耳慣れない言葉であり内容まで知っている人も皆無で、専攻科の受講生からは最初から違和感と抵抗感が示された。ある程度は想定されていたが、筆者には予想以上であった。先に少し説明したが、PBLとは自分たちが設定した研究プロジェクトをグループ作業で実施する学習方法である。プロジェクトは、研究テーマを決めるところから始まる。そして、研究計画の策定と調査の実施、分析、解釈から結果を導き、その全体を報告論文にまとめるまでの一連の作業を共同で行っていく。座学型ではなく、プロジェクトを立ち上げるところから自分たちで行うのでグループワークによる実践的学習である。

説明会でPBL方式とこうした経緯や狙いを伝えたのであるが、チャレンジと受け止め関心を示した人もいたが全体としての反応は芳しくはなかった。PBLの具体的な進め方についての質問が多かったが、戸惑いは明らかで次のことのように思われた。プロジェクトという言葉が誘発させた面もあったと思われるが、曰く「このやり方はプロジェクトに次ぐプロジェクトで仕事に追いまくられた現役時代を想起させる。せっかく個人としての自由度がある中で学び、互いに交流できているのに、今更グループ活動ですか？」といった消極的受け止めであった。一年目に個人として修了論文を書いた人たちである。二年目はその延長で自分の関心テーマを発展させて修了論文を書きたいという意見もあった。それと関連して、趣旨はわかるが二年目の中心科目であるゼミをあまりカチッとした形にしないでほしいという意見もあった。最終的に、ゼミとしてはＰＢＬ方式とするがその進め方については各ゼミで一定の柔軟性を認めること、修了論文はＰＢＬの結果をもとに共同で作成してもよいし、それとは別に自分独自のテーマで修了論文を書いてもよいという形で落ち着いた。

シニアの学びにゼミ形式が有効であることはすでに考察しているが、それで十分とするか、さらにその発展形を考えるとすればどのようなゼミ形式が適切かという問題である。個人か共同か、シニアの学びを考えるうえでこれは十分な検討に値する問題である。同じゼミ形式でもＰＢＬは個人の自由度よりも共同の目標への参加と貢献を要請する。分担作業によるグループワークとなるから、ディスカッションでのゼミ参加と比べて、積極性にばらつきがでかねない。

多くの受講生にとって、実際に経験してみなければわからないから煩わしさが先に来るのも無理からぬところである。

こうした熱気に乏しい雰囲気の中で、初めてのＰＢＬのゼミが始まった。最初の課題は研究テーマの設定であり、ＰＢＬではこの作業が全体の出来栄えを左右するといっても過言ではない。一年間かけて行うので、簡単に結論が出るような問いは良くない。むしろ、結論は明確に得られないかもしれないが、多角的にアプローチでき、グループとしてこれだけの時間を注入でき、探求に値する問いであることが望ましいのである。換言すると、研究テーマになる問いが共同で設定されることで、それがその後のグループのまとまりの軸となり全員参加の推進力になっていく。担当教員からは最初に、専攻科修了後の自分の生き方に資するテーマを考え、それを出し合って議論しプロジェクトのテーマを練り上げるのはどうかと助言した。研究テーマには自分の関心が反映されていなくてはならないわけで、そのためには一人ひとりの関心を他のメンバーが理解することが不可欠となるため実際にはかなりていねいなディスカッションが繰り返された。学部生の場合と違い、それぞれいわば「自分」をもっている。したがって、この作業は一筋縄ではいかないのである。シニアの学びからみたその意味については後に考えてみたい。

5 「生き生き二〇三〇成熟社会計画」[5]

二〇一三年度、筆者担当の専攻科ゼミは男性八名、女性五名の計一三名でスタートを切ったが、大まかなテーマが見えてきたのは五月末であった。一年次のゼミ所属はいろいろであったからある程度知っている間柄ではあるものの、共同作業は新たなスタートであった。多くの議論の結果、最終的に「生き生き二〇三〇成熟社会計画」のテーマに行き着いた。先に触れたように、皆、前年度には個人として修了論文を書いており、そのテーマは多岐にわたっていた。その達成感ややり残し感がまだ新鮮な段階で二年次が始まったこともあり、プロジェクト・テーマの議論では個々の関心や思いが出された。また、新たな関心としては、どの国も経験していない少子高齢化の本当の影響、地球温暖化にみる環境問題、大災害、国の債務超過、中韓との関係悪化、中高年女性の社会的生き方、日本文化の衰退危機、等々が出された。

したがって、収斂の方向性が見えないほどさまざまなアイデアが出され、そこから共通性を見出す議論へと進むこととなった。具体的な研究対象や研究内容での共通性というよりも、ディスカッションにより発言の元にある価値観を確認しながらこのレベルでの共通性を見出す作業である。その様子は、メンバー間の価値連鎖をたどることで共通性が浮上するという感じであった。ただ、当初個々人のアイデアの拡散傾向が強く共通性の発見が一筋縄でいかず、埒が明かないように思えたのであるが、修了後に振り返って実はそのプロセスがプロジェクトを軌道に乗せる上で重要だったことが理解できた。

その結果、次の三点が合意形成された。①不透明で不安の強い時代を、最後まで生きがいをもって生き抜く、②新しいライフスタイルを自分たちで創りあげてゆく、③自分たちのことだけでなく次の世代に遺せるものにする、であった。そこで次には、これらの軸を前提にメンバー個々の関心を尊重した検討に入り、次の四チームが編成された。第一チーム、政治経済（男性四名）に関して、暮らしに役立つマネープランや安心して暮らすため年金問題や増税などをマクロな視野から考察する。第二チーム、精神・文化・心理（男性三名、女性一名）に関して、心のつながりを中心に継承されてきた高い精神性を次世代につなぐのは私たちだという意識からアプローチする。第三チーム、健康（男性一名、女性一名）に関して、自ら健康づくりに取り組み医療費の削減等による社会貢献を考える。そして、第四チーム、生き方・働き方（女性三名）に関して、社会との接点をもちながら自らの生きがいをもち、社会と積極的に関係したシ

5　参加メンバーは、小川潔、小川文男、北川範子、櫻井すず子、清水朗、菅原輝美、竹生範子、筒井久美子、長谷川洋、藤原武彦、三橋健一、三船美枝、吉澤健春さんの一三名であった。

ニアの生き方を考える、であった。

この段階まで来ると、プロジェクト全体および各チームの名づけ作業が重要となる。ただ単に名前を付けるということではなく、内容を凝縮して考えるのであるからこれは一種の概念化である。社会学ではnaming（名づけ）呼ばれる。プロジェクトの命名については早い段階から意識においてもらうのだが、名づけもディスカッションを重ねプロジェクト名とチーム名を連動させながら決めていった。そして、プロジェクト名が「生き生き二〇三〇成熟社会計画」となった。

上記の三つの軸、四つのチームの関心から構成されるテーマは「生き生き成熟社会計画」と呼ばれだろうということになった。これでもよいのだが、プロジェクトを進める推進力の点からもメンバーの動機づけを明確にできるとさらによいので、筆者から時間の視点を組み込んだらどうかと助言した。いつをめどとした成熟社会計画とするのかという問いかけで、おおむね二〇三〇年とすることに落ち着いた。この近未来的時間の区切りの意味であるが、メンバーの大半はそのころには八〇歳前後で生死はわからないし存命であっての人生の終盤の時期に入っている頃である。本章の始めでみた交錯する二つの人生時間がマクロな背景にある。いわば、生と死の境界ゾーンが二〇三〇年頃となり自分だけについてではなく、自分が人生を終えたのちの他者の視点を組み込みやすい。意識と発想を刺激し、それまでに何をなすべきかを問いやすくすると同時に次世代との関係を抽象化しないための時間設定という意味合いがあった。

全体テーマのもと各チームもテーマを命名し、具体的な調査計画の立案へと進んだ。第一チームは「これからの暮らしを考える」とし、二〇三〇年までの生活安定のためにキャシュフローのシミュレーションなどを行った。第二チームは「文化と心、心のつながりを考える」のテーマ設定から、老いを迎える心のあり様、日本文化の精神性に、第三チームは「アンチエイジングは大きな社会貢献」とし健康を軸にしたライフスタイルの描写へ、そして、第四チームは「シニアは社会の担い手になれるか」とし高齢者就労の実際と可能性の探求となった。お金、こころ、健康、社会参加に対応しそこからシニアライフを構成する枠組みとなったが、結果的にこのようにまとまったのでありここまでの作業でＰＢＬ方式の学びが実践されたのである。

次に、チームごとに探求する具体的な問いを導き、方法／アプローチを決め、調査に入り、解決策を提示、それをキャッチコピー的にスローガン（自分たちが発信する名づけ効果の実践）にまとめ、年度末の報告書の作成へと進んだ。

次の図表は第一チームと第四チームの全体のまとめである。[6]

すべてのチームについて詳細に紹介する余裕はないが、スローガンに「スーパーおりん婆さ

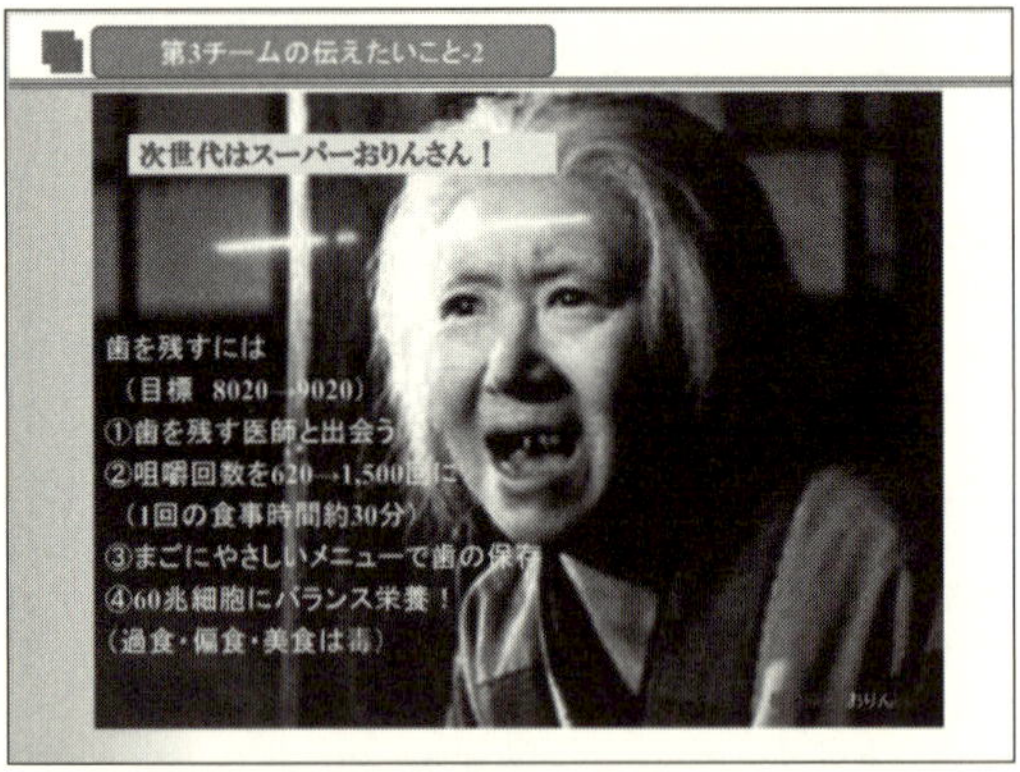

木下恵介監督の映画『樽山節考』（1958年）から

んになろう！」とした第三チームは「アンチエイジングは大きな社会貢献」をチームのテーマに設定し、健康、さらに絞って「歯」に焦点化し文献と資料を用いて研究を進めた。つまり、歯という一点から高齢者の健康保持にアプローチを試みた。そして、三つの軸の一つ「不透明で不安の強い時代を、最後まで生きがいをもっていきぬくには」へのスローガンにおりん婆さんが登場する。おりん婆さんとは、棄老伝説をモチーフとする深沢七郎の『楢山節考』（深沢、一九六四）で、貧しい村の掟で孝行息子に背負われて姥捨ての山に運ばれていく老婆である。おりんは七〇歳にもなった老人なのに歯が丈夫で硬い豆でもかみ砕ける。貧しい村ではそれは恥ずかしいことであって、おりんは石で自分の前歯をたたき割る。時代は飛んで現在、八〇二〇運動（八〇歳で自分の歯を二〇本残そう）もあるように、歯は高齢になっての健康保持に欠かせない。ならば、高齢社会を生きる高齢者は丈夫な歯をもちおりん婆さんを凌ぐスーパーおりん婆さんになろうというメッセージである。むろん、たたき割ったりはしない。『楢山節考』は何度か映画化されているが、田中絹代が演じた前頁のシーンは歯の欠けた表情が見事である。驚くべきことに、彼女はこの演技のために実際に自分の前歯を抜いたという。（第三チームが学部生に発表した資料から）

最終的にA4版で一二〇頁の報告書が作成された。合同での報告会も開催された。PBL方式に忠実に体系的な進め方をしたため、理論枠組みを創りチームレベルでの問いの設定までにかなりの時間を費やすことになり、調査活動や分析に十分な時間を確保できなかったが、夏休み中の数回に及ぶ自主ゼミ、フィールド調査などゼミの時間外での活動があり、その成果を報告書の形でまとめられたことは大きな達成感をもたらした。

6　PBL方式への振り返り

では、参加したゼミ生にとってPBL方式はどのように経験されたのであろうか。先に述べ

6　『生き生き二〇三〇成熟社会計画』、立教大学セカンドステージ大学専攻科、木下グループ研究会、二〇一四年一月二四日、第一チーム図は一一七頁、第四チーム図は一二〇頁。

図表3-1　木下グループ研究会　（チーム別内容）

チーム名	第1チーム	チームテーマ	これからの「暮らし」を考える
問い立て	不透明で不安の強い時代を、最後まで生きがいを持って生き抜くには	新しいライフスタイルを自分たちで創り上げていく	自分たちだけのことでなく、次の世代に遺せるものにする
スローガン	「生き金」「ムダ金」を意識しよう！	オレ流ライフスタイルで行こう！	生かそう！小さな気配り
問い立て&解決策	≪第1チーム　問い立て≫ ①手持ちの金融資産でこれからの老後（～2030年まで）まで回るであろうか？ ②年金や増税などマクロ面での懸念材料が表面化している。家計が受ける影響はどれ程なのか？		
	≪方法≫	≪方法≫	≪方法≫
	第1チームは、シニアライフのリアルな生活基盤を安定化させるため、「家庭経済（家計）」にフォーカスし、2030年まで生き生き生き抜けるよう」 「家庭経済の安定化」について研究を行った		
	1．標準モデルを設定し、2030年までのキャッシュフローのシミュレーションを行った 2．消費税の増税、年金支給の減額を、現時点で分かっている範囲内で、「シミュレーションモデル」に織り込んだ 3．その結果、途中（2020年）で欠損がでることが判明し、その改善対策をまとめた ≪解決策≫ 1．家計の状況は千差万別のため、各人のキャシュフローの検証を行うことが必要である 2．改善策 ①原則、基本生活費と基本的支出（自家用車維持費、保険費、家屋のメンテナンス）は年金収入とその他収入で賄うこと。年金収入で足りない場合は、働く、利殖などのその他収入を得る工夫と併せて、自分の生活＝生き甲斐に合致するようカスタマイズして軌道修正も必要である ②基本生活費と基本的支出の支出の節約については、健康寿命（70歳頃）を境にシニアライフを2分割し、前期、後期のマネープランを2種類用意することである。 楽しみのための費用に備えることが賢明だ。	1．リタイア後の楽しみ費用をチーム内の検討にて見積もり、キャッシュフロー・シミュレーションの際に家計に与える影響を探った ≪解決策≫ 1．ライフスタイルも各人各様だ。左記のキャシュフローの検証の際、自分の楽しみ費用を織込み、その影響の検証することである。 2．改善策 ①我々のシミュレーションでは欠損が発生したが、その対応は各人のライフスタイルに掛かる。収入をどのようにして増やすか、支出をどのようにして制するのか。もしもの際の対応を事前に用意しておくことである ②リタイア後のシニアの束縛は非常に少ない。その自由さを活かし、お金のあるなしに係らず、「お金をかけない楽しみ」を主体にしたライフスタイルを探すことが賢明だ ③基本生活費以外で高額な支出は、自家用車と住居のリフォームである。従来の延長ではなく、その必要性を見極めることである。 ④従来の老人とは違う、いきいきと、生き甲斐をもって生活できる「術」を1人1人が模索し、これからの人生を新たなスタートとしてポジティブに暮らしていくことが大切である	1．家計に対する今後の政治的、経済的影響を考慮する検討を行った。その際、次世代へ「何を残せるのか」の検討も話し合った 2．左記したが、消費税の増税、年金支給の減額の影響は、キャッシュフローに織込んだ ≪解決策≫ 1．マクロ的なものは我々が直接関与・解決できる件ではない。身の丈で、若者に手を煩わせないことを地道にやろう、との結論である。 2．改善策 ①シニア世代が今以上に自立し、医療費の削減に繋がるよう…要は、若者世代の足手まといにならない努力をする ②ボランティアを通して若い世代へのサポートを積極的に行う ③シニア層は多くの金融資産を持っている。その一部を内需拡大のため消費に回して、若者雇用増加に貢献する

図表3-2　木下グループ研究会　　（チーム別内容）

チーム名	第４チーム	チームテーマ	シニアは社会の担い手になれるか
テーマ	生き生き 2030 成熟社会計画		

問い立て	不透明で不安の強い時代を、最後まで生きがいを持って生き抜くには	新しいライフスタイルを自分たちで創り上げていく	自分たちだけのことでなく、次の世代に遺せるものにする
スローガン	自力で生きる覚悟	社会のニーズに答える	助け合いの精神
問い立て&解決策	≪問い立て≫ ①超高齢社会を迎えて、社会保障の削減、年金の減額は避けられない。シニアが社会の担い手として、生きがいをもって働き続けることは可能か？　また、ロールモデルのない長い老後の生き方を、どのように創り上げていくのか？ ②少子高齢社会を活性化させ、より生活しやすい世の中にするにはどうするべきか？		
	≪方法≫	≪方法≫	≪方法≫
	「シニアが社会の担い手になる」ことをテーマに、現場取材やインタビューを中心に、シニア雇用の現状、シニアの新しい働き方、今後の展望について考察した。		
	≪解決策≫ ①高齢者も働いて自力で生きていく覚悟が必要である。社会保障の財源には限りがある。年金だけでは生活できない。年金で足りない部分を自ら働くことで、生活の基盤を整える。 ②高齢者の増加により、介護現場では今後人手不足が深刻になり、シニアの雇用は広がる。ワークシェアリング、短時間労働などの多様な働き方、介護ロボットなどの活用により、元気なシニアが介護の現場を支える役割を担う。また、雇用されない新しい働き方にも注目したい。 ③働くことや、ボランテイア活動等を通して、他人や社会の役に立てることを実感することが、充足感となり生きがいにつながる。	≪解決策≫ ①社会だけでなく自分自身の高齢者像に対するイメージの転換が必要。守られる弱者、リタイアした傍観者であってはいけない。発想を変えて自由で柔軟な生き方をしていこう。 ②年齢を重ねた今だからできることがある。過去の生き方にとらわれず、視野を広げて社会のニーズに答える。 ③現役世代と異なるところは、生活の手段として働くというより、働くことに社会的意義を求め、自己実現を目指すことができる点である。学びにも目的意識を持ち次に繋がる生き方をしたい。	≪解決策≫ ①シニアには経験、知識、そして技術を絶やすことなく次世代に伝えていく責務がある。 ②シニアが多様な働き方を示し、新しい雇用の創出やワークライフバランスのとれた社会を次世代に引き継ぐ。 ③生活支援、学習支援、保育支援、環境保全などの市民レベルの活動の輪を広げ、持続的な「助け合い」という観念が定着した社会を引き継ぐ。 ④日本は高齢化で世界のトップランナーである。自らが生き生きと生活し、活力ある高齢社会を作りあげる。

たように当初のＰＢＬ方式への反応は、芳しいものではなかった。修了後しばらくして振り返りの会を開いたのであるが、そこで出た意見をみてみよう。

本当に意味わからなかったんですよ、最初は。何のためのＰＢＬなのか、私も勝手な解釈でいたんですけど、今はその意義がちょっとわかるようになった気がします。……何かに打ち込めるものというとやっぱり自分の場合は健康関係かなと考えました。……七〇（歳）になっちゃったものですから、もう本当に何年生きられるか、一〇年じゃなくて二〇年。高倉健はあそこまで生きたんでそれを越えたいなと。（第三チーム、男性）

私としては、やっぱりこの歳になって何人かグループに分かれ、ちっちゃいグループとおっきいグループがあってやってきたわけですけれども、本当にこの歳になってね、一つのことを一緒にやるっていうことをね、やったっていうことに非常に満足感を得ています。……ただ、セカンドステージ大学の学生の負担にならないような形ではやってほしいんですけど。（第一チーム、男性）

いくつかボランティア活動をしているのですが、これは人生は第二幕が面白いということで、われわれが要するにPBLでテーマとしてきたことをいかに具現化するかっていうことを現在の活動で理論と実践を通してやっているんですよ。今のところにも同じ部会みたいのがあって、私は去年まではこういう所（セカンドステージ大学）でこんなこと（PBL）を勉強したんですよってことになると、割と「えっ、どんなこと」ということで、結構引っ張りだこなんですね。そういう意味で、実際にPBLで学んだことがいろいろ実際にいかせてきているなと……（第一チーム、男性）

PBLに関してはちょっとこの先続くのかどうかっていうのは私もわかりませんが、やっぱり私にとってはいい面と悪い面と言ったら語弊があるんですけども、いいところはやっぱりみんなの意見を……テーマがきちんとあって、私たち三人のチームだったら三人全体の話し合いだったら話し合いで掘り下げて、皆さんの意見を聞いたりする、考えていることをキャッチできたっていうことかな。（第四チーム、女性）

ここで検討すべきは、シニアの学びにとってPBL方式にはどのような意味があるのかという問いである。スタート時点ではグループワーク自体への食傷感とでもいうべき反応、また、ある程度の抵抗感も示されたのはすでに指摘した。趣味やサークルではなく、あるいは、一年次（本科）のゼミのように個人の関心を尊重した緩やかなグループ学習は、修了論文を必修化することへの年度当初の若干の拒否反応はあっても、シニアたちのニーズには適合的であった。利害関係のない仲間たちとの交流を通しての学びは実証実験で確認されたと考えられる。

では、同じグループ形態であるが、システマティックな研究活動はシニアには負担が大きすぎるのであろうか。感想例にもあるように、筆者が担当したゼミメンバーの間でもアンビバレントな反応がみられた。プロジェクトという言葉の触発性もあって営業成績や課題達成など現役時代の、意に反してでも会社のために我慢しながらグループで取り組んできた記憶が呼び起され今更グループですかという疑問も理解できないわけではない。しかし、ＰＢＬ方式はグループといっても現役時代のように目的が最初に与えられているのではなく、目的を自分たちで設定するところか始まる。メンバーの間に上下関係もない。つまり、平等なところから始まるグループワークは、仕事で身に着けてきたスキルとは別様のスキルの学習となる。具体例を見てきたようにグループのまとまりは自分たちで立ち上げたプロジェクトを軸にして、それはだれか一人が関心を失うと途端にブレーキがかかり失速の危機に直面するほどソフトなものでもある。

セカンドステージ大学を修了後、受講生の中にはボランティアや社会活動、地域や途上国支援に参加、関連してのＮＰＯ法人の設立など多岐にわたる活動をしている人たちがいるが、組織化の度合いには差があってもどれもグループでの活動である。そうするとＰＢＬ方式により新たな知見を得るだけでなく、そのプロセスを通して現役時代のスキルをunlearnし、水平型のスキルをlearnしていくと言えないだろうか。先に、個人の関心を尊重したゼミが、ただの人になっていくプロセスではないかと指摘した。その発展形としてのＰＢＬは、ただの人が他の人たちと共同（グループ）で活動していくためのunlearnとlearnと考えられる。定年後も名刺にこだわり、他者とのかかわりに現役時代のスタイルを持ち出しひんしゅくを買うというよく言われる男性シニアの姿は、そうしたくてしているのではなくギアの切り替えがわからないからではないだろうか。こうしたことは直接教えられるものではなく、一定の枠組みでの学習と他の人たちとの社会的関わり合いを経験することで言わば素の自分を確認し素で成り立つ人間関係をもつ中で得られる。序章で述べた第二モラトリアムはこの部分に当たるのであり、そこからの関係性がサードエイジの素地となる。

ＰＢＬを必修とするかどうかは観点によって判断がわかれるであろう。メンバーの負担を考慮すると、この学習方式は必修ではなく関心のある人たちで行うのが望ましいともいえる。シニアの学びには個人の関心の尊重を最優先しゼミも自由度がある方がよい、つまり、セカンドステージ大学でいえば一年目のゼミのような形でよしとする立場もあろう。他方、経験してみなければわからない面もあり、ＰＢＬでのプロジェクトは研究でなくてもよく社会的な実践活動でもよいので、そこに柔軟性をおけばシニアの学びの方法として一つの選択肢になろう。それなりに複雑な共同作業となるので、担当教員の関わり方も独自の工夫が必要であるようにも思える。

次にもうひとつ、別の観点からＰＢＬ方式の可能性について考えてみたい。シニアは学部生たちに対して何を語るのかについてである。

7　学部生へのPBL成果の発表と学生たちの反応

「生き生き二〇三〇成熟社会計画」の研究を行ったシニアたちは、二〇一四、二〇一五、二〇一六年度、筆者が担当した「成熟社会論」の講義にゲストとして参加し、その概要を発表した。一回（九〇分）の授業枠で、プロジェクトの目的と構成、四チームそれぞれの発表、最後に学生たちとの質疑を行った。シニア側は、各年度とも発表の準備として事前に集まって予行演習をしていた。
以下、少し長くなるがまず学生たちの反応をみてみよう。初めに第一チームから順に第四チームの発表内容に言及した例を挙げ、そのあとで全体についての感想をみることにする。

《第一チーム》

お金の使い方を見直す必要という話が一番耳に残っている。貯金三〇〇〇万円を約八年で使い果たしてしまうという調査結果に唖然とした。老後は自由気ままにくらしたいので、身の丈のマネジメントや「ムダ金」や「生き金」を意識し、ただ節約だけするなんてことはしたくない。

《第二チーム》

とくに印象に残ったのは、第二チームの発表です。よく日本人はイエス、ノーで答えずあいまいな返事や考え方をすると言われ、私はそのことにあまり良いイメージをもっていませんでした。しかし、今日のプレゼンテーションを聞きそのあいまいさこそが日本の魅力なのであり、調和性のある日本には重要で欠かせない心の在り方なのだとポジティブな考えに変わりました。

第二チームのところが少しわかりにくいというか、抽象的すぎると思いました。確かに世の中には簡単に二極化できない問題がたくさんありますが、それをあいまい性、情緒性、和の心などで対処するというのは、ごまかしの部分が強いように感じました。

《第三チーム》

プレゼンテーションの中で、とくに印象にのこったのは歯を指標にして生活の幸福度を測る研究でした。確かに、歯というのはその人の生活と直結していてアメリカでもその人の経済状況を知るためには歯をみるのが一番いいと言います。この話で、社会を測る尺度は意外と身近なところにあるのだなと感じました。

プレゼンテーションでとくに健康について興味をもった。まず健康について社会貢献につながるという点に関心を抱いた。現在社会保障費が拡大している一方でそれを支える若者の数が縮小しておりバランスが崩れているが、単に政府が支援を与える側として対策を講じるだけでなく、享受する側の積極的な関わり方が必要とされる時代なのだと思った。

《第四チーム》

シニア世代の方々が自らで、自分たちの存在意義や社会での役割を考える発表はとても刺激になりましたし、活力ある成熟社会を目指しているシニア世代の方々と私たちがどう関わり、お互いに理解し、支えていくかが大事なのだと思いました。第四グループのフィールドワークにて取材を断られたという話がありましたが、ショックを受けたと同時にそれが今の日本の在り方なのだと感じ、悲しくなりました。

《全体》

今回「生き生き二〇三〇成熟社会計画」は各チームによって内容は違いましたが、高齢者はすでに役割を終えて社会に支えられている存在だと思っていましたが、今回の発表を聞いて考えが結構変わりました。

すべてのプレゼンテーションをみていて、共通して感じたのはシニア世代の人たちの発表には彼らの主義主張だけでなく、人生の教訓に裏打ちされた理論展開と根拠があったことで論理により説得力が増しているように感じた。

私は先日二〇歳を迎え新たな人生の幕開けのような気がして、目標を一つ決めました。行きたいところに行く、やりたいことは何でも挑戦する、会いたい人には会う、です。セカンドステージの方の考えている第二の人生をどう歩むか、どう生き生き充実した人生を送るのかと重なる気がしました。まだ先のことですが自分も六〇、七〇くらいになったら今のように新鮮な気持ちで未来のことを考えているのかなと思うと少し楽しみです。

お話を聞いていてて心に残ったことがある。それは、「自分を自分でマネジメントできる社会が成熟社会である」という言葉である。その方々のお言葉は自分の経験から語られているため、言葉を重く感じた。

セカンドステージ大学で学ばれた方々は実に生き生きとしていると思いました。正直年を取ってくると、自らの経験を頼りに生活しているほうが居心地が良いと思います。しかし、今回お話しくださった方々は、常に思考を新しくしながら、お互いに情報を交換し合い、刺激を与えあっているなと思いました。それは、とても謙虚な姿勢であり、いつまでもいろいろな意味で成長しつづけることができる証拠であると思います。

みなさん自分で動き学ぶ姿勢をもっているので尊敬すべきだと思った。ただ、みなさんも学生だった頃は社会のことなど考えていなかったそうなので、どのタイミングでさらに学ぼうと思うようになったのかが気になった。

セカンドステージの方々のお話を聞いて率直な感想としては、私を含め今の若者、大学生より生きる活力に溢れているなと思いました。その取り組む姿勢を見習わなければと思いますが、ある意味就職のために大学に通っている私たちとは違い、自分のために学びたいために、仕事を退職された後に大学に通われているセカンドステージの人たちとを単純に比較することはよくないと思います。

8　発表したシニア側の反応

学部生たちの多様な受け止め方をみてきたが、次にプレゼンテーションをしたシニア側の反応をみておこう。振り返りの話し合いから、全体的な感想である。

こういう機会（学生へのプレゼンテーション）はいいよね。なかなか実際に生で、要するに普通の会話はするけれども、こういう一つのテーマでしゃべるっていうことはほとんどないじゃないですか。だから、そういう意味でこういう機会はすごく刺激を受けたんです。

学生たちの中で話したときのように、シニアの人たちもこうやってがんばっているんだっていう姿。ただ年を取って、国のお金をいっぱい使ってるんじゃなくて、社会に戻すような活動をしているんだってちょっとでも思ってもらえたらすごく幸せだなと思っています。

巣鴨に住んでいるっていう女子学生がおもしろいことを言っていて、巣鴨にはやっぱり生き生きとしたおじいちゃん、おばあちゃんがいるけれども、やっぱりこのセカンドステージ大学の人たちはその人たちとは別の生き生き感があるという。

今回、ゼミでやった、生き生きシニアライフで四つのテーマがあって、どれも深いね。あれは、結構テーマでやると一生ものですよ。深くやるととても深いし。実際にはちょっと時間に追われてあまり深掘りができていない中でまとめざるを得なかったけど、あれ、各論を本当はもっと掘り下げていくと結構面白いと思うんだな。テーマがまさに自分たちの生き方そのものんだからね。

四つのパートに分けるところまで私にはすごく難産だったけど、でもやっぱり結果的には四つからっていうのがすごく納得で、それぞれの角度から進めることができた。

今回そうですよね。四つに分けて、それぞれテーマをもって、例えば第三チームだとアンチエイジングは社会貢献だとか。ただアンチエイジングだけ披露しているとなんだかわからないけど、健康に歯からアプローチしたし。第四チームは、シニアは社会の担い手になれるのかとか、そういうのは問いかけとして普遍的な問いかけで、これ若者たちもわかるよね。だから、そういう問いかけが非常に大事で、われわれのやった切り口は若い人達も理解できると思うんだよ。

次は、シニアと学部生との交流の視点から見た発言である。会話の流れにそってみていく。

若い人たちとの交流は当然ありうるよね。僕たちは若い人たちに抵抗しているわけじゃなくて、われわれはわれわれとして、例えば悩みや苦しみ、生きがいとか、要するにわれわれの今後について（PBL研究のように）一緒にやっているわけかだら、ベクトルは合ってるんだよね。ただ、スタートするところが、彼らとたまたま年齢差があるっていうこと。緩急が違う。だからきっと彼らにも響くところがあるんだよ。これがなくなって、自分たちの心配事だけじゃ単なる問題提起だけで、彼らとしては生き生き感は感じられないのではないだろうか。

やっぱり、親にこう話ができない、聞きたいことを聞けない。でも、この人たちならいけるかもしれないという受け止め方じゃないのか。

われわれとしては、こう生きたいんだ、こうやりたいんだと。だから、たぶん、そういう所が響くんであって、親がああだ、こうだと言っている話はまた聞いた、同じかよってなる。だから、我々の話は、親とか祖父母が行っていることとは違うぞということだ。

でも、（学生たちも）まだ一回目だからきれいごとで書いているけど、実はもっと突っ込んでみたいところもきっとあるよね。みんなね。そういうこと（プレゼンの内容）言ってるけど、だんだんあなたたちはさあ、みたいなところってきっとあってね。……若者たちもすごく一通りきれいに書いてる人も多いけれども、もっと反論だってあると思う。

僕らが上から目線で若者たちに物申すみたいな言い方をすると、彼らはきっと違和感を感じると思うんだよね。そうじゃなくて、あれは同じ自分の生き方を模索してるんだよってというところがあるから、たぶんみんなね、関心をもって聞いてくれたんだと思う。若い人と僕らの、当然状況は違うけど、思いは同じだよ。

ここまでシニアたちのＰＢＬ方式での研究とそのプロセス、その経過を学部生に発表し学部生側の反応と報告側のシニアたちの振り返りを見てきた。すでに述べたようにＰＢＬの発表に先行する年度では一年次（本科）の必修ゼミの様子とその課題である個人ごとの修了論文の作成、そして、その経験を学生たちに語ってもらうことを行っていた。自分を語るという形式に対して、グループでの研究とその成果を発表する形式が異世代共学の視点でみたときにどのような特性と課題をもつのであろうか。

個人の語りは個人のレベルで一人の生き方として受け止められていく。聞く側は自分に引き寄せて理解することになる。対照的に、グループの研究報告に対して学生たちは設定したテーマ、問いを介して、その内容だけでなくグループワークのプロセスを含めて、理解しようとすることになる。個人としての具体的な他者の理解ではなく、一定の抽象化がなされたテーマによって想起される他者像の理解がなされていく。

ここで取り上げた学部生とシニアは、日本の急激な人口動態においてきわめて対照的な時代を生きることになる世代だが、同時代性を異世代の交流の時期と位置づけ、場としての大学の授業を設定した。

序章で提示した理論枠組みの一つとして、Ｅ・Ｈ・エリクソンの生涯発達理論から第二モラトリアムとラスレットのサードエイジの概念を説明した。エリクソンの理論の根幹には世代間関係が人の発達を促すという考えが組み込まれいるのだが、若者とシニアの関係自体についてもこのことはあてはまる。しかし、社会的にみたときに若者とシニアの関係そのものが非常に希薄で、なおかつ「学び」を介した彼らの世代間関係についてはこれまでほとんど検討されてこなかった。

この関係は一方が他方の発達を促すという関係ではなく双方の発達が促される関係の在り方、エリクソンの言葉で言えば経験の相互性である。

まず確認したいのは、若者とシニアは今の社会にあってはそもそも意味ある出会いの機会自体が非常に限られているという問題である。高度に近代化された社会では世代は棲み分け状態となり、異世代交流の社会的機会を提供してきた地域社会、ヨーロッパであれば教会などのような中間的世界が萎えてしまっている。経験の相互性が発動できる基盤がないという深刻な状況である。その中で機会を創出するのは簡単なことではないのだが、教育という制度、学校という場、ここで取り上げているのは大学であるが、一定の構造化された場であることを積極的にとらえると、双方が関心を共有でき、世代は違えど生きていくうえでの諸問題を考える機会がそこにあると考えられる。多少誇張して言えば、大学が異世代共学へ舵を切ることで急激に進行する人口動態の変化の中から世代間関係に新たな〝化学反応〟が起きるのではないだろうか。学びはその強力な触媒と考えられる。

さて、シニア側にとっての学びの意味をこれまで、unlearningとlearningの二つの言葉で説明してきた。現役時代に培ってきた価値観や社会的スキルの多くは定年後の生活には適合的ではないのだが、人はいきなり〝ただの人〟にはなれないことを指摘した。そして、そのための機会としてシニアにとってのゼミの可能性に言及し、さらにはPBL方式のグループ研究を例に利害関係を離れて一緒に活動しやすくなるために、現役時代のスキルをunlearningしフラットな関係の可能性を検討した。これらはシニア同士の学びとして考えられるのではあるが、さらに一歩すすめると、それを異世代、とくに戦略的なのはこれから社会に出ていく大学生たちに投げかけ、受け止め方をみることでサードエイジへのシニアたちの構えがはっきりする。つまり、シニアにとって学びとはそれ自体はむろんのこと、そのプロセスに退職後の生き方を支える重要な目的があるのである。

若者とシニアの関係についてエリクソンの発達理論で成人期からサードエイジにかけて関連する行為として「教える」があることを序章で紹介した。

エリクソンが述べていたのは成人期と年少の子どもの関係であり、教えるべき内容をもつ成人が年少者にそれを教えるという文脈であり、若者とシニアを直接考慮したものではなかった。

講義にゲストで参加したシニアたちは、教えるつもりでは毛頭なかった。個人としてあるいはグループとして自分たちをそのまま、率直に学生たちに表現したのである。それに対して学生たちも、教えてもらうという意識はなく率直に理解しようとしていた。

エリクソンの指摘した教えるものとしての伝統、すなわち、社会的価値は今の社会では限りなく希薄にして希少である。社会の中間層がやせ細ってしまった結果で、伝統は枯渇し、機能化した社会集団以外に具体的な世代間の関わり合いの機会が著しく乏しいものになっている。一方、序章ではもう一つの理論枠組みとして社会学から roleless role（役割なき役割）と社会的統合の困難性について説明した。高齢者の社会的統合の三条件、すなわち、社会的価値——高齢者、高齢であることに社会的に価値がおかれているか、社会的役割——高齢者には社会的役割があるか、集団所属——高齢者は所属する集団があるかであった。

エリクソンとロソーの理論から、社会統合の基盤をなす社会的価値について論じておきたい。ロソーが指摘したのは近代化論の文脈で、伝統的な社会が近代化の過程で高齢者の経験的知識や死生観・コスモロジー上の価値を喪失し、若さ志向で老いを忌避するアメリカ社会の特性を踏まえセカンドベストの選択肢として高齢者の集住形態を提案した。つまり、高齢者であることと老いることには社会的価値は否定的に確認されるという点で逆説であった。それはまた、社会的統合をむずかしくするというだけでなく、エリクソンのいうところの伝えるべき伝統を社会がもてないことを意味する。

とすれば発想を転換し、社会的価値も伝統も創出していくものと位置づけなおすと考えればよいのであって、これも目的であると同時に手段、方法でもあろう。

私たちは日常的にも、長く生きてきてさまざまな経験をしてきた人の考えに価値をおいている。単に道徳的敬意だけの場合もあろうが、考えるべきはどのようにしてその「価値」を理解することができるかという問題である。これまでの考察からいえることは、それは高齢者自身にとっては大事なことであるに違いないが、シニアの経験の価値は若年世代によって「発見」されることによって社会的価値と「なる」のであり、しかも、そのことがシニアによって理解されることでシニアの側も自己確認できるという、優れて相互的な関係で生成される。この意味において、高齢者世代と異世代、ここでは大学の学部生とのダイアローグ、対話とコミュニケーションが重要となるのである。

第2部

タイプ別特性：
大学併設型と市民大学型

第4章　大学併設型二例

　この章では、立教大学セカンドステージ大学と東京農業大学グリーンアカデミーの二つを取り上げ、具体的な検討を行う。プログラムの構成、カリキュラムなどをみていくが、この章の主たる目的は受講生の視点からみてのそれぞれの特徴であり、したがって在籍中の学びだけではなく、修了後までを検討対象とする。両者はともにシニアを対象とした学びのプログラムであるが、本体である大学の特性を活かし「併設」の実際には異なる面がある。一四〇年の歴史をもつ立教大学は総合大学としてリベラルアーツ（教養）教育を伝統的に重視しており、セカンドステージ大学のカリキュラムにもその影響がみられる。大学の制度的枠組みの中に位置付けられているタイプといえる。一方、一二五年の歴史をもつ東京農業大学は総合大学であるが、「人物を畑に還す」を建学の精神に実学としての農業を中心に発展してきた。その意味で単科大学的総合大学とみることができ、グリーンアカデミーは農大のこの性格を反映したタイプである。

伝統ある私学が提供するシニア対象の生涯学習プログラムで、その内容には対照的な面もあるが受講生であるシニアからみれば共通する課題もあり、大学併設型の例として詳細な検討に値する。ただ、既存の大学が提供しているこの種のプログラムは他にも興味深い例があり、この二例が全体を代表するものとして選択されたわけではない。本書のもとになった研究プロジェクトは筆者と研究協力者がともに立教セカンドステージ大学にかかわった経験がありそれを基盤に進められた研究である。セカンドステージ大学に基盤をおき、さらに研究協力員が直接参加経験のある例として農大グリーンアカデミーが選択されたという経緯がある。ある程度の背景的調査は行ったが、一つの研究の方向として、詳細な理解が可能な事例を検討することで大学併設型について学びの実際、課題と可能性、今後深められるべき論点の提示を目的とするものである。したがって、この点は本書の独自性であると同時に本書の議論の制約でもあるかとは思うが、シニアの学びについて研究が十分蓄積していない現状では事例の詳細な検討が有効である。

4–1　立教セカンドステージ大学とサポートセンター・同窓会

①立教セカンドステージ大学の概要

立教セカンドステージ大学は、団塊世代の定年退職化を契機に大学としての高齢化への取り組みとして数年間の準備を経て二〇〇八年度にオープンした独自の生涯学習プログラムである。組織的には立教大学総長がセカンドステージ大学の学長を兼ね、担当副総長が副学長として実質的な運営責任者となっている。詳細はホームページ（http://www.rikkyo.ac.jp/academics/lifelong/secondstage/about/）で紹介されているので、そちらを参照していただきたい。本章では修了生を中心としたサポートセンターと同窓会の活動も取り上げながら、大学併設型がシニアの学びに果たしうる役割と可能性について考えていく。筆者は準備段階から参画し、とくに基本コンセプトの設定とカリキュラムの骨格作りに検討委員会のメンバーとして携わり、その後入試の面接や講義科目とゼミを担当した。

次に述べる東京農大グリーンアカデミーと比べると、同じ大学併設型であっても立教セカンドステージ大学は大学の制度的枠組みに準拠した組み立てになっているのが特徴である。

ごく簡単に概要を述べると、セカンドステージ大学は、満五〇歳以上で、高校卒業かそれに準じた学力があると認められるシニアを対象に「学び直し」と「再チャレンジ」を目的に、立教大学の教育の柱であるリベラルアーツ（教養教育）のカリキュラムを提供している。なお、高卒を応募資格とする理由であるが、団塊世代では大学進学率はそれほど高くなかったので生涯学習プログラムではあるが定年後に大学の環境内で学ぶ機会を提供したいという考えによる。キャンパスライフの機会の提供という意味である。一年目が本科（一八単位以上）、さらに学習を継続したい希望者は二年目の専攻科（一四単位以上）に進学できる仕組みである。他に、科目ごとに履修できる科目等履修制度も、学部科目の場合と同じ扱いで運用されている。

カリキュラムの構成は現在（二〇一七年度）次のようになっている（http://www.rikkyo.ac.jp/academics/lifelong/secondstage/curriculum/より引用）。

必修（二科目六単位）がオムニバス講義とゼミナール、そして修了論文（一二、〇〇〇字から一五、〇〇〇字程度）。ゼミの内容は担当教員の専門と関係する場合もあるが専門性は重視されていない。むしろ、ゼミの教員は履修者の関心や希望を尊重し、ともに学びあう場の助言者であり必要に応じての調整役である。年度末に提出する修了論文（必修）は個々の学生の関心に基づいて執筆されるので内容は多様、多岐にわたるので、互いに自分のテーマについて発表しディスカッションをする。ゼミでの様子は第3章で紹介している。

必修以外に「第一群　エイジング社会の教養科目群」「第二群　コミュニティデザインとビ

図4-1

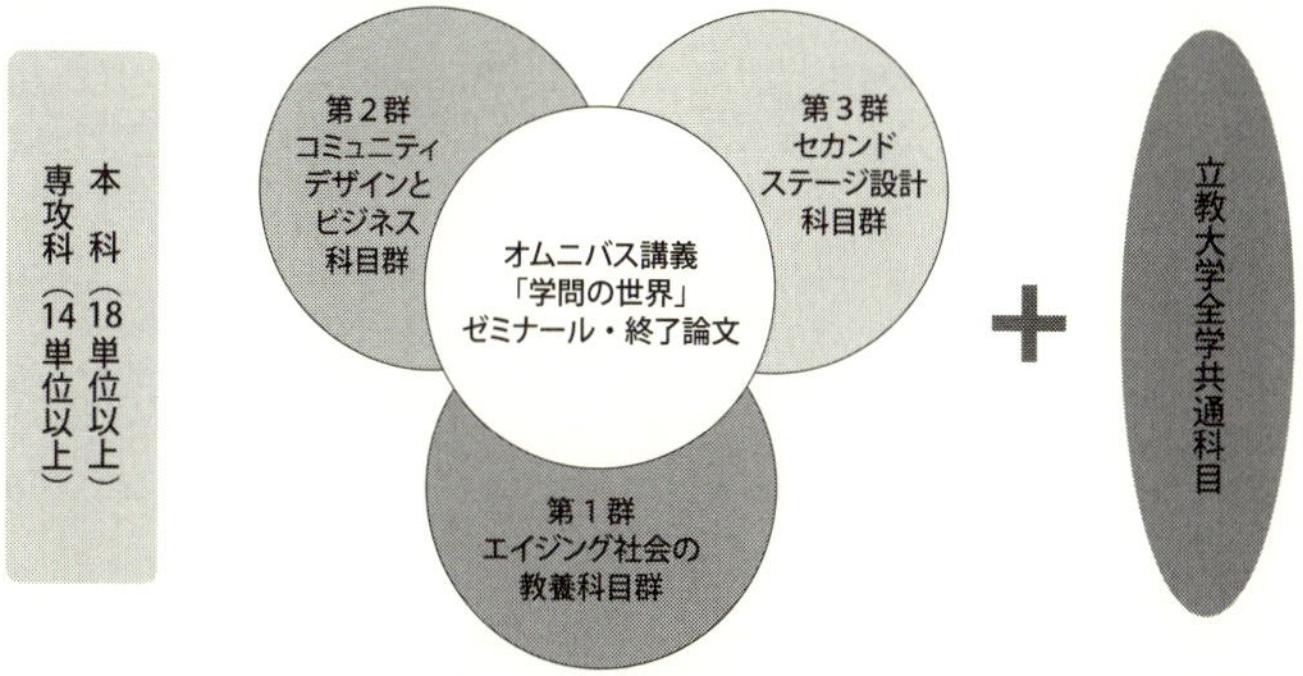

ジネス科目群」「第三群　セカンドステージ設計科目群」の三群からなる独自の選択科目（六科目一二単位以上）が履修できる（各群の科目は上記のホームページに掲載されている）。

もう一つの主要な特性は一定の条件があるが立教大学の学部横断課程である全学共通科目を履修できる点である。かつて全学共通カリキュラム、通称、全カリと呼ばれた立教大学が誇るリベラルアーツの科目群であり、その内容の豊富さはセカンドステージ大学の受講生にとっては大変魅力的で、科目の内容はむろんのこと学び方も新鮮な緊張感を与えている。学部生と一緒に同じ教室で授業に参加し、同じように課題を提出し試験を受け成績評価も受けるという経験は、セカンドステージ大学でのシニア同士の学びとは異なる魅力になっている。ただ、履修科目数と科目ごとのセカンドステージ大学生の受け入れ人数に制限があるため希望が多いと抽選となる。

学部生は教室の後ろ側から座る傾向があるのとは対照的に、セカンドステージ大学の履修者は開始時間前には教室の前方に着席して講師を待つといった様子や、若い学生でごった返すキャンパスの中をシニアがちらほら行きかう光景は一〇年の実践を経て日常的なものになっている。

費用（二〇一七年度）は、本科の場合、登録料一〇万円と受講料三〇万円、面接による入試もあり選考料は一万円、定員は七〇名であるが例年一〇〇名程度は入学している。専攻科は本科修了後の希望者が進学し、受講料三〇万円である。進学者は修了者の半数強である。次に事例で取り上げる東京農大グリーンアカデミーも同様だが、大学併設型の場合受講料は年額で設定されている。年間でのプログラムのためであり、そこにさまざまな学びの機会が組み込まれている。受講料を科目単位で設定し多様な科目を提供している民間プログラムでは選択肢は豊富で自由度が高く、科目単価は低いが、年間計画で比べると総額にそれほどの差はみられない。金額だけの問題でもないから、どちらが魅力的か自分で比較検討して決めればよい。最近はホームページなどで詳しい情報は得やすいからそれぞれの特徴、自分にとってもメリットとデメリットを整理してみる。実は、こうした作業自体が、学びの準備になる。

二〇一七年度生で一〇期生になるが、これまでの入学者数は一、〇〇〇人程である。年齢的には、六〇歳代が最も多い。

立教セカンドステージ大学には面接による入試がある。入学希望者は二、五〇〇字程度で志願理由をエッセイで提出する。面接は一人一五分程度、このエッセイの内容をもとに二、三名の教員によって行われる。この時ばかりはシニアたちは〝受験生〟であり、皆緊張した面持ちで現れる。筆者はこの面接試験も担当したのであるが、志望理由を話すときに「これだと思った！」という実感のこもった表現をする人たちが少なからずいて、非常に印象付けられた。本書の研究プロジェクトを構想したのは、実はこの時のことがひとつのきっかけになっている。なぜ「これだと思った！」のか。これは、どこで、あるいは、どのような形で知ったのかという問いに対しての答えで、全国紙の広告や雑誌の広告で知った人が多かったがそれを見たときの反応なのである。筆者なりに総合すると、立教セカンドステージ大学が体系性のあるカリキュラムをもっていること、その中にゼミが通年必修で組み込まれていることがその〝正体〟と思われた。知的好奇心や興味関心、学部生との共学の機会なども むろん動機に含まれるが、体系的カリキュラムであることは本科で一年間という時間、自分が参加できる学びの枠組みがあることと、一〇名前後のゼミで全く新たな出会いから始まる人たちと一緒に学べることへの期待であった。いわゆるカルチャーセンターのようにたくさんの科目からアラカルト的に選択する方法との違い、学びと仲間づくりがセットになった一定の制度的仕組みのカリキュラムが安心感と期待感で受け止められたと考えられる。つまり、学びという緩やかな目的のもと、定年後の特権でもある利害関係や義務や責任関係から離れた人間関係の機会がここでいう仲間づくりの意味であり、「これだ！」という反応からは、シニア、とりわけ定年後の男性たちにとって居場所がいかに切実であるかということと、いかにその場が不足しているかを示している。シニアたちは教えてもらうという側面以上に、自分たちで学ぼうとしているのであり、その機会を求めている。

セカンドステージ大学では初年度、二〇〇八年度から毎年度入学者を対象にアンケートを実施していて、その内容はニューズレターで公開している（http://www.rikkyo.ac.jp/academics/lifelong/secondstage/newsletter/）。年齢、性別、入学動機、居住地、趣味特技、科目履修の状況などの項目について結果が掲載されている。ニューズレターは受講生の編集委員会によるものであり、ゼミ紹介や後述するさまざまな社会活動、自発的学習活動の様子も詳しく伝えられている。このようにニューズレターには学生生活全般について受講生の目線での豊富な内容が盛り込まれているので、関心のある読者は直接ご覧になる方が新鮮である。一点だけ触れると、入学動機は毎年度変わらない傾向にありベスト三は「これからの生き方」「新たな出会い」「教養・生涯学習」である。

②制度的枠組み活用の特性と課題

以上述べてきたように立教セカンドステージ大学は本体である大学の制度的枠組みを活用した学習プログラムであり、受講生にとって安定した居場所、所属先を提供している。キャンパス内に置かれているから大学の施設（教室）と人的資源（中核を専任教員[7]）を活用する方式であり、内容面では独自のカリキュラムと学部生のカリキュラム（共通科目群）の部分的履修、そして、キャンパスの環境を特徴とする。学び直しと再チャレンジを理念としていることもあり、立教大学の専任教員だけでなく、さまざまな領域で社会活動を実践している人たちを兼任講師として多く採用している点も特徴である。在籍中から授業を通して講師の活動に触れる機会が多く、そこから修了後の活動につながる場合もある。

一方、制度的枠組みゆえの課題もあり、集約すれば本体である大学の教育が優先されるということである。例えば、教室利用ではセカンドステージ大学の科目は四限（一五：〇〇～

7　専任教員は、数は多くないが運営全般に責任を負う運営委員会を構成する。

一六：三〇）と五限（一六：四〇〜一八：一〇）の開講であり、ゼミは五限である。秋学期では終了が日没後になるが、親睦と仲間づくりの切り札である飲み会には自然につながりやすい。

もう一つ、多くの受講生の不満となっているのは学部共通科目（リベラルアーツ）の履修にひとり半期二科目まで、かつ一科目につきセカンドステージ大学受講生は最大三名までという制限である。これは学部生の履修を優先するという考え方からで、単位互換関係にある他大学からの学生の履修制限に準ずるものと説明されている。知的関心をそそられる科目群が豊富に目の前にあるのに取れないという思い、学部生ともっと一緒に学びたい、セカンドステージ大学の独自カリキュラムへのものたりなさといった受け止めである。

これらは立教セカンドステージ大学に限られた課題というよりも、大学併設型シニア教育・学習プログラムを今後どのように考えるかという問題であり、併設主体の大学の政策判断により特色も打ち出しやすいことを意味している。大学本体の建学の理念と、それとの関係でのシニア向けプログラム自体の〝建学の理念〟の明確化が重要で、なし崩し的な展開は好ましくない。

③シニアたちの学生生活

さて次に、セカンドステージ大学の受講生の学生生活に目を向けよう。大学用語では授業を正課、サークルや部活などの活動を正課外と呼ぶ。学外での活動やアルバイトもあるが、学生生活は正課と正課外を柱とする。これは学部生の場合であるが、セカンドステージ大学の受講生たちも正課と正課外の活動で学生生活を営んでいる。もっとも学部生は卒業のために単位獲得が関心事となるが、シニアたちにとっては当然のことながら正課の圧力は弱い。学びを楽しみながら仲間との交流が中心になる。運営面での役割もあり、ウェルカムパーティー、クリスマス、修了式などの行事、ニューズレターの編集のような委員会、ゼミ長会、等々、いろいろと分担することになる。ゼミでの仲間、同じ授業の履修、また、兼任講師の中にはさまざま社会活動をしている人もいるから情報提供や活動参加への誘いなどがあるし、自分たちでグループ活動を始めるなど動きは能動的である。

本書で取り上げる大学併設型と市民大学型だけでなく、おそらく他の場所においても、シニアの仲間づくりに飲み会は欠かせない。セカンドステージ大学でとくに有効な機会となっているのは、夏休みに行われている二泊三日の八ヶ岳清里の清泉寮での合宿である。合宿と言っても授業ではなく、フォークダンスやキャンプファイアなど青春要素を盛り込んだ親睦のためのさまざまは企画が受講生主体で準備される。第一章にもあったように、この合宿に参加してお互いよく知り合えたという感想は多い。

こうしたシニア版学生生活の特徴には、男女差はみられない。どちらかというと、女性たちの方が活動的である。ゼミや講義科目での発言をみても、同じ傾向がみられる。本科終了後に専攻科に進学する人たちも半数近くいるが集団帰属意識は全員がいる本科であり、自分は第一期生とか第五期生といったように入学期がアイデンティティとなっていてお互い呼び合う際にも使われる。二〇一七年度で第一〇期生。同期生の横のつながりに特徴があり、この関係は修了後も続く。

④修了後の活動――サポートセンター

セカンドステージ大学における修了者の動向をみていこう。これには二系列があり、ひとつはセカンドステージ大学が設置している社会貢献活動サポートセンター（以下、サポートセンターと略記）、もう一つは修了生によって構成された同窓会である。サポートセンターは二〇〇九年の設立で、修了者だけでなく在籍者も参加できる。というか、むしろ在籍時からの参加が働きかけられている。表4－1で示したように一四の研究会が登録されており、在籍者を含め三三〇名が参加している（二〇一七年三月三一日現在）。春、秋の年二回、在籍生を対象に活動の

表4-1 「社会貢献活動サポートセンター」登録研究会一覧[8]

研究グループ名	活　動　概　要（トピックス等）
「アジアの貧困とNPO/NGO支援研究会」（2009/5）	アジア諸国の貧困の実情について調査・研究し、対外活動や現地訪問を実施する。NPO/NGOの活動にも参加する。
「かがやきライフ研究会」（2009/11）	修了生中心に自らデザインしていく生き方を広く多くの人々に知ってもらい、〝かがやけるライフ〟を送るための小冊子を毎年1冊発行する。
「ウクレレ合唱団『鈴懸』」（2010/1）	「介護と看取り」の授業に刺激されウクレレ合唱団を創設。初心者を集め月2回練習して、高齢者施設等に訪問演奏会を定期的に開催する。
「日本に住む外国人を考える会」（2010/2）	日本に居住している外国人の歴史・文化・生活の実情を知り、共に生きていくために何が求められ、どのような行動が必要なのかを調査研究する。
「生きがい創造研究会」（2011/11）	RSSCで出会った縁をつむぎ、会員相互に生きがい研究、社会参加等の発表を行う他、外部諸組織との研究交流も行う。
「アクティブシニア研究会」（2012/12）	個別テーマによるグループ活動を推進中で、特に、在学中から取り組んだ東日本大震災支援のNPO法人「コットンドリームいわき」を設立運営。
「コミュニティ活動研究会」（2013/2）	各種社会貢献活動団体とのコラボレーションを図り、社会貢献活動の実践やセミナーの企画等を行うことで、『再チャレンジ』をサポートする。
「プラチナ社会創造研究会」（2015/3）	三菱総研とのコラボレーションを中心に、「まちづくり」の調査研究と支援、定年退職前シニアの「丸の内大学」への参加等。
「経済・社会問題研究会」（2015/4）	身近な経済と社会問題を分かり易く本質的に研究し、外部団体とのコラボ―レーションを通じて、外部発信と協働活動を推進する。
「キリマンジャロの会」（2015/4）	「アジア・アフリカの貧困とNGO」の研究から、NGO活動『さくら・ビジョン・タンザニア』の女子中学校設立プロジェクトを支援する。
「オリンピック・パラリンピック・レガシー研究会」（2015/10）	障害者スポーツイベントの応援、学内でのイベントの企画と全学ムーブメントの展開、コミュニティへのパラリンピックのPRを展開する。
「RSACアカデミック・コミュニティ」（2015/10）	地域自治体と連携し小学生補習支援、シニアサロン連携、シニア大学との連携、海外留学支援、地域活性化支援等、多彩な活動を展開する。
「ソーシャルビジネス研究会」（2016/9）	RSSCで学習・経験した内容を糧として、社会的課題をビジネス手法で解決する活動を通じ、実際のビジネスプランを作成し起業を目指す。
「21世紀アクティブシニア社会共生研究会」（2016/12仮登録）	RSSC春学期科目「21世紀社会共生」の講義録作製と「社会貢献活動サポートセンター9年の歩み」の小冊子作製等を行う。

（RSSC：Rikkyo Second Stage Collegeの略）

紹介と勧誘を目的に各研究会からのプレゼンテーションが行われる。センターの目的は「社会との交流を通じて社会貢献に資する研究・演習・実践を支援するため」とされ、「自発的に組成されたグループの活動について、六ヶ月間の活動状況の審査に基づきサポートセンターへの登録を認め、大学施設の利用、運営支援が行わ」れる。

この表はグループ名と活動概要を示したものである。ここに登録されているグループは、NGOとしての活動やNPO法人としての活動、テーマごとの研究会活動など内容は多様でありセンター設立当時のグループもあるが多くは最近たちあげられたものである。研究会活動が多い傾向にあるが独自にNPO法人を設立したグループが二つあり、サポートセンターに登録の形をとっていないがセカンドステージ大学修了生が活動の中心を占めているNPO法人がほかに三団体ある。

サポートセンターでの活動を始めたことにより、後にNPO法人設立や個人での社会貢献活動へと大きな活動に発展するケースが見受けられる。次にそうした修了生の経験を紹介する。[9]

二〇一二年度に第五期生として入学した私の場合を例に挙げ、サポートセンター活動に至る経緯を簡単に紹介したい。入学後間もなく行われたサポートセンター各研究会の活動紹介を行う「サポートセンター活動報告会」があり、サポートセンター活動については概ね理解できたが、既存の研究会にはあまり興味を惹かれるものはなかった。が、ゼミ担当の先生から「セカンドステージ大学に入学する人たちの多くはシニア世代での生きがい、やりがいを求めている」ので、同期の仲間を集めサポートセンターに研究会を作ったらとの導きがあり、その示唆をキッカケに同じニーズを持つ仲間四〇数名と「生きがい創造研究会」を発足させた。

その後、二年目の専攻科を修了するまでの約一年半における活動内容は、研究会のメンバー四〇数名のニーズによって「NPOや居住地域での社会貢献活動」「（東日本大震災の直後だったので）震災復興支援」「趣味を同じくする人との楽しみ会」の三つに分かれて進められた。当初半年間は、当研究会の運営や活動方針などをまとめ、後の一年間でグループによる活動推進と修了後の活動等の意見交換を行った。在籍時の活動は、総じていえば今後へのタネ探し、社会交流の場づくり、人的ネットワーク作りが主なものだったと言える。

8 「立教セカンドステージ大学　RSSCの社会貢献活動の軌跡」、二一世紀アクティブシニア社会矯正研究会編、坪野谷雅之監修、二〇一七、一三頁から引用。
9 本科研プロジェクトの研究協力員の一人である小川潔氏の報告である。

二〇一四年に修了し、それ以降の活動内容であるが、修了後四年目を迎える現在、修了直後に研究よりは活動の実践を目的に会の名称を「アクティブシニア研究会」と改め、会の運営は全体活動とグループ活動の二部構成になっている。全体活動は講演会や勉強会の主催、グループ活動はメンバーの必要に応じて各種の楽しみを実践する活動を行っている。一方、やりたい社会貢献活動が明確になった人は、NPO法人や個人での活動団体を設立し、その活動を推進している。

メンバー中から設立に至ったNPO法人としては、台東区で貧困家庭の子育て支援を行っているNPO法人「タイトコネット」、東日本大震災の復興支援で、福島県いわき市で行っているNPO法人「コットンドリームいわき」、そして、法人格は取得しないが地域活動を実施している例として埼玉県川越で若い育児ママの子育支援を行っている「コミュニティカフェ〝ほっとサロン〟」などがある。

サポートセンターの課題としては、修了生を主体とする活動がサポートセンターと同窓会の二系統に分かれていて、活動内容が似通ったものになっている点である。一〇年にもなるとグループの数も増え、サポートセンターに懇親会的なものもあれば、同窓会に社会貢献活動的なものがある。分かり易く運営するには、双方にある研究会を再整理するなり、または運営を一本化する等、改善すれば在籍生には分かり易い。

さらに、打合せ等の場所確保にも運営上の苦労がある。どこまで大学側が用意するか、検討余地はあるものの各研究会が個別に動くのではなくサポートセンターで一括運用できればよりスムーズな活動に繋がるものと思う。

⑤修了後の活動——同窓会

立教セカンドステージ大学の修了生たちは相互の親睦を目的に同窓会を組織して活動を行っている。独自のホームページ（https://rssc-dsk.net/）をもっており、充実した内容で構成されている。運営は、同窓会ホームページ事務局である。組織態勢がしっかりしている点も特徴で、多士済々、人的資源としての豊富さを感じさせる。上記のサポートセンターの活動も、「社会貢献ＳＣ（サポートセンター）」として内容紹介されている。同窓会は修了生を会員とするが、在籍生から会員になれる。これまでの修了生、約九〇〇名のほぼ全員が参加しており、入学年次による期生会も組織上同窓会に含まれる。

同窓会には研究会・同好会として現在、一一のグループが登録されている。

それぞれについて団体名、活動内容・特徴、規模など、講師システム、受講料などの五項目でまとめられているので、わかりやすい。また、ホームページには各グループについて目的、役員、写真なども取り入れた詳細な活動説明、連絡先が掲載されており、活動の様子がいきいきと伝わる。閲覧をすすめる。

これまで何度か触れてきたように、同窓会内に入学年度ごとの期生会があり、研究・同好会とは別に、宿泊旅行など独自の親睦活動が行われている。同期で共に学ぶことになるから交流頻度や密度も濃くなるので、自然と期生会はまとまりがよい。

書物を通して現在の自分たちの生き方についてメンバーで話し合う。こうした集まりはいろいろなきっかけでできるだろう。

しかし、共通の素地がないと、実際にはむずかしい。セカンドステージ大学に入学し一年ないし二年間の一緒の学びと交流の時期が素地となり、そこからそれぞれの関心や人間関係によって多くの活動や集まりが無理なくできていく。学んで卒業して終わり、ではなく、学びの経験は次の展開のための共通の素地となっていく。ここに、シニアの学びの大きな特性があると考えられる。

英語にarrive as strangers, depart as friendsという表現があり、これは学びの始まりと巣立ちの大学生活のことでとくに同窓生に向けたものなのだが、社会に巣立っていく若い学生たちとは異なりシニアたちはstrangers（見知らぬ者同士）として学びの生活を始めるが、友達になって離れていくのではない。むしろ、友達になることによって離れない、もっと強調して言えば、離れないために友達になるのである。

4-2　東京農業大学グリーンアカデミー——参加シニアの語りによる[10]

次に、本章で取り上げるもう一つの大学併設型プログラムである東京農業大学グリーンアカデミーを検討する。ここでは立教セカンドステージ大学を修了後グリーンアカデミーに進んだ男性の語りにより、アカデミーの説明と個人の経験とを折り合わせて理解したい。

①「やりなされ」と「おいでなさい」

私は立教のセカンドステージ大学を卒業しまして四年、もう経っております。その後、東京農業大学グリーンアカデミーという所に四年間、今、在籍しております。ちょうど先生（筆者）からお話があったときに、じゃあ立教のセカンドステージ大学と、この農大のグリーンア

10　本科研プロジェクトの研究協力員の一人である筒井雄二氏の定例科研会議での報告（二〇一七年七月二七日）に木下が加筆し、編集したものである。図4-2と図4-3は筒井氏の作成。

カデミーとの違いって何かっていったような思いがあったりして、それをまとめるいい機会かなあと思いまして一応まとめました。基本的には、パンフレットとかいろいろ資料、あるんですけども、それをベースに自分なりに、なぜ僕はここに来てんだろう、自分をドライブする（駆り立てる）ものは何なんだという形で作ってみました。

農大のグリーンアカデミーは、後で述べますけども、全くセカンドステージ大学と同じで、シニア世代に対して花と野菜と健康の年間講座をうたっております。生涯学習の実践の場だという形で、農大そのものが実学というのをやっております。それと同じように実践の場を提供するんだとして、園芸と健康を学びながら仲間づくりをしてください。こういうのも全く、仲間づくりはセカンドステージ大学と同じだと思います。

東京農大の建学の精神は『人物を畑に還す』ということで、実学の学びを社会貢献で返していきますと。人、物、事をつなげて地域活性化に貢献したいというのが大きなスローガンでございます。それを受けまして、グリーンアカデミーというのは、どこに位置付けされるかといいますと、エクステンションセンターという大学組織がありグリーンアカデミーとオープンカレッジで構成しています。東京農大のオープンカレッジというのは前期五五講座、後期六二講座の開講ですが、農大の長年にわたって培われた農業関連領域における知と実を多くの人々に返したいと、社会に還元したいということで、いろんな健康に関するもの、あるいは和食に関するもの、食品加工に関するいろんなもの。私たちも一度、新潟の酒造、酒、みそとか、そういう所に勉強しに行きましたけど、そういうのがオープンカレッジでありますす。これは、誰でも申し込みができる。

グリーンアカデミーっていうのは、今、言いましたようにシニア世代の花と野菜と健康。僕は花とか野菜っていうのはあまり興味なかったんですけども、ここに行ってみようと、ちょっとだけ花に興味あったのはありました。入ってから、グリーンアカデミーは一〇〇有余年の歴史を有する農学の殿堂、農大が長い伝統に培われた教育のノウハウを生かした『生涯学習の実践の場』であることに引かれました。できたのが一九七五年、当時の名称は東京農業大学成人学校、今から四二年前にこういう実践の場を提供したっていうのがすごい先見の明があった。四二年も前。僕は四〇期なんですね。今、一一期の人たちと付き合ってます。そういう意味で、非常に先輩と後輩との間が密接につながってるというのが一つありまして。

ここの特徴ですが、立教セカンドステージ大学が再チャレンジしなさいと、自分たちでつくってみなさいと「やりなされ」というのがうたい文句ですけども、ここの場合は先輩諸氏が新宿御苑とか砧公園とか川崎緑化センターだとかいろんな所でボランティアグループをつくってやってる。だから、「おいでなさい」というのが大きな特徴かなと思います。われわれは卒業して、その後どうしようと考える間もなく、そこに飛び込むことができたっていうのが一つあります。そういう意味で、グリーンアカデミーの話をやりながら、自分の今までの経緯を見てみたいと思ってます。

②農大グリーンアカデミーの概要

簡単に沿革ですが、造園・園芸コースとして一九七五年に第一期生八一名が入学。一九七八年に一ヶ年修了課程を本科とし、さらに継続履修希望者を専科とし、一九八七年に名称をそれぞれ園芸造園本科と園芸造園専科とする。そして、一九九二年には付帯教育として健康増進コースを開設。二〇一一年に東京農業大学エクステンション

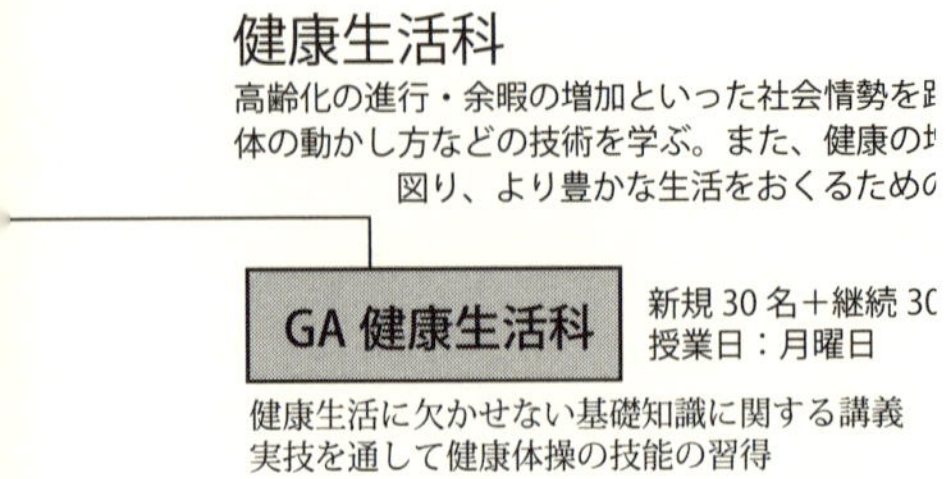
健康生活科
高齢化の進行・余暇の増加といった社会情勢を
体の動かし方などの技術を学ぶ。また、健康の
図り、より豊かな生活をおくるため
GA 健康生活科
新規 30 名＋継続
授業日：月曜日
健康生活に欠かせない基礎知識に関する講義
実技を通して健康体操の技能の習得

図4-2　東京農業大学グリーンアカデミー――参加シニアの語りによる

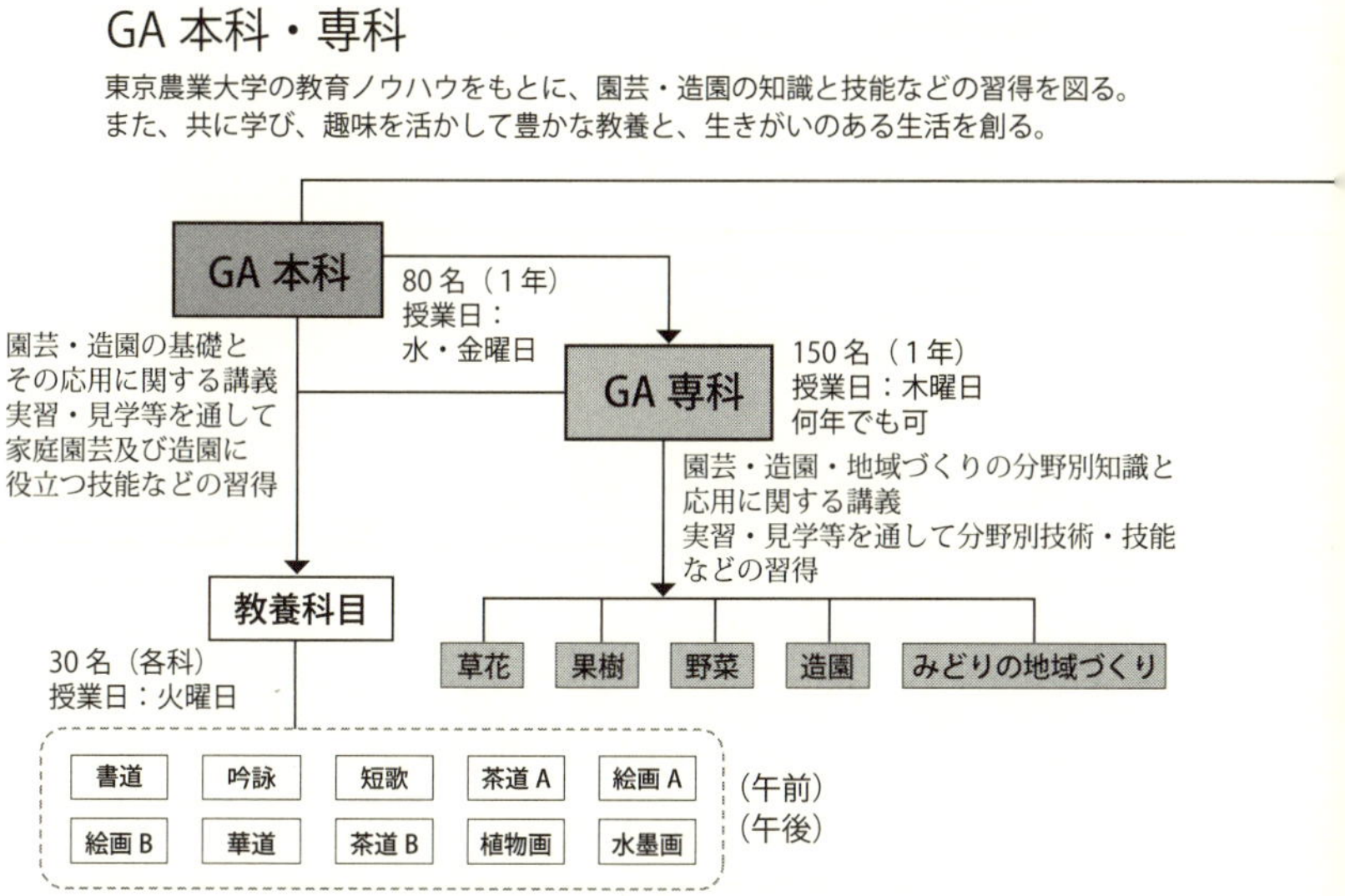

センターと組織を一体化し、科名をグリーンアカデミー本科、グリーンアカデミー専科、生活健康科としている。二〇一六年四月現在の在籍生徒数が二八四名。二〇一五年三月までの修了者総数が一〇、九二〇名です。

グリーンアカデミーの構成を表したのが図4―2です。

本科の定員は八〇名で、毎週水曜と金曜が本科の授業日です。水曜日が花の勉強。金曜日が野菜の勉強という形に分かれてます。一年目は共通の基盤ですね。基礎を習う。これに、次に述べる教養科目を一科目火曜日にとるパターンになる。

それから、その一年卒業しますと専科に行くことができると。そこの定員は一五〇名です。授業は木曜日だけ。専科は何年でも在籍可能で、というのは、そのキャパシティーが大体三〇〇名ですのでオーバーしない限り三年目以降も継続できるという形になってます。ただ、年度ごとに所定の授業料は支払わなくてはならない。専科はやっぱり花の学校ですから、草花、果樹、野菜、造園、みどりの地域づくりの五つに分かれて、講義と実習を受けます。専科でね、一番多いのは果樹なんですね。なぜ果樹なのかっていうと、果樹は木があるじゃないですか。必ず実がなるんです、いろんなものが。もう、お持ち帰りがあるんですよ。みんな、お持ち帰りがあるから。お持ち帰りがあるのは、果樹と野菜なんですよ。

受講料は、本科生だと二七万円で、専科は二四万円。次に述べる教養は一科目五〇〇〇円かな、一年間で。専科で毎年二四万円。でも、二四万払って行く所があると、こんな楽なことはない。行く所が、切実。それは切実じゃないですか、僕らにとっては。だから僕らは、OBのボランティアグループが、過去、先輩が三六年前につくった活動場所の新宿御苑。こんないいことはないんですよ。あそこで、誰もいない所で、トラックの荷台に乗って、あそこを駆け巡るんですよ。楽しくて、風が爽やかで、本当にそれは、授業料に代え難いものがある。一ヶ月で二万円。二四万は安いもんだと僕は思うんです。

もう少し別な見方をすれば、専科で年間二四万円の授業料を払って継続するのを、毎年同じような内容と見るか、毎年、植物は変わっていくから、また新しいので、あのときこうやったんだけど、今年はちょっと生育が違うと。天気が悪いからとか、いろいろね。どっちかっていうと、実習をずっとやってるようなもんですから。実習をずっとやってるんです。その実践の場を提供してもらっているという。

教養科目ですが、これはカルチャーセンターと全く同じで、図の点線の枠で左側から書道とか吟詠とか短歌とか、それから茶道、絵画。午前中が五科目あります。午後が絵画Bとか、このBっていうのは、Aが初級コースなので二年目以降でとれるという意味です。華道があって、茶道Bは中級コース。それから植物画とか水墨画という形で分かれまして、これら教養科目は火曜日です。本科生は一科目しか取れません。A、Bと分かれている科目では本科ではAだけ。午前か午後。でも、専科は二科目取れる。僕は、後で話しますけども吟詠部と水墨画をやっております。あと、健康生活科は新規が三〇名で、継続は三〇名と。ここも何年いてもこの六〇名に足りなければ入ることができる。授業日は月曜日。そういう意味で、僕ら勉強が足りないと言ったときに、じゃあまた来年もやるかという形でやりだしたのが実態でございます。

じゃあ、その後どうするのよと言ったときに、教養科目はやっぱり同じ同好の士が集まって教室開きたいよねと。例えば、水墨画を開きたい、先生、いい？ って言ったら、ＯＫという形で、学外で教室を借りてやってる。あるいは吟詠部ですと、吟詠部の卒業生が、先生お願いいたしますという形で、今、僕らの先生は四教室を持ってます。調布と烏山、等々力、宮の坂で、駅の近くの公民館を使って、毎週何曜日と決まりまして、調布の場合だと木曜日の午後四時半から。僕は、調布の四時半からやってます。だから、教養科目で吟詠を火曜日に習って、別に木曜日に吟詠をやってるというのが実態です。

農大グリーンアカデミーの場合は、グリーンアカデミーの見学会というのをやっております。初めて入ろうとしたときに、どんなもんかという形でグリーンアカデミーの見学会と、それからグリーンアカデミーの収穫祭。農大で収穫祭があるのと同じ日にグリーンアカデミーの収穫祭をやっております。われわれが一番楽しいのはこの収穫祭で自分たちの出し物、いろんなことをやりたい。まるで文化祭をやっているような形で。もう一つは、クラブ発表会。クラブ発表会というのは、われわれが教養講座で習ったものを発表する。例えば、私は吟詠部に入りますから、吟詠部で来ていただいて、それを発表するコンサート会みたいなことを開いております。

③グリーンアカデミーと修了後のボランティア活動

図4-3　グリーンアカデミーとボランティア活動・展開

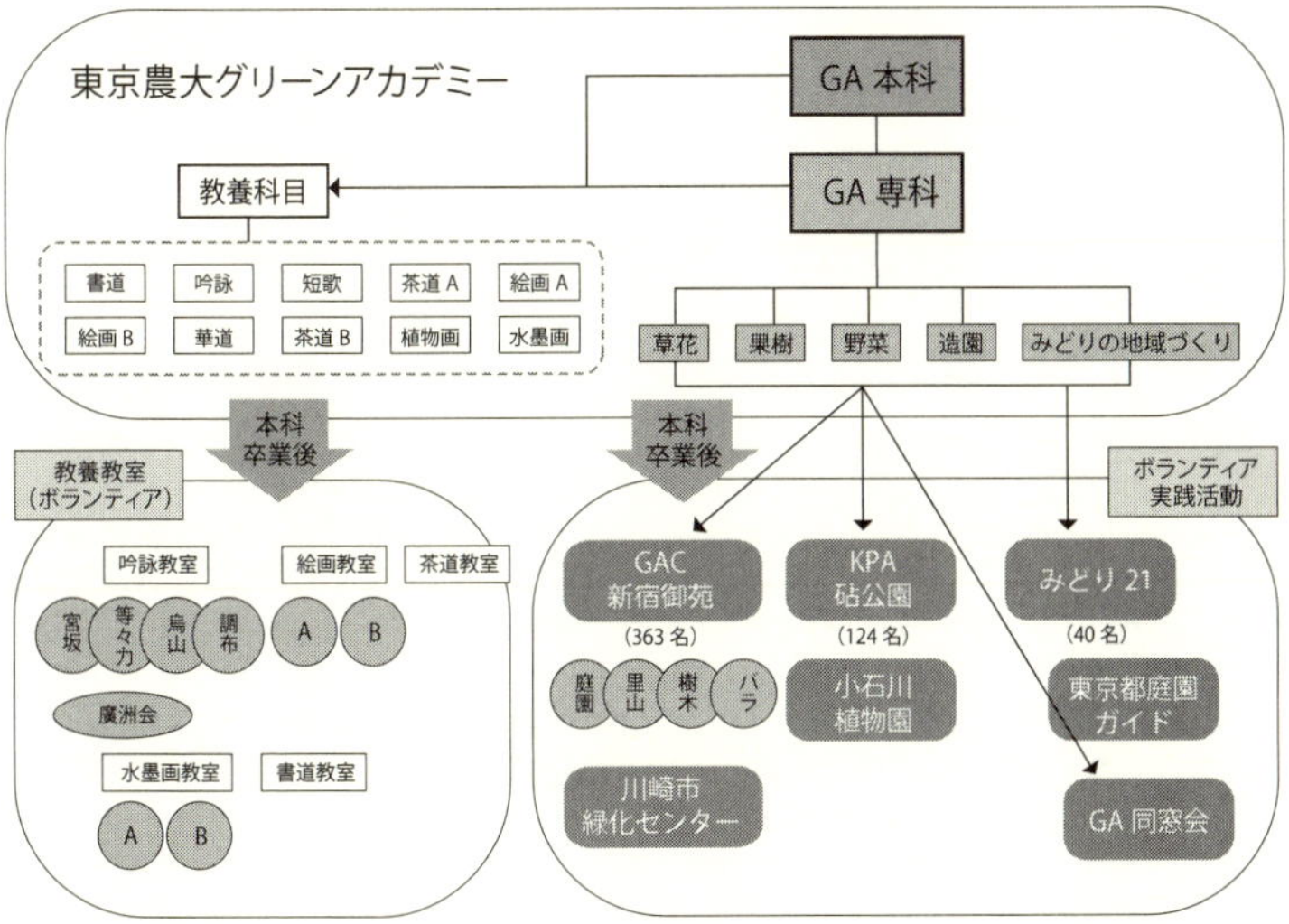

図4－3はボランティア活動との関係を示したものです。

それから、こちらのボランティア実践なんですけども、「GAC（グリーンアカデミークラブ）新宿御苑」のボランティアグループがございます。これはグリーンアカデミーの卒業生、六期生かな、非常に昔々、一九八一年に新宿御苑にお願いして、ぜひやらせてくださいという形で発足したグループでとくにGACと呼んでいるのがございます。そこで、今、三六三名近いメンバーが集まって、毎週月曜日、午前、午後やってます。水曜日、一昨日も午前中、草取りに僕は行ったわけでございまして。そういう毎週、みんながが集まるっていう形で。それから、ＫＰＡっていうのは砧公園アカデミー、ここも卒業生が、砧公園って都立ですけども、そこにお願いして、現在一二四名の方々が参加しています。ＫＰＡも週に一回、毎週月曜日、朝から三時まで活動をしております。みどり２１は隔週。教養講座は、各講座によって違います。毎週やったり、隔週やったり。

本科を出て専科に入ったらこのＧＡＣとかＫＰＡには入れる。なぜそうかと言いますと、やっぱり、しっかりとスキルを身に付けないと、そういうボランティアはできないからです。スキルの品質を大事にしようというのがありまして、そういう形になってます。それから、みどり２１っていうのはみどりの地域づくり、これが発足したのが六年前、七年ぐらい前ですか。発足しましてそのときに二一名のメンバーが全員、同じ場所で作業しようよっていう形でみどり２１というのをつくって、今四〇名でやってます。川崎市緑化センターだとか、小石川植物園だとか、東京都の庭園ガイドだとか、いろんな形でスキルを身に付けた人たちが、それぞれの自分の都合に合わせていろいろボランティア活動に入ってるという形です。こんな状態で、あくまでもグリーンアカデミーは、こういうみどりに関する造園、あるいは庭園に関するスキルを教える。それを受けて、卒業生たちはいろんなボランティアをやるという形になってます。

これが私の現在です。四年前に立教セカンドステージを卒業して、その次の年、農大グリーンアカデミーの本科に入りました。一年たって、教養科目は吟詠部に入りました。なぜ吟詠部かと言うと声を出すということは健康に絶対にいいんだ、声を出すのがいかに大事かっていうのを先輩諸氏から聞かされまして、吟詠部に入りました。下手だったんですけど、音痴でも何でもいいからやりなさいという形で吟詠部に入りました。

専科は、たくさんありました。草花だとか、樹木だとか、果樹だとか、あるいは野菜だとか、造園とかあったんですけども、たまたま一緒になった僕と同じ会社だった仲間が「一緒にみどりの地域づくり、行こうよ」って。たまたま、そのとき、四名だけだったんですね。先輩が三名入って七名、地域づくりって七名でスタートしてます。その前は、二一名からだんだん減って、みどりの地域づくりは魅力がない、人が来ないということがありまして、じゃあ、行ってみようと。七名、夢中でスタートしたんですけども、三年目は二五名になりました。七名から一五名、一五名から二五名に。僕らがやっぱ勧誘しないと人は来ないというのがありまして、三年目で、今は三年目をやっております。

GAC（グリーンアカデミークラブ）新宿御苑の活動についてですが、本科を卒業しましてすぐGACになぜ入ったかと言いますと、家から新宿御苑まで近いということがありました。自分の庭みたいにしようと思いまして、新宿御苑は絶対に、これは必須だと思いまして、とにかく何が何でも新宿御苑に行きました。そこには庭園班とか、里山班とか、樹木班とかあったんです。あ、すいません、これ菊班が抜けてます。菊班と、あとバラ班があってバラ班を選びました。バラの世界については何も知らなかったんですよ。バラって、うちの奥さんがベランダで鉢を一〇個ぐらいやってる。何も知らない中で、これは勉強しなきゃいけないなと。で、バラをやりだしました。毎週月曜日、どんな暑いときも通いました。三年間たちました。バラ班は今、八二名のメンバーです。

それから、もう一つは、今もずっとやってますけども、二〇〇六年に花園小学校の生徒体験学習っていうのも取り入れております。毎年、三ヶ月に一度ぐらいですか、花園小学校の子どもたちが来ます。いろんな形で、今回はバラ班が担当する、あるいは庭園班がやります。小学校の生徒たちが、二グループか三グループが来ますので、それらを面倒見て、半日、二時間ぐらい教える、スキルを。例えば、剪定ばさみを使って手袋してやるとか、あるいは草取りをさせるとか、そういうことを毎年やっております。だから花園小学校の生徒にとってみれば、本当にこういう庭園のノウハウをある程度、基礎を学ぶという形になります。みんな喜んでおります。

それから、二〇〇八年にやはり、三〇〇名近くなりますので、研修委員会っていうのを設けました。研修委員会は、それぞれの班の研修プログラムとスケジュールをつくったり、あるいは全体で毎年どっかに行く。だからバラ班ですと、毎年、研修旅行に行くんです。今年は国内。その前はイギリスに行きました。来年はデンマークに行きます。僕は当然コーディネーターですので、デンマークにみんながわいわい行くわけですよ。そのエスコートしなきゃいけない。そうすると、僕自身の役割が明確になるんですよ。要は、それを誰かが助けなきゃいけない。先生（筆者）が言ってるロールレスロール（roleless role）、役割なき役割。（序章を参照）と関連させて言えば、誰かできる人がいるんですよ。例えば、ホームページも、じゃあ、お願いって言われたら、私がやりましょうと。どんなに苦しくてもやるわけです。そういう意味じゃ、これだけの人数が増えたっていう、だから僕ら先輩に感謝ですよ。五〇名が一五〇名になり、二四〇名になり、三〇〇名で、今、五班に分かれている。それから、体制も出来上がって。

初めは、菊班と温室班と庭園班と三つあったんですね。温室班っていうのがありました。温室があそこ（新宿御苑）にありましたので。温室をやったり、菊班っていう、菊の大祭典がありますよね、一一月に、あの中の、それが庭園と。どんどん人数が増えて、バラ班っていうのは庭園の中の一部だったんで、一〇名前後だったんですね。一〇名前後でほそぼそとやってた。バラガイドウォークというのを始めたのが二〇〇五年です。毎年やっております。そのうちに、庭園班に松チームができて。松っていうのは非常にむずかしいんですね、手入れが。だから、これはプロフェッショナルがやんなきゃいけない。だから、これは特別のシニアのチームが発足しております。庭園班に入ってすぐ松ができるかっていったら、絶対できないんで、それは除くと。ここは専門家チームがいますという形で。

二〇〇五年の九月に里山班が独立します。里山班っていうのは、ある地区があるんですけども、そこに里山の雰囲気を、里山のイメージをつくり出す。そういう里山班ってのができあがりました。それから、二〇〇九年にようやく庭園班の一部だったところからバラ班が発足した。それから桜プロジェクト、樹木班。桜、何百本とあそこにあります。その何百本の桜を面倒見る樹木班が発足したのが二〇〇九年。要は、組織がどんどん大きくなって、どんどん仕事が増えて、だからそれをどんどん分化していったっていうのがここの実態です。

そして二〇〇九年からグリーンアカデミーの本科生の授業で、バラの剪定講習を僕らが教えるようになりました。学んでいた側から教える側へ、です。本科生が切ると、僕らは彼らに対して指導を行います。そうすると本科生は、これがバラ班なのか、これが庭園班なのかっていう形で選ぶことができまして、一月頃ですかね、冬の剪定ですから、一月か二月です。こうして今は、菊班とか庭園班、里山班、バラ班、樹木班で構成されてると。

温室班っていうのがここであったんですけども、やっぱり温室っていうのは非常にむずかしくて、温度コントロールもむずかしいし、また、丁寧に扱わなきゃいけないし、また、新宿御苑の温室をどう扱うかっていう議論がありまして、これは業者に任せようという形で、ここはわれわれは手を引いた。

それから、園芸活動の位置付けなんですけども、やっぱりこういう活動っていうのは、癒しがある。あるいは、自分が楽しむ、育てていくもの、学びを得るもの、それから生きがいといったことがあるのではないかなあと思ってます。効果なんですけども、一番みんなが言うのは、やっぱり、友人が増えたですね。新宿御苑だけでも三六〇名ですから、そのうち僕らバラ班は八二名。これが、毎年、旅行に行って、研修旅行。今年は北海道に行きました。二泊三日の北海道のバラ園の見学です。三〇名近くで、みんなで二泊三日行って、バラを勉強して、岩見沢植物園だとか、いろんな所を見ましたし、勉強して、それから、あそこのコーディネーターと議論したりして勉強してまいりました。そういう意味で、絆が非常に強い、それは、入学期が二〇期であろうと、三〇期であろうと、四〇期であろうと、先輩諸氏であろうと、同じ仲間だ。それから、やっぱり、人の役に、社会の役に立ってるということ。なぜ、新宿御苑でやるか。バラガイドウォークやりますと、みんなが来てくれて喜んでくれる。感謝をしてくれる。

やっぱり、その生きがいっていうのはあるかなあと思ってます。それから、やっぱり、知識、技術を得たい。

花とかバラとか何かを切るって言ったら、みんな、そのスキルを持ってる人が師匠なんですよ。だから、その人の言うことは何でも聞いて、草取れって言ったら、草取り。このくそ暑いときに、草取ってくださいってリーダーに言われるじゃないですか。それでも平気で僕らはやる。それは目的がしっかりしてるからなんですよ。目的が明確だから。

図4-3には入れてないですが、他にボランティアをいくつかしています。みどりの地域づくりの関連で、山梨県小菅村の旧家の整備、茨城の城里町の別荘の整備、ほかに平塚の別荘や栃木県の大柿花山の整備をしています。知り合いのネットワークで、もう外に出られない、一人で面倒見なきゃいけない、何とかしてほしいという話がきます。じゃあ、年に二回か三回、剪定。伐木とか剪定。森の木を切ったり、あるいは庭園を刈り込んだり、そういうことを泊りがけの時もありますがボランティアでやっています。僕らボランティアですから、作業は無償でやる。その代わり家の中を使っていいよという形がありまして。紅葉林もあったり梅林もあったりで。

僕らの仲間、みどりの地域づくりっていうのは、みどりのスキルを勉強して、それで何とか、いろんなそういう景観整備のお手伝いして、地域づくりに貢献しようという発想で、そういう目的で習っております。こういう形で、三年目ですから、どんどんスキルは付くわ、案件がどんどん入ってくるわ、しまいには、小田原の、僕らの後輩の、みかん農園のお嬢さんから電話があって、うちの竹林を切ってほしいとか、なんかいろいろ来てるんですけど、今は、対応できないので止めております。そういう意味で、僕が関係してるのは、この全部ですね。

あと、吟詠部はもう三年目です。基本的にはスキル、奥が深いんですね。詩吟にしても奥が深い、みどりの地域づくりも奥が深い。奥が深い中で、学ぶことは山のようにある。どんどん自分がスキルを付け、後輩に対してそれを指導していってという形でどんどん広がりをもってるのが、多分、僕の動機付けかなあなんて思っております。

立教セカンドステージ大学は横の社会。我々は五期生でなかなか先輩諸氏と交流する場がなかったわけですけど、農大グリーンアカデミーだと、吟詠部とか、あるいは、GAC新宿御苑やみどりの地域づくりでも、縦の社会のほうが強い。縦の仲間と付き合える。だから、僕らの二〇年先輩なんかと対等にお話ができる。だから僕らは、まだまだ赤子だなあと思ったりもします。長年培ったボランティア活動の受け皿があったっていうのが、やっぱり、僕にとってはすごく良かったなあって思っています。グリーンアカデミー本科卒業後、すぐ入会することができました。新宿御苑、月曜日、休館日です。そこに朝九時半頃行って、そこでみんなとラジオ体操して、それで草むしりをやったり、薬をまいたり、いろんな作業ができるという形で、やっぱり三六三名、五二名からスタートしていつの間に三〇年たって今三〇〇何十人が入ってる。

それから、グリーンアカデミーの施設っていうのは、農大とちょっと離れて、道路を隔てて別の所、別の敷地に専用教室が五教室あります。大体、教室には四〇名が入れるぐらいですね。図書室と講堂って、小っちゃな講堂ですけども、あと会議室と圃場があるという形で。

立教セカンドステージ大学はどっちかというとみんな間借りじゃない。そこの違いはある。ようやくこの頃、Wi-Fiもやるから、僕ら行けばただで使わせてくれる。ただ、ここに足りないのは、セカンドステージ大学のラウンジみたいな、ああいう所がないんですよ。図書室だけ。

事務室は主任と四名のスタッフで切り盛りしております。入学、登録、手続き、カリキュラム、講座運営、ホームページ、派遣講師の人との交渉ですね。こういうことをやってる。教養科目の先生は外部から、草花も外部の先生で大体同じ先生です。

農大グリーンアカデミーと立教セカンドステージ大学とを比較しますと、在籍年数、立教の場合だと本科一年、専攻科一年の二年間。農大グリーンアカデミーの場合は何年でも可能という、要はキャパシティー三〇〇名以内であれば。大体、約三〇〇名なんですけど、曜日が違いますから全然問題ないという形になってます。

設立の狙い、目的で比べると、立教セカンドステージ大学は五〇歳以上のシニアのための教養（リベラルアーツ）の修得だと、学び直しと再チャレンジをサポートする、新しい生涯学習の場を提供してくれる。農大グリーンアカデミーの場合は、スペシフィック（特定化）、目的が。シニアのための造園と園芸の習得です。農園芸に関する生涯学習の場を提供する。だから、圃場があったり、要は、体を動かしなさいと。それで、学んだことを実際にフィールドでやってみて、野菜を作り、花を作り、造園に関わるという〝do〟をする場が多いです。それと、園芸と健康を学びながら仲間づくり、一緒に共同作業をしますので、必ずや仲間づくりができあがる。基本コンセプトは、シニアがセカンドステージの生き方を自らデザインするのが立教型、農大型は、あくまでも、皆さんの技術習得と実践の場なんだと、実践の場を提供するんだということであります。

④東京農業大学の正規科目の受講

グリーンアカデミーの学生（受講生）は、東京農大の学部の授業を取れるというメリットもあって、醸造科とか面白い科がいっぱいあるじゃないですか、農大って、他の大学にない。そういうのを僕は今年は金曜日に三科目取ったんですよ。受講料は、一科目五〇〇〇円です。だって五〇〇〇円でネットも使えるし、図書館も使えるから。ソフトウェアのダウンロードも全部できるんですよ。だから僕は毎年どれかを取ることにしてます。申し込むだけで、人数制限ない。僕は三科目必ず、金曜日、今年は金曜日か、でも、合宿とかいろいろやることが重なって、半分も行けなかったです。でも、楽しいです。

それと、僕は土壌づくり、土壌の勉強をしたいと。土が一番大事だからやりたい。それと微生物も、醸造の微生物を習いたいとか、いろいろあったね。あとワインが学びたいとか。三つともいい科目でしょ。

4-3 大学併設型シニア教育・学習プログラムの課題と可能性

さて、ここまで大学併設型の事例として立教セカンドステージ大学と東京農大グリーンアカデミーの二つについて受講生の視点を中心においてみてきた。大きく特徴づければ、前者は総合大学型で、かつ、大学の制度的枠組みに準拠、一方後者は（大学自体は総合大学であるが）単科大学型で、フィールド実践重視となろう。

当然ではあるが共に本体である大学との関係で設立、運営されている。セカンドステージ大学は立教大学が掲げるリベラルアーツ（教養教育）伝統のもと、学び直しと再チャレンジの理念を掲げ、知識の修得だけでなく修了後のライフスタイルの創出と社会的活動への参加を期待したプログラムとなっている。セカンドステージ大学独自のカリキュラムにそのメッセージが託されており、修了後の活動を支援するサポートセンターを設置し、また、同窓会の活動も活発に行われている。

グリーンアカデミーも、『人物を畑に還す』という農大の建学の精神に立脚し、花と野菜といった園芸と健康を学び、仲間づくりを支援することを理念としている。実学の伝統が、シニアの学びにおいて実践されている。学びの対象が花や野菜や果樹の栽培であり庭園の管理保全のように具体的であり、しかも植物であるから季節や気象条件によって変化していく。奥が深く、スキルの継続的な向上が学びの動機となり、受講時から修了後まで一貫したシステムが構築されている。何よりもボランティアとして参加できる機会がこれまでの実績から豊かに用意されていて、社会貢献活動にもなっている。

在籍期間と修了後で比較すると、セカンドステージ大学は本科と専攻科の二年間のプログラムであり、修了後はサポートセンターと同窓会、そして、自発的なグループ活動となる。一方のグリーンアカデミーは本科と専科の二年間のプログラムであるが、専科は定員に余裕がある限り継続して所属できる。受講料は毎年度払い続ける。この継続の意味は、専科（草花、果樹、野菜、造園、みどりの地域づくり）の分野での学びを継続しながら、同時に新宿御苑などでのボランティア活動に参加できるということである。

シニアの学びにとって、継続性は非常に重要な要素である。しかし、ただ続けられれば良いということではなく、この継続性についてはまだ十分に議論されていない。グリーンアカデミーは植物を媒介とすることで、この問題に対する一つのモデルとして完成されているように考えられる。在籍期間は設定しながら、実質的に自動延長できる柔軟さがある。しかも、単に居場所を提供するのではなく、新しい学びができ、自然にボランティア活動へとつながっている。セカンドステージ大学には在籍期間は厳密に設定されており、必修単位を落とさない限り〝留年〟はできない。その一方で、修了後も継続して学びたいという希望は少なくない。

これは、総合大学型の場合の継続性をどのように考えるかということである。シニアにとって大学併設型プログラムは、安定した居場所、所属先となっているのは事実である。母体の大学が、その安定感を保証してくれる。ここでの継続性は、学生・受講生という身分の継続性である。序章でみたように高齢者の社会的統合を推進する一つの条件は集団所属であった。そこから社会的役割が創出される可能性が高くなる。この点はセカンドステージ大学とグリーンアカデミーの例からも確認できるであろう。

では、学びの内容面での継続性はどうなるのか。これまでみてきたようにグリーンアカデミーはこの問題を言わば自然的に組み込んでいるが、セカンドステージ大学は専攻科の独自性を課題としており、一つの試みとして行われた共同研究・共同実践型のゼミ（ＰＢＬ方式：Project-based Learning）の様子を紹介した（第三章を参照）。四年間の学びを体系化している学士課程のような厳密さは必要ないのであるが、内容と期間の組み合わせは課題となっている。シニアのニーズ自体も変化している現状では、さまざまな試みがなされてよいだろう。しかし、設立の理念も必要であって、それがこの組み合わせを形にする。この点を理解するには、アラカルト的というかカルチャーセンター的に、大学が教育資源を開放して受講生が好みの科目を学べる方式と比較すればよい。制度設計上はこの方がシンプルで、社会貢献を求められる大学にとっても、また、自分のペースで学びたい受講生にとっても無理がないともいえる。在籍期間の問題も回避できる。

これに対して、大学としての理念を掲げてシニア向けのプログラムを提供するのであれば、内容と期間について独自の組み立てが求められる。この点でセカンドステージ大学は重要な実験を続けているともいえるわけで、学び直しと再チャレンジにより自身のライフスタイルを創出し、新たな形で社会とかかわる知識と方法論を伝えようとしている。まだ完成形に到達しているとは言えないが、克服すべき課題はみえてきているように思える。

大学は在籍中の学生に対しては責任を負い、就職までは支援する。大学卒という学歴を与え、一定の知識や技術を修得させて世に送り出すことが社会的にも学生やその父兄からも期待されているのは改めて指摘する必要がないだろう。そして、卒業により学生は社会人となっていくから、そこまでが大学の責任である。対照的に、シニアの場合には社会にこれから出ていくのではなく言わば社会から大学に戻ってくる、あるいは、入ってくるのである。とすれば、大学は修了後の行先についてどう考えるべきだろうか。一つの見方は、学部生と同様にそこまでは守備範囲ではないという考え方。一般には学習プログラムを提供する側も、そして、おそらく受講する側も、そういうものだと思っているのかもしれない。しかし、筆者は本書の研究をしてきて、修了後に向けたプログラムの提供こそが学びの経験を活かすために必要であると理解した。次の活動に向けて動き出せるところまでのつなぎの時期を大学がサポートすることが求められている。これはコストがかかることではなく、基本的には場所の提供でよく、実際の活動はシニアたちに任せれば自分たちでやっていけるのである。

この視点の逆転が必要である。シニアにとって意味のある居場所が社会的に提供されていないという現状を考えれば、大学が居場所の提供で終わるのでは道半ばであり修了後にシニアたちが自らの力で居場所を創り出していくことをサポートすることが守備範囲に入る。これが、超高齢社会において大学が果たすべき社会的役割である。

これまでみてきたように、シニアたちはだてに人生経験を積んできたのではなく自律的に活動できる人たちである。教えてもらう存在ではなく、学びを系統だって実践できる人たちであり、サポートといっても大学側が何か大きなことを期待されているわけではない。例えば、修了生たちに活動場所を提供することだけでも大きな支援となる。

別の視点から言えば、大学併設型プログラムが居場所の提供だけであると在籍期間を過ぎたシニアたちが、修了後再び居場所を失い振出しに戻ってしまい、また居場所探しを始めていくという現象をどう理解したらよいだろうか。学びの継続的行動の面は否定できないが、他方、いくつかの学習プログラムを渡り歩く漂流現象とも思えるのである。回遊でもなく漂流でもない、換言すると第二モラトリアムがモラトリアム化しない方向での具体的提案が学習プログラムを提供する側に望まれる。

第5章　市民大学型

　本章では、シニア層が多く参加している、あるいは、シニア層を対象とする市民大学について、かわさき市民アカデミーとなかの生涯学習大学を取り上げ、それぞれの特色をみていく。市民大学、あるいは、それに類した名称をもつ教育・学習プログラムは、生涯学習という位置づけであったり、または、かつての老人大学の発展形としてであったりするが、共通点は地方自治体のイニシアチブにより運営されている点で、全国的に数多く展開されている。

　ここで取り上げる二例は歴史も古く際立った特徴をもつが、市民大学型の全国的な代表例として選択されたのではなく本研究プロジェクトが行った調査範囲で浮上した事例である。ともに本研究プロジェクトのメンバーであるシニアたちが直接参加しているプログラムであり、その経験を含めて詳細な検討が可能となっている。なお、それぞれのサブタイトルは特徴を筆者が簡潔に示したものである。

5―1　市民大学かわさき市民アカデミー
〝高度な教養学習の伝統と地域協働学習への新たな展開へ〟[11]

①市民大学かわさき市民アカデミーの概要

市民大学かわさき市民アカデミー（以下、かわさき市民アカデミー、あるいは、アカデミー）については http://npoacademy.jp/ で全般にわたり詳しく紹介されているので、ある程度の重なりはあるがここでは本書の目的に照らして検討していく。開設されている講座についての最新情報はホームページを参照されたい。なお、本節を読みながら適時ホームページ全体を参照されると理解しやすいであろう。

かわさき市民アカデミーは全国的に見ても最大規模の部類に入り、さらなる発展に向けた課題もあるが内容面からみても市民大学として一つの完成されたモデルの域に達しているといえる。一九九三年に創設され（公財）川崎市生涯学習財団が運営してきたが、二〇一一年度から同財団との協働関係のもとＮＰＯ法人かわさき市民アカデミーに運営が移行している。川崎市民および周辺地域の住民を対象に、前後期それぞれ五〇前後の講座・ワークショップが開講され年間延べ六、五〇〇名強が受講している（二〇一五年度）。開学時の受講者は五五〇人であったから、すでに一二倍近い規模に成長していることになる。

趣味や習い事関係とは一線を画しレベルの高い教養科目の提供が基本特性であるが、上記NPO法人の設立を契機に近年では地域活動に向けた住民との協働型科目が提供され始めている。

②設立の経緯と学習目的

かわさき市民アカデミーの原点は、三六年前、一九七一年の川崎市立大学構想にある。[12]誕生した革新市長の公約であった。その後、一九八九年に市内全域をキャンパスとし大学、研究所、企業、博物館などの関連諸機関や組織を教育的資源と位置づけ、そのネットワークの構築によるキャンパス都市計画が策定される。この計画を受け、川崎市民塾構想がまとめられる。

11　本節は、ヒアリング調査（二〇一七年七月一四日）とその際入手した資料、とくに『二〇周年記念誌』（二〇一三）、『二〇一六年度活動報告書』（二〇一七）、「二〇一七年度後期かわさき市民アカデミー講座のご案内」、「かわさき市民アカデミーのあゆみと課題」（西山拓、『月間社会教育』no・七一五、一九-二四頁、二〇一五年五月号）に基づく。

12　伊藤長和『第一三四回・東京・沖縄・東アジア社会研究会報告資料』による。二〇一七年七月一四日、同アカデミー訪問調査時入手資料。

その骨格は、教える者と教えられる者の共同学習、シティカレッジのような市民のための高等教育機関、地元である川崎学の創設などであった。そして、一九九〇年の川崎市生涯学習振興事業団を設立、一九九三年一〇月にシティカレッジ構想を具体化するものとしてかわさき市民アカデミーが開設された。

順調にスタートした同アカデミーは二〇〇〇年代初め行財政改革の一環として廃止の危機に直面するが、市民受講生による議会への請願や市長への要望書の提出など存続を求める運動が起き、請願が採択され存続となる。この時を契機に事業の見直しと改革が始まり、受益者負担率の拡大、地域貢献型講座科目の開設、ワークショップ（演習）科目の独立など、財政面と内容面で市民が主体となった自主運営の持続的組織形態が模索されることになる。そして、二〇〇五年度から二〇一〇年度にかけて川崎市生涯学習財団からＮＰＯ法人へと運営移行が段階的に進められた。この間、二〇〇七年にＮＰＯ法人かわさき市民アカデミーが設立され二〇一一年度からは完全な運営主体となる。二〇一五年には特定非営利活動法人に認定される。

時代背景としては一九九〇年の生涯学習振興法の成立により日本全体で生涯学習時代の到来があり、また、思想的背景としては学長を務めた政治学者篠原一氏（一九二五－二〇一五、東京大学名誉教授）の言うところの市民自治社会の実現に向けての市民大学という考え方があった。

学習目的は一九九三年の設立時より次の三点にまとめられている（二〇一七年度後期かわさき市民アカデミー講座のご案内）。

・自らの課題意識に基づく学習・研究によって、現代社会への理解を深め、市民としての自立を目指します。
・学習成果を地域社会に還元していく道すじを学びます。
・学園生活を通して、より豊かな人間関係を築き、人生の新たな価値を見出します。

③受講資格と受講者特性

受講対象は一八歳以上で、川崎市の住民以外の人も受講できる。実際、講座内容に魅せられて都内や横浜からの受講者は多い。年齢分布をみると、六〇歳代が四一％、七〇歳代が三九％で全体の八〇％を占める（二〇一五年度後期）。八〇歳代も八％であるから、これを含めると約九割となり実質的にシニア大学化している。運営面への受講生の参加が期待されており、また実際に事務局の仕事や各科目の補助役として三〇〇名を超える人たちが世話人として参加しているのだが、その主力はシニア受講者である。

反面、二〇〜四〇歳代の受講者はわずか三%、五〇歳代が七%で、就労や子育てなどで余裕のない若年層が参加できるよう、平日だけでなく週末を使っての地域協働講座がＮＰＯ法人によって独自開発され増えつつある。市内六ヶ所の会場の中で中心となる川崎市生涯学習プラザは東急線、南武線、横須賀線それぞれの武蔵小杉駅の近くにあり、高層マンションが林立する急激な再開発が進んでいる地域である。子どものいる若い家族層も増えていている。

年齢層の偏りへの対処として、試験的に土曜日に開講したが期待したほどの受講者数にはならず、また、初めての技術実習系の科目として油絵の講座を水曜夜間に開講したが受講者はほとんどが六五歳以上で、若年齢層の受講者の取り込みは課題となっている。

受講の方法は二つあり、会員として二年間あるいは一年間継続して学ぶ方法と、聴講生として希望する講座やワークショップだけを学ぶ方法である。聴講生には期間に限度はない。会員の場合はどちらの期間であっても、学習に系統性をもたらす意味もあり次の九専攻から一つを選択する。政治・経済・社会、人間・福祉、歴史・文学・表現、科学、環境・みどり、音楽、美術、川崎学、エクセレント（オムニバス形式の講座）である。各専攻に属するコース名はホームページの「アカデミー案内」に掲載されている。ただ、専攻選択の狙いは受講生が自分の関心領域を意識するためであり、その専攻の講座を必ず受講しなくてはならないということでは

表5-1　受講生の所属の種別とそれぞれの制度内容（2017年7月現在）

区分	2年会員	1年会員	聴講生
会員期間	2年間	1年間	期間限定なし
募集時期	前期のみ	前期のみ	前期・後期
学習の継続性	継続的な学習を目指す・・・・・半期ごとに受講の継続を検討する		
講座運営への協力 （運営世話人・当番）	運営への積極的な参加をお願いしています		講座の運営に参加
入会金 （※1、2）	12,960円 （2年分）	7,560円 （1年分）	無し
アカデミー講座 宮前特別講座 大学連携講座 受講料（1学期・1講座） （※1、3）	主に8,640円 （4,320～12,960円）	主に9,720円 （4,860～14,040円）	主に12,960円 （6,480～17,280円）
短期集中講座受講料 （1学期・1講座） （※1、3）	2,260～2,980円	2,530～3,340円	3,340～4,420円
地域協働講座受講料 （1学期・1講座） （※1、3）	4,110～9.720円		
WS受講料 （1学期・1WS） （※1、3）	6,480～18,360円		
抽選時の優先度	優先		2年会員・1年会員の次
専攻の決定 （下記参照）	入会時に受講者が選択 （所属名は選択した専攻名）		専攻無し （所属名は聴講生）
単位制と修了	30単位取得で修了（取得期限はありません）		
再入会（※4）	入会金の納入が必要		
修了式 （受講生のつどい）	修了証・記念品の授与・受講生同士の交流を深める		

※1：金額は税込みです
※2：入会金は、入会時に一括してお支払いいただきます。
※3：受講料は、受講講座に応じて毎学期申込みをし、受講料をお支払いいただきます。
　　回数や運営内容によって金額が異なります。
※4：2年または1年会員が会員期間の終了後、引き続き2年または1年会員として受講を希望される場合、
　　入会金を改めてお支払いいただきます。

（ホームページより）

ない（表5−1）。

会員制度、入会金および受講料、単位制などの説明は、表5−1にまとめられている。二学期制で前期（四〜七月）と後期（一〇月〜翌年二月）、講座は九〇分の講義、ゼミナール形式のワークショップはおおよそ一二〇分である。修了単位数は三〇単位であるが、期限の制限はない。単位の認定は三分の二以上の出席が条件で試験はない。しかし、受講生の学ぶ姿勢はしっかりしている。単位取得者には修了証が発行される。なお、単位制と言ってもその修了で終わってしまうのではなくて、さらに何回も繰り返し修了証をもらいながら続けていけるシステムであるから、自分の関心に応じて継続して学んでいくことができる。

厳しい試験で落第とかそういうのはないんですけれども、もう皆さん本当に真面目で、おしゃべりもなくて、席が前から埋まっていくような状況ですので、特に初めて来られた先生なんかは身の引き締まる思いですみたいなお声をいただいたりするっていうことが、少なからずあるというような状況です。（事務局スタッフ）

④開講講座・ワークショップとその特性

直近の二〇一七年度後期の開講講座とワークショップを示したのが、表5-2である。

カリキュラムの特徴としては、まず、国際政治、貧困問題、認知症、あるいは、東日本大震災を含む災害など時の社会問題を取り上げている。第二に、開学時から自然科学系の講座が充実している点である。生命科学のような最先端科学から原発の問題などが取り上げられていて、後者に関しては反原発の立場の研究者と原子炉設計に参加した電力会社の専門家も招きそれぞれの立場の話を聞く。三点目は、地域学としての川崎学である。当初からあったが、地質学系、植物学系、史跡や重要文化財の建築物などの歴史系を組み込んで現在、再編成をしている。NHKの人気番組『ブラタモリ』などまち歩き番組が好評でブームが起きてきているので、その流れを意識した再編である。

最近の新たな試みの一つが、上記の専攻の最後にあるエクセレントと呼ばれる講座である。これは学際的な複合的講座で、例えば北欧のテーマでは経済、社会、文学などについて複数の専門家が講義をする、いわゆるオムニバス形式で行われる。北欧のほかに、江戸の社会と文化をテーマとする講座もあり、日本史だけではなく多角的なとらえ方がなされている。革命をテーマの講座も同様で世界史、政治史からだけではなく、多角的に革命をとらえる内容となっている。エクセレント委員会があり、担当予定の講師と受講生の有志が集まって一緒に議論して

表5-2　開講講座・ワークショップ一覧　(2017年度後期)

No	コース名	講座・ワークショップ名	講師名(敬称略)	曜日	開始時刻	会場	申込受付状況
1	美術I	日本美術の見方—日本美術をより豊かに愉しむために	京都造形芸術大学講師 濱村繭衣子ほか	月	10:30	高津	募集終了
2	自然I(川崎学)	変わるということ—自然の変化・変遷・変動と人II	多摩川流域自然史研究会代表 増渕和夫ほか	月	10:30	プラザ・野外	募集終了
3	現代事情	激動のヨーロッパとアメリカ—ポピュリズムの時代なのか	千葉大学教授 水島治郎ほか	月	10:30	プラザ	募集終了
4	エクセレントIII	人はなぜ〈革命〉をめざすのか—大変革の思想と行動を歴史に見る(第2部)	東京大学名誉教授 馬場康雄ほか	月	13:00	プラザ	募集終了
5	国際関係	中東の政治と社会	東京大学准教授 池内恵	月	13:00	プラザ	募集終了
WS-1	国際関係	中東の政治と国際関係	東京大学准教授 池内恵	月	15:00	プラザ	募集終了
6	いのちの科学	広がる生命科学の世界	東京理科大学副学長 浅島誠ほか	月	13:00	プラザ	募集終了
WS-2	科学	生命のしくみ、細胞から生態系へ—遺伝子の実験を含む	元放送大学客員教授 室伏擴ほか	月	15:00	プラザ・野外	募集終了
7	日本の伝統芸能	日本の楽器を見る、聴く、知る	洗足学園音楽大学現代邦楽研究所所長 森重行敏ほか	月	13:30	高津	募集終了
8	新しい科学の世界	新しい科学の世界	NHK解説委員 室山哲也ほか	火	10:30	プラザ・野外	募集終了
9	自然II(川崎学)	川崎の自然II	神奈川県立生命の星・地球博物館名誉館員 松島義章ほか	火	10:30	プラザ・野外	募集終了
WS-3	社会福祉	シニア世代の生活設計	日本女子大学准教授 黒岩亮子ほか	火	10:15	プラザ・野外	募集終了
10	日本史	戦争で綴る日本近現代史	早稲田大学教授 大日方純夫ほか	火	10:30	プラザ	募集終了
WS-4	日本史	江戸から東京へ 近代都市東京の誕生	江戸東京博物館学芸員 田中裕二	火	13:15	プラザ	募集終了
11	みどり学I	みどり学I—身近な自然に興味を持ち親しみを深める	樹木医 石井誠治ほか	火	13:30	プラザ・野外	募集終了

No	コース名	講座・ワークショップ名	講師名（敬称略）	曜日	開始時刻	会場	申込受付状況
12	みどり学（フレッシュ）	みどり学（フレッシュ）	樹木医 石井誠治ほか	火	13:30	プラザ・野外	募集終了
13	文学	古典は新訳で召し上がれ！　古典新訳で楽しむ世界文学	東京大学教授 藤井省三ほか	水	10:30	プラザ	募集終了
WS-5	文学	異界への旅―想像力を豊かにする読みの冒険	早稲田大学講師 伊藤博	水	13:00	プラザ	募集終了
14	エクセレントI	世界を旅する⑱北欧・ツアー（第二部）	立教大学教授 小川有美ほか	水	10:30	プラザ	募集終了
15	建築と都市	日本の都市と建築―城下町と住まい	東海大学教授 小沢朝江ほか	水	10:30	プラザ	募集終了
16	学び・歩くかわさき（川崎学）	かわさき市域の歴史や文化を多角的に学び・歩いて再発見してみよう④	地域史研究家 関崎益男、産業考古学会会長 伊東孝ほか	水	13:30	プラザ・野外	募集終了
WS-6	まち歩き（川崎学）	街角の文化遺産に学ぶ―普段着の民俗学	日本地名研究所 菊地恒雄ほか	水	10:30	プラザ・野外	募集終了
17	政治・社会	グローバル化と政治：「国民」「安全」「国益」のゆくえ	青山学院大学教授 押村高ほか	水	13:00	プラザ	募集終了
WS-7	政治・社会	グローバル化社会の主催者としてどう生きるか？	東京大学名誉教授 庄司興吉	水	15:00	プラザ	募集終了
18	音楽III	東京交響楽団の案内による音楽の楽しみPart23	東京交響楽団メンバーほか	水	14:20	ミューザ	募集終了
WS-8	芸術	水彩画を描く―技法を基本から学ぶ	NHK文化センター講師 佐藤道子	水	18:00	プラザ	募集終了
19	環境とみどり	持続可能な社会における環境・みどり・防災	東京大学名誉教授 太田猛彦ほか	木	10:15	プラザ・野外	募集終了
WS-9	環境とみどり	身近な環境とみどりの探求	東京大学名誉教授 太田猛彦ほか	木	13:15	プラザ・野外	募集終了
20	人間学	人間学再論―生・老・病・死の哲学	倫理学者 竹内整一ほか	木	13:00	プラザ	募集終了
WS-10	人間学	いのちと祈りの芸術―能・狂言の世界を味わう	都留文科大学名誉教授 鳥居明雄	木	15:00	プラザ	募集終了
21	音楽I	生誕250年記念番組〈モーツァルト・ジャーナル〉を観る	日本モーツァルト研究所所長 海老澤敏ほか	木	10:40	新百合	募集終了

No	コース名	講座・ワークショップ名	講師名（敬称略）	曜日	開始時刻	会場	申込受付状況
22	音楽II	ヨーロッパ音楽の多様な世界：その新たな魅力をさぐる	国立音楽大学 教授 横井雅子ほか	木	14:00	新百合	募集終了
WS-11	音楽・芸能	歌舞伎―豊穣の沃野	白百合女子大学 講師 安冨順ほか	木	13:30	麻生	募集終了
23	世界史	地中海世界の歴史4 近代・現代篇（19世紀後半から現在まで）	日本女子大学 教授 北村暁夫ほか	金	10:30	プラザ	募集終了
24	みどり学II	みどり学II―木や草が生活とつながるおもしろさを極める	樹木医 石井誠治ほか	金	10:30	プラザ・野外	募集終了
25	山の自然学	山の自然学	東京学芸大学 名誉教授 小泉武栄	金	13:00	プラザ・野外	募集終了
26	美術II	弱点克服！ 西洋美術の主題物語	多摩美術大学 教授　諸川春樹	金	10:30	新百合	募集終了
WS-12	美術I・II	ギリシャ・ローマ神話の主題とその表現を巡る旅	多摩美術大学 教授　諸川春樹	金	13:30	新百合	募集終了
27	エクセレントII	江戸社会と文化（2）	淑徳大学 客員教授 小澤弘ほか	金	13:30	新百合	募集終了
28	経済	星の王子さまが見たら何というだろう―停滞と混迷の2017年世界経済	駒澤大学 名誉教授 瀬戸岡紘	金	13:00	プラザ	募集終了
WS-13	経済	日本の財政危機をどう考えるのか？ 私たちの選択	横浜市立大学 名誉教授 金子文夫	金	15:00	プラザ	募集終了
29	映像・メディア	懐かしの名作を語る―「私が愛した放送番組」「日本劇映画」	科学ジャーナリスト／元NHKプロデューサー 林勝彦ほか	金	13:00	プラザ	募集終了
30	歴史（川崎学）	村・共同体をみなおす―3回シリーズのまとめ	戦国史研究会 会員 中西望介ほか	土	10:30	プラザ・野外	募集終了

No	コース名	講座・ ワークショップ名	講師名（敬称略）	曜日	開始 時刻	会場	申込受 付状況
短期集中講座一覧							
101	短期集中	東アジアの指導者たち	東京大学教授 川島真ほか	木	16:30	新百合	募集終了
102	短期集中	映画監督の映画論	映画監督 伊藤俊也ほか	木	16:30	新百合	募集終了
宮前特別講座一覧							
201	宮前特講	トランプ政権の政策とアメリカ経済	横浜国立大学 名誉教授 萩原伸次郎	水	14:00	宮前	募集終了
大学連携講座一覧							
301	大学連携	素晴らしき舞台芸術イタリア・オペラをもっと知る―ベルカントとヴェリズモ	昭和音楽大学 教授 小畑恒夫ほか	水	11:00	昭和音大	募集終了
地域協働講座講座一覧							
A	健康	スポーツ医学の意義と実践―スポーツ医科学とエクササイズ	聖マリアンナ 医科大学教授 藤谷博人ほか	月	15:00	プラザ・野外	募集終了
B	生活	認知症の理解を深める―脳を活性化して生き活きと	日本医科大学 臨床心理士 山下真里ほか	水	13:30	プラザ	募集終了
C	企業連携	地域社会に貢献している川崎の会社と人々　その15	市内企業の代表と研究者ほか	木	13:30	プラザ・野外	募集終了
D	教育	後悔しない、6歳からの子育て	英国認定カウンセラー 前田節子	金	10:00	プラザ	募集終了

講座の内容を決めている。世話人の役割とは別に、講座内容の企画にも受講生の参加がある。こうしたエクセレントの講座形式も軌道に乗り定着してきている。

それぞれの講座内容はホームページに詳しく紹介されているので参照してもらうとして、ここで触れておきたいのは地域協働講座で健康、生活、企業連携、教育のコースで各一講座開設されている。ワークショップを含めた開設講座は大学教員や研究者、専門家で構成されるカリキュラム企画・編成委員会が決定しているが、地域協働講座はＮＰＯ法人かわさき市民アカデミーの運営に完全移行した二〇一一年度から始まり地域社会密着・市民参加の方向性を受けてＮＰＯ法人が川崎市生涯教育財団と共同で企画、運営している。将来的にはこれまでの講座群に加えかわさき市民アカデミーの主軸の一方に発展するのが期待されている。

地域協働講座の現状は試行錯誤を経ながら徐々に安定化しつつある。例えば、受講生が集まる講座がある一方、あまり集まらない講座もある。受講料収入による経営上の要請もあるから受講生が多い方が望ましいが、そればかりを重視するわけにもいかない。この講座に適した内容の科目の開発もしなくてはならない。二〇一七年度秋学期には、健康（スポーツ医学の意義と実践）、生活（認知症の理解を深める）、企業連携（地域社会に貢献している川崎の会社と人々、その一五）、教育（後悔しない、六歳からの子育て）が開講されている。採算性が厳しく問われる中で、人数が少なくても熱心な受講生がとくに多い講座もあり、また、修了後に学習内容を活かした地域活動への期待もあるので、講座名の地域協働を内実化する科目開発の試みが続いている。例えば、発達障害や傾聴ボランティアの講座修了者の中から地域でグループを立ち上げて活動している人たちが現れている。

ＮＰＯ法人が設立されて二〇一七年度でちょうど一〇年となる。地域協働講座の科目開発はＮＰＯ法人の企画面の役割であり独自性も期待されている。講座全体の運営は安定してきたので、これからの一〇年を見通し地域と市民に根差した学びの内容を創り上げつつある。

かわさき市民アカデミーの特色は、民間のカルチャーセンターと違い受講料を極力抑えている点と、趣味や資格取得を目的とするの講座類は開かないという点にある。語学や趣味の講座を増やせば受講生は集まるであろうがそうした方針はとられていない。この背景には、内容の充実した講座を提供してきたアカデミーの実績と伝統がある。

（大学が提供する生涯学習の場合）その学校の先生がたが主に講師になると思うんですけど、かわさき市民アカデミーは、これだけいろんな著名な先生がたや先端技術を持っている研究者の人たちが、先生のほうからこちらにやって来てくださって授業をしてくださる。だからここにいれば、いろいろな大学の先生がお見えになったり、北海道から先生がお見えになったり、ノーベル賞の白川先生がお見えになったりとか。先生のほうから来てくださってるってところが大きな特徴の一つではないかなと思ってます。（事務局スタッフ）

著名な専門家や研究者が講師を引き受けてくれるようになったのは、彼ら個々人の力量の高さだけでなく、その人たちのネットワークで新たな講師が決まっていくというもう一つのインフォーマルなシステムができているからである。これは、開学のときの篠原一氏の尽力で始まり、以後世代交代は少しずつ始まってはいるが現在まで続いている伝統である。心意気に感じ低額の講師料でも引き受けてくれる講師たちに、事務局スタッフは「身が引き締まる思い」であるという。

⑤受講の目的と動機、受講生の運営支援

かわさき市民アカデミーが二〇〇八年度から二〇一一年度まで実施した受講者アンケートによると、テーマがおもしろい、講師が良い、生涯学習に関心がある、仲間づくり、受講料が安いといった項目が上位に入っている。ＮＰＯ法人が運営主体となった二〇一一年度と前年度にはこれらに、地域貢献が加わっている。

アカデミーの事務局には運営支援の受講者や修了者が常時出入りしていて、さながら共同オフィスのようになっている。最近の傾向として、企業でばりばり働いてきた人がリタイアして、これからどうやって地域に貢献していこうかといったことが雑談での話題になっている。

（リタイア後）自分の時間をどういうふうに過ごそうかということで、知的好奇心を満たすような所に参加しようっていうことで。今まで例えば理系だった方たちは、理系ではなくて日本の文化について歴史について学びたいとか、あとは世界の歴史ですとか経済ですとか文科系のことを学びたいって方も多くいらっしゃいますし、反対に経済のほうを大学で学ばれた方たちが、理系の最先端の技術が今どうなっているかっていうことは、そういうチャンスがなかった。大学では学べなかったことが、うち（アカデミー）は科学も充実していますので、そういう理系のほうに進まれる方もいらっしゃいますし、あとは仲間づくりを中心として外を歩きましょうという体力づくりですとか自然学ですとか、結構環境について学びたいっていう人も多くいらっしゃいます。（事務局スタッフ）

⑥受講者の運営参加の実態

運営世話人制度っていうのがあるんですね。全部の講座に、受講生で普段受講料も払ってる受講生なんですけど、受講生自身の有志の方が世話人っていって、いろんなコンピューターの準備したりだとかエアコンスイッチ入れたりとか、そういう準備を受講生有志がやってると。そうすると、例えば資料を印刷するとかいうのも、事務局スタッフだけじゃなくて、各講座に世話人さんが数人ずついて、もう事務所に年中来て支度をするんです。そうすると先週の授業はこうだったとか、これから来る先生はこうだとかいう話がほぼ毎日飛び交ってるっていう感じになるんで。……今も皆さん、事務所の中のぞいていただくと分かるように、五、六人はあそこに座って作業してて。……ですので年中事務所の扉が開いてて、印刷機がちゃがちゃして、スタッフも二〇人か三〇人の市民の方とほぼ毎日しゃべるような状況で。（事務局スタッフ）

資料の印刷、受付と資料配布、機材の搬入とセッティング、野外活動での安全管理などを有志の受講生が担っている。三一〇名近くが受講料を払いながら、手弁当で参加している。事務所の中は職員と世話人の共同オフィスのような感じで、資料類の段ボールが壁側に並べられTシャツの女性数名が働いていた。世話人会の代表はNPO法人の理事にもなっている。

現在、事務局職員は女性二名、男性一名の三名だけであるが年間一〇〇以上の講座を運営している。以前は七、八名いたが、世話人制度が確立してきたことによりこれだけの規模を回せる状態になった。つまり、表には出ないのでわかりにくいのだが人件費換算的に考えれば、すでに世話人としての受講生の自発的運営参加がアカデミーの活動に不可欠となっている。つまり、事務局の職員と世話人との間で役割分担の体制ができていて、職員は事務員的な雑務をするのではなく、講座自体にも結構関与している。ただ、講座の企画編成委員会に委員として参加しているわけではないが、検討プロセスに受講生のニーズを反映させる役割をとっている。

一緒に受けた講座で仲が良くなり仲間で飲み会をするようになる。経歴はいろいろだがこうした交流で自然とそれぞれの人となりもわかってきてその中から芋蔓的に世話人になる人が出てくるという、仲間づくりの〝方法論〟ができている。女性も活躍している。

ただ、地域協働講座は新しい人ばかりなので、運営世話人がいない。

世話人の人たちの集まりとしては、まず代表世話人会議がある。日常的な運営の中での問題点を出し合って、改善方法を検討する。ただ、後述するように完全に機能しきれていてない部分もあり課題となっている。

⑦修了生の市民活動

二〇一六年度の活動報告書によると、修了生が組織して活動しているグループは設立当初からのものを含めると五六存在している。中には受講中からの参加者もみられるという。活動分野とグループ数でみると、自然環境保護分野で二七、このうち川崎学修了者のものと明記されているものが八グループ、地域福祉分野で一九グループ、この中で最も多いのが傾聴ボランティアで九グループ、次いで高齢者福祉が五グループ。芸術文化分野では六グループ、青少年育成・生涯学習分野で四グループとなっている。同一内容で設立年度が分かれているのは、修了年度ごとのまとまりで組織されていることと、傾聴ボランティアのように理論と手法でスタイルが分かれているといった場合である。

この中で注目されるのが、青少年育成・生涯学習分野に区分されている「かわさき市民フロンティア」というグループで一九九六年に五〇名で構成され、現在は七五名登録であるが高齢などのため実働が六〇名ほど、このうち中心となっているのは一〇名と言われる。これはかわさき市民アカデミーのOB会に当たる。

学んだ成果をさらにもう一回違う場所でまた講師呼んだりして学ぶと同時に、ここのOB会フロンティアがこっちのかわさき市民アカデミーの運営そのものを一昨年（二〇一五年度）から担ってくれるようになって、経理上は外注委託っていう感じで取ってるんですけど、OBの方が先ほどの世話人さんとはまた別に、もっと世話人さん以上に仕事として、有給スタッフとしてこのOB会が、三浦半島、伊豆半島、富士山に行くといった野外の活動の安全管理を担ってくださったりとか、あと事務局が他会場へ行って携われない場合に、そういう方たちが行って運営してくださったりとか大活躍してくださる。本当にしっかりとしたOB会で、友の会という会報誌も出していますし、あと一般の受講生体験学習ですとか学習会だとか、そういう催しを自分たちで企画して、呼び掛けて講座をつくってます。

（事務局スタッフ）

その一方で受講しただけの人が多いのも事実であり、自身の関心で受講しそれで満足している教養志向のタイプである。NPO法人としては受講後に地域協働講座を介してそうした人たちを取り込みたいのだが、一部の講座でしか社会還元できていない。実際に自分の住んでる町内会の問題などはあっても、そこへは関心がつながりにくい実態がある。ＮＰＯ法人としては地域に密着した社会問題に取り組んでいる他のＮＰＯ法人と比べると存在感の薄さを感じることもあるが、このＮＰＯ法人特有の設立経緯があったにせよ、まず実績としてかわさき市民アカデミーの運営を完全に担い、そこから地域密着の方向で講座開発に取り組もうとしているわけでそこに今後の可能性があると考えられる。

⑧今後の展望

かわさき市民アカデミーの課題の一つは、やはり採算性の問題である。経理の管理を徹底し実績をもとに講座の議論を重ねている。先にも触れたように、受講料収入が多い講座を増やし少ない講座を減らすというわけにはいかないので、存在意義をかけた試行錯誤は続く。受講料値上げの話は検討されていないので現状の運営枠組みでバランスが取れた状態にあるといえるが、川崎市の助成動向如何によっては早晩この問題を検討することになるかもしれない。

もう一つは世話人制度で、一〇年が経過し言わば第一世代の人たちには自分たちが手弁当でどんどんやらなければこの市民アカデミーは盛り上がっていかないという機運があったが、高年齢化してきたため最近一名二名残してほぼ世代交代している。その結果、年齢は下がったが世代による価値観の違いも出てきて、世話人制度に対しても見直しが必要になってきている。

展望に関しては、受講生の拡大、現在の六、〇〇〇人を七、〇〇〇人に、さらに大目標として一万人を目指そうといった声もある。

同時に、高齢者だけを対象にするのではなく地域社会につながる部分での講座展開を考えていくことと、かわさき市民アカデミーの伝統でもある人文系、教養系の講座の継続である。アカデミーでの受講生の関心は高く、例えば日本史の講座は年中抽選になるし文学は一六〇人教室でいっぱいとなるなど人文系は盛況である。また、先述したオムニバス方式のエクセレント講座は人気があり、一〇〇人越えは当たり前で一五〇人以上で抽選になっている。

かわさき市民アカデミーを取り巻く状況は厳しいが、現在の日本社会における市民大学の果たすべき役割とNPO法人のあるべき姿について明確な問題意識がある。地域の諸問題にスピーディーに対応する、あるいは、対応できる組織体としてのNPOの特性をどう活かしていくべきか。そして、そうした組織が市民大学の運営を担うとき新たな展望も開かれる。

大学というところは、どのような学部に所属していようが社会的諸課題につねに敏感で、問題を見つけ出し、分析し、批判をし、なんらかの解決策を模索する役を担っているはずである。そして大学における研究、思索の成果をより広く市民に伝えようとするならば、市民大学は重要な位置にあるといえる。もし、正規の大学が思索を十分にできないほど落ち着くことができない場となってしまっているならば、一歩進んで市民大学は一時避難所にもなることができるかもしれない。

実際、（かわさき市民）アカデミーの場合、さまざまな社会的経験をもつ受講生が講師をつとめることがあり、研究者の方が刺激を受けるという場面が少なからずある。また、文学、思想、植物学、地学など、大学では学生の就職に直結しないとして敬遠される傾向にある分野に受講生が多く集まっていることも特徴である。

市民大学が担う領域は拡がりつつあるのではないだろうか。（西山、二〇一五、二四頁）

⑨受講生から講座企画までを経験して[13]

本書では、学ぶシニアの姿を多角的に理解しようとしているのであるが、研究の参照軸としてイギリスのU３A（University of the Third Age）の基本理念をおいている。詳しくは第六章になるが、それは社会学者ピーター・ラスレットのテーゼ「those who teach shall learn, those who learn shall also teach（教える者も学び、学ぶ者も教える）」である。シニアはただ自分が学ぶだけでなく、内容によっては自分が教えることもできるし、皆が学び合えるようにプログラムの運営を補助することもできる。かわさき市民アカデミーにおいても、受講生の多くが世話人として講座の運営に不可欠の役割を担っている。現状では学ぶ側が教えるという展開はなかなかむずかしいのも事実であるが、アカデミーで講座を受講したのちに地域協働講座として新たな講座を企画し実施したシニアの経験をみておこう。

1　かわさき市民アカデミーとの出会い

私は一九四八（昭和二三）年生まれの団塊の世代で、六五歳で企業を退職、時間が出来、前から生命科学や音楽に関心があったのでインターネットで検索し「広がる生命科学の世界」と「音楽Ⅱ」を受講したのが「かわさき市民アカデミー」との始まりです。受講者の大半はシニア層で受講料は他と比較しても割安であり、講師はその分野の専門家や学識経験者で受講生も知的好奇心が高く質の高い内容になっていて、その後も「傾聴ボランティ

13　この項は本研究プロジェクトの研究協力員の一人である小川文男氏の報告を木下が編集したものである。小川氏は立教セカンドステージ大学で二年間学んだ後、かわさき市民アカデミーの講座を受講し、さらにそれまでの学びの経験をもとにアカデミーに新しい講座を企画、提案し実施した経験をもつ。

ア講座」などを受講しました。

2　講座企画の概要

市民アカデミーの講座は年間一〇〇程あるが、高齢者を対象とした「生きがい＋就労（社会参加）」の具体的事例の講座はなく、講師も大学教授、学識経験者や専門家ばかりであった。早速、講座の企画書づくりに取り掛かって見たものの、どのような内容で誰を講師にして講座を構成したらいいのか全く見当がつかないまま、自分だったらばどのようなことを知りたいか、学びたいかをベースに企画書に取りかかった。企画書については企業時代に作っていたが今回のような高齢者を対象とする講座の企画は初めてであり、またフォーマットも定められていなかったため戸惑いもあったが、どのような点に力点・ポイントを置くか、また我々の強みは何か、そして従来とは違う点を強調して作成することにした。

講座名を「生涯現役を生き抜くためのヒント：セカンドライフの就労・社会参加の関わり方について」とし、どのように豊かで充実したセカンドライフを過ごせば良いのかを、前半は高齢期ライフステージと健康・生きがいや高齢者就労の現状や課題、後半は社会貢献＋就労について実務を経験した専門家の講義により、セカンドライフの就労、社会参加の関わり方などを理解し、生涯現役を生き抜くためについて学習することとした。

八月下旬に書面審査は通過したとの知らせを受けましたが、受理されたものの一次審査をパスするとは思っていなかったので正直なところ驚きであった。その後、九月中旬に二次審査が行われ九月下旬に最終審査会に諮られ最終決定となった。その間、何度かアカデミーに出向いていろいろな質問などを受けた。

一一月下旬には受講者向け案内のパンフレットに四〇文字程度で講座の内容を適切に表し、受講したくなるようなキャッチーな文言の作成、これが受講者を集めるうえでも相当影響があるということで、事務局を交えて何回も摺り合わせを行い最終的に決まったのが、以下の内容です。

講座名は「新たなセカンドライフの創造」で期間は五月一六日から六月二〇日の五回、定員は七二名、毎回一三時三〇分から一五時で、講座概要は「高齢期のセカンドライフの創造に向けて、自分らしい生き方を通して生涯現役を貫き、地域の課題解決に貢献できる活動・働き——生きがい就労——をするための具体的な事例が学べる講座」受講生の募集期間は二〇一七（平成二九）年一月一〇日から二月二四日。こうして受講生募集のパンフレットづくりまで漕ぎつけることが出来た。

3　受講者募集

さて、次の大きなハードルは一体この講座に受講者は何人来るのか、集められるのかということで大変不安でもあった。二月一七日で三三名の申込みとなり、二六日は五七名、三月三日は六五名、最終の三月末はなんと定員いっぱいの七二名の申込みとなり、これは地域協働講座始まって以来の申込者数となった。その後、講座開始までに都合で辞退された方があり、最終受講者は六八名となった。

私の役割はコーディネイターとして講師と市民アカデミーとの調整役なので本年（二〇一七年）四月からは予め講師に依頼して講座内容をパワーポイントにしてもらった資料の内容確認および五回の授業を通しての整合性のチェックなどを行いました。

4　講座の実施と終了後

五月一六日、いよいよ第一回の講座スタートの日です。受講者数は六八名（男性三九名、女性二九名）で一回目の出席者は五四名であった。事務局より簡単な説明とプロフィールの紹介、講師も市民アカデミーは初めての経験なので少し緊張気味で簡単なワークショップを交えてスタート。講座の二回、三回は活動事例、四回目は生きがい就労の新たなタイプの紹介、五回目は講座の締めくくりとしてサクセスフルエイジングをテーマとして講義、無事全講座終了した。

講座終了後に講座で学んだことを社会や地域で生かしてゆくことを目的に研究会を立ち上げたいとの呼びかけに対して検討したいという受講者が二一名いて仕事などの都合で一四名で七月から月に一回、第三火曜日の午後から研究会を男性六名、女性八名、それにアカデミーで講師をされた二名とスタッフ三名の一九名でスタートした。年齢は六〇代前半から八〇歳までと幅広く、キャリアも長く研究機関で仕事をされていた人、公務員、営業職、ケアマネージャーや介護関係に携わっている人などさまざまである。研究会に入った動機を何人かに聞いたところ、八〇歳の男性は地域へ何かお手伝いが出来ればとの思いや、今まで一五年くらいアカデミーで講座を毎回三、四つほど受講したがこの様な取り組みがなく何か面白そうなのでとか、又別の六〇代の男性は何かしたいという思いはあるものの一人ではどうしたら良いのか分からなかったので研究会に参加してみることにした等と言っていました。

5　講座企画を経験して

（二〇一七年）九月中旬にアカデミーから来年の計画について打ち合わせしたいとの連絡が入り、今回の講座の受講生のアンケート結果なども取り入れて企画提案書を作って主旨、内容などを説明、いくつかの指摘事項や何度かの打ち合わせおよび企画検討委員会などを経て、来期も講座を開講することが決った。

最後に今回の講座の企画から研究会まで携わってみて、一人では実現がむずかしいことでも、何人か同じような人が集まれば当初の思いとは違ったとしても、何らかの形が見えてくることと、動き回っていると人と人との繋がりやネットワークが生まれてきて、これは誰々さんが詳しく専門家も知っているとか、今までとは分野も経歴も違った人達と出会うことができ、そこから新たな人間関係も生まれた。

何から何まで初めての経験なので結構纏めるのにも時間がかかり大変でしたが、現役のサラリーマン時代とはまた違った刺激を受け新鮮な気持ちで取り組めたことと、何よりにも増していろいろな人と交流が出来たことがこの講座を通して一番大きな財産となった。

5-2　なかの生涯学習大学――地域へ、そして、学びの幅を広げつつ地域へ[14]

①なかの生涯学習大学の概要

なかの生涯学習大学は、中野区・中野区教育委員会が主催するシニアを対象とする三年制のプログラムである。概要はホームページ（http://www.city.tokyo-nakano.lg.jp/dept/403200/d024032.html）で紹介されており、年度ごとの募集案内パンフレットで詳しい情報が提供されている。ここでは二〇一七年度を例にみていくが、募集が終了していてもその年度のパンフレットはホームページ上で公開されているので、参考になる。

区の教育委員会が主体となって立ち上げてきた点が特徴である。

入学資格は、入学時に満五五歳以上八〇歳未満の区内在住者であることであるが、定員に満たない場合は五五歳未満であっても認められる。他に、年間を通じて健康な状態で受講できることや、社会情勢や地域での暮らしや活動に関心があること、他の受講生と協力して運営にかかわることができること、そして、過去になかの生涯学習大学や前身のことぶき大学に在学経

14　ヒアリング調査は二〇一七年八月二四日に行った。

験がないことである。三年間のプログラムとして構成されており、修了者は繰り返しての入学はできない。

学習のねらいは、学びを通じて人と人とがつながり、活動へとつながり、さらに地域社会づくりにつながることを目指している。つまり、地域の中での新しいライフスタイルの創造、共に学び合いながら地域のために活動する意欲の醸成、必要な知識や技術を高めて地域活動への主体的参加の促進を図ることが目的とされる。実際の学びの場として、また、修了後の活動の場として地域が位置付けられていて、三年間の学習が地域社会への志向性で体系的に組まれている。

定員は各学年二〇〇名で、二〇一七（平成二九）年度は計四〇七名が在籍している。会場は主に区の施設のZEROホール西館だが、第二、第三学年のゼミナール活動では、区内にある大学のキャンパスや民族資料館が使われる場合もある。春に、区報やホームページで参加募集の広報があり、入学希望者は往復はがきで申し込みをする。年間五、〇〇〇円の参加費を振り込めば入学手続きは完了する。

開催曜日・時間は学年によって違い、二〇一七年度は第一学年は木曜日午後一時三〇分～三時三〇分、第二学年は木曜日の午前九時三〇分～一一時三〇分、第三学年は水曜日午前九時三〇分～一一時三〇分が基本となっている。各学年、年間二二回（五月から一二月まで）、このうち開講式や閉講式・卒業生企画イベントは全学年共通で開催される。学年合同形式は行事日だけでなく、もう一つある。前半期の「地域学習⑴：地域の仲間と語ろう」と後半期の「地域学習⑵：地域の活動を探る」で、学年の重なりを入れることで互いに知り合い、地域について一緒に学ぶよう企画されている。また、全体のカリキュラムは基本的に事務局が策定しているが、前期と後期に受講生にアンケートを行い、講義の評価と希望を把握し、次年度の運営に反映させている。後述のカリキュラムにある「死別の悲しみに寄り添う」ゼミの新設は、その一例である。

年次別では二年次には受講生の知的関心や問題意識に応じたゼミが開講され、二〇一七年度では介護予防、歴史・文化、多文化共生、世代間交流がテーマとなっている。ゼミは六回行われる。最後の会にはゼミ発表会が行われるので、学習内容の共有と実践内容について各グループでプレゼンテーションの準備しなければならない。ゼミによっては、大学のキャンパスで現役学生との合同ゼミも行われている。

三年次にはゼミとワークショップが大きな比重を占め、前半期に二年次のゼミと新規の「死別の悲しみに寄り添う」が加わっている。二年次から三年次にかけてのゼミ履修は同じゼミの継続でもよいし、変更してもよい。最後のゼミで発表会を行うのは二年次と同じである。三年次後半には修了後に向けた地域行動計画策定のワークショップ「学んだ成果を地域にいかそう」がおかれ、地域でフィールドワークを行いそれをもとに策定した計画内容の発表会がある。外国人住民も巻き込んでのコミュニティカフェを始めるとか、児童館で野菜や花を栽培するなどといったテーマで、それぞれの班が自分の地域での行動計画を作り修了後の活動実践の指針となる。

全体を示したのが、次の図5－1である。

卒業後の具体的な活動に向けて、夏休み中にそれぞれの地域で「調べ学習」をし、自分たちができることをまとめた「行動計画」を作成して、ゼミ発表会に臨む。

開講式を除く全二一回のうち一四回以上の出席があれば、進級・卒業できる。

地域社会とのつながりを重視するなかの生涯学習大学のもう一つの特徴は、居住する地域を単位とした働きかけで、受講生は一年目に同じ居住地域（区民活動センターエリアを基準）の人たちで構成される班に所属する。したがって、班は一年次から三年次までの受講生で構成される。先に述べた全学年共通の「地域学習一・二」はこの班ごとの学習となる。

中野区内の大学や関連機関との連携によるカリキュラムの充実も近年精力的に行われており、

図5-1　2017年度カリキュラム（なかの生涯学習大学）[15]

なかの生涯学習大学
平成29年度
第1学年

《ねらい》現代社会の課題や現状を学び、仲間とともに地域の課題を考え合い、中野区について理解を深めます。

◆主な会場 なかのZERO小ホール◆

回	月日	曜日	時間	テーマ	講師
1	5/11	木	午後2:30 ～5:00	開講式・記念講演（公開対談）「フィルム文化の魅力」* オリエンテーション（1） ◆会場：なかのＺＥＲＯ大ホール◆	映画監督、脚本家　山田 洋次 氏 対談者・映写技師　鈴木 文夫 氏 司会・東京国立近代美術館フィルムセンター　冨田 美香 氏
2	5/18	木	午後1:30 ～3:30	仲間とともに学びあう楽しさ オリエンテーション（2）	東京学芸大学教育学講座准教授 倉持 伸江 氏
3	5/25	木	午後1:30 ～3:30	心がつたわる　ことばの力 ～よりよいコミュニケーションのために～	元(財)NHK放送研修センター理事・日本語センター長 岡部 達昭 氏
4	6/1	木	午後1:30 ～3:30	上手な医者のかかり方 ～生活習慣病の予防～	新渡戸文化短期大学名誉学長・医学博士 中原　英臣 氏
5	6/8	木	午後1:30 ～3:30	人がつながるまちづくり	東海大学工学部教授 加藤 仁美 氏
6	6/15	木	午後1:30 ～3:30	2025年問題を救う生涯学習	東京大学大学院教育学研究科教授 東京大学高齢社会総合研究機構副機構長(兼任) 牧野 篤 氏
7	6/22	木	午後1:30 ～3:30	伝えよう！日本の心 ～能を中野から発信～	梅若インターナショナル代表取締役 梅若 幸子 氏
8	6/29	木	午後1:30 ～3:30	くらしの中の法律	元日本弁護士連合会会長・弁護士 平山 正剛 氏
9	7/6	木	（別途案内）	地域学習（1）「地域の仲間と語ろう」（1学年・2学年・3学年合同） ◆会場：なかのＺＥＲＯ学習室など◆	
10	7/13	木	午後1:30 ～3:30	今日の経済と環境の危機を考える ～学びから行動へ～	帝京大学教授・一橋大学名誉教授 寺西 俊一 氏
11	7/20	木	午前10:00 ～12:00	合同学習「自由な発想で地域貢献と健康長寿～だがしや楽校の魅力～」 ◆会場：なかのＺＥＲＯ小ホール◆	尚絅《しょうけい》学院大学特任教授　松田 道雄 氏
12	9/7	木	午後1:30 ～3:30	中野の歴史と徳川将軍家	東京学芸大学副学長 大石 学 氏
13	9/14	木	午後1:30 ～3:30	「井上円了と哲学堂」入門	東洋大学ライフデザイン学部教授 東洋大学井上円了研究センター研究員 三浦　節夫 氏
14	9/28	木	午後1:30 ～3:30	グローバル化する世界と日本	青山学院大学国際政治経済学部教授 世界国際関係学会(アメリカ)副会長 羽場 久美子 氏
15	10/5	木	午前10:00 ～12:00	青空教室「名勝・哲学堂公園で語り合おう」 ◆会場：哲学堂公園◆　☆雨天の場合は10／6（金）	
16	10/12	木	午後1:30 ～3:30	高齢者福祉の現状と課題 ～助けあい支えあう地域づくりをめざす中野のまち～	明治学院大学社会学部教授 河合 克義 氏 協力:中野区町会連合会、中野区社会福祉協議会
17	10/19	木	午後1:30 ～3:30	日常生活に活かすホスピタリティ （おもてなしの心）	帝京大学短期大学教授 河野 正光 氏
18	10月下旬 ～11月上旬		午後2:00 ～4:00	地域学習（2）「地域の活動を探る」（1学年・2学年・3学年合同） 10／25、10／26、11／1、11／2のうち1日（予定）※日程は別途案内 ◆会場：各区民活動センター◆	
19	11/9	木	午後1:30 ～3:30	ともに生きる ～どう活かすあなたのチカラ～	一般社団法人　みつ蜜代表 明治学院大学名誉教授 中野 敏子 氏
20	11/16	木	午後1:30 ～3:30	超高齢社会の減災対策	一般社団法人　減災・復興支援機構理事長 木村 拓郎 氏 協力：中野区防災分野
21	11/30	木	午後1:30 ～3:30	世代をつむぎ、地域をつくる ～「社会参加」は健康の源～	東京都健康長寿医療センター研究所 チームリーダー（研究部長）・医学博士 藤原 佳典 氏
22	12/7	木	午後1:30 ～4:00	閉講式・卒業生企画イベント ◆会場：なかのＺＥＲＯ大ホール◆	

*印の講座＝講師招聘協力（公財）上廣倫理財団

なかの生涯学習大学

平成29年度

第2学年

《ねらい》 後期ゼミナール学習をとおして、自分に合った地域課題を理解し、実践活動に向けた基礎知識やスキルを学びます。

◆主な会場 なかのZERO小ホール等◆

回	月日	曜日	時間	テーマ	講師
1	5/11	木	午後2:30 ~5:00	開講式・記念講演(公開対談)「フィルム文化の魅力」* オリエンテーション ◆会場:なかのZERO大ホール◆	映画監督、脚本家 山田 洋次 氏 対談者・映写技師 鈴木 文夫 氏 司会・東京国立近代美術館フィルムセンター 冨田 美香 氏
2	5/18	木	午前9:30 ~11:30	新しいつながりを広げる生涯学習	NPO全国生涯学習まちづくり協会理事長 事業構想大学院大学同研究所客員教授 福留 強 氏
3	5/25	木	午前9:30 ~11:30	食べること　生きること ~最期まで口から食べられるために~	ふれあい歯科ごとう代表・歯学博士 五島 朋幸 氏
4	6/8	木	午前9:30 ~11:30	介護保険と高齢者住宅の現状	有料老人ホーム・介護情報館館長 中村 寿美子 氏
5	6/15	木	午前9:30 ~11:30	後期ゼミ学習に向けて ~4コースのゼミガイダンスと申込み~	奥田 文子 氏、藤森 宣光 氏 佐藤 美和 氏、白鳥 惠子 氏
6	6/22	木	午前9:30 ~11:30	シニアユーモリストが時代を啓く ~笑い学と老年学の遭遇~	高千穂大学人間科学部教授 小向 敦子 氏
7	6/29	木	午前9:30 ~11:30	暮らしとともにある民俗芸能(伝承芸能)	民俗芸能学会代表理事 高山 茂 氏
8	7/6	木	(別途案内)	地域学習(1)「地域の仲間と語ろう」(1学年・2学年・3学年合同) ◆会場:なかのZERO学習室など◆	
9	7/13	木	午前9:30 ~11:30	人生100年時代を豊かに活き続けるためのICT	(公財)ダイヤ高齢社会研究財団・主任研究員 澤岡 詩野 氏
10	7/20	木	午前10:00 ~12:00	合同学習「自由な発想で地域貢献と健康長寿~だがしや楽校の魅力~」 ◆会場:なかのZERO小ホール◆	尚絅《しょうけい》学院大学特任教授 松田 道雄 氏
11	9/7	木	午前9:30 ~11:30	アートで広げるコミュニケーション ~街を描いて街を知る~	東京工芸大学芸術学部教授 笠尾 敦司 氏
12	9/14	木	午前9:30 ~11:30	介護予防実践ゼミ(全5回) ~老いを愉しむ~ ①~⑤ 早稲田大学大学院非常勤講師 奥田 文子 氏 ◆会場◆ 中部スポーツ・コミュニティプラザ 歴史・文化ゼミ(全5回) ~地域の歴史と文化にふれる~ 中野区立歴史民俗資料館 ①④学芸員 藤森 宣光 氏 ②学芸員 北河 直子 氏 ③⑤学芸員 栩木 志野 氏 ◆会場◆ 中野区立歴史民俗資料館 多文化共生ゼミ(全5回) ~多文化共生はじめの一歩~ ①~⑤ TCC日本語学校講師 東京福祉大学非常勤講師 佐藤 美和 氏 ① 一般財団法人 ダイバーシティ研究所代表理事 田村 太郎 氏 ② 明治大学国際日本学部教授 山脇 啓造 氏 ③ 明治大学国際日本学部長・教授 横田 雅弘 氏 ◆会場:なかのZERO学習室◆ 世代間交流ゼミ(全5回) ~世代をつなぐ学校と地域の支援~ ① 早稲田大学文学学術院教授 増山 均 氏 ①~⑤ 元中野区立大和小学校校長 白鳥 惠子 氏 ◆時間・会場◆ ③10:00~12:00中野区立桃花小学校 ◆会場◆ ①②④⑤なかのZERO学習室	
13	9/21	木	午前9:30 ~11:30		
14	9/28	木	午前9:30 ~11:30		
15	10/5	木	午前9:30 ~11:30		
16	10/12	木	午前9:30 ~11:30		
17	10/19	木	午前9:30 ~11:30	地域の実践活動と今後に向けて ~ゼミ発表会~	奥田 文子 氏、栩木 志野 氏 佐藤 美和 氏、白鳥 惠子 氏
18	10月下旬 ~11月上旬		午後2:00 ~4:00	地域学習(2)「地域の活動を探る」(1学年・2学年・3学年合同) 10/25、10/26、11/1、11/2のうち1日(予定)※日程は別途案内 ◆会場:各区民活動センター◆	
19	11/9	木	午前9:30 ~11:30	世界の街角から中野を考える	明治大学教授・元東京都副知事 青山 佾 氏
20	11/16	木	午前9:30 ~11:30	日本人・その心と文化 ~日本文化の特徴と宗教観~	駒澤大学名誉教授 佐藤 憲昭 氏
21	11/30	木	午前9:30 ~11:30	健康長寿をめざして ~老化を理解するための科学~	埼玉セントラル病院院長 日本基礎老化学会名誉会員 丸山 直記 氏
22	12/7	木	午後1:30 ~4:00	閉講式・卒業生企画イベント ◆会場:なかのZERO大ホール◆	

*印の講座=講師招聘協力(公財)上廣倫理財団

なかの生涯学習大学
平成29年度
第3学年

《ねらい》より実践的な学習やグループワークをとおして、卒業後の地域・社会活動に必要となる知識や技術をさらに高めます。

◆主な会場 なかのZERO小ホール等◆

回	月日	曜日	時間	テーマ	講師
1	5/11	※木	午後2:30～5:00	開講式・記念講演(公開対談)「フィルム文化の魅力」* オリエンテーション ◆会場：なかのＺＥＲＯ大ホール◆	映画監督、脚本家 山田 洋次 氏 対談者・映写技師 鈴木 文夫 氏 司会・東京国立近代美術館フィルムセンター 冨田 美香 氏
2	5/17	水	午前9:30～11:30	学んだ成果を地域に活かそう（1回目/全6回）	社会情報大学院大学客員教授 坂本 文武 氏
3	5/24	水	午前9:30～11:30	学んだ成果を地域に活かそう（2回目/全6回）	東京学芸大学教育学講座准教授 倉持 伸江 氏 ※２クラス担任制（坂本クラス、倉持クラス）
4	5/31	水	午前9:30～11:30	介護予防実践ゼミ（全5回）～地域での健康推進をめざして～ ①②⑤帝京平成大学健康メディカル学部准教授 景山 剛 氏 ③④⑤帝京平成大学現代ライフ学部講師 原田 長 氏 ◆会場◆帝京平成大学中野キャンパス 死別の悲しみに寄り添うゼミ（全5回）～入門・悲嘆学～ ①～⑤東京福祉大学・大学院心理学部教授 鈴木 康明 氏 ◆会場◆なかのＺＥＲＯ学習室 歴史・文化ゼミ（全5回）～史跡めぐりマスターへの道～ 中野区立歴史民俗資料館 ①学芸員 藤森 宣光 氏 ②③⑤学芸員 北河 直子 氏 ④学芸員 栩木 志野 氏 ◆会場◆中野区立歴史民俗資料館 多文化共生ゼミ（全5回）～中野で始める多文化共生～ ①～⑤ＴＣＣ日本語学校講師 東京福祉大学非常勤講師 佐藤 美和 氏 ②④明治大学国際日本学部教授 山脇 啓造 氏 ◆日程◆ ②6/6（火）午後3:20～5:00 ④6/20（火）午後3:20～5:00 ◆会場◆ ①③⑤なかのＺＥＲＯ学習室 ②④明治大学中野キャンパス 世代間交流ゼミ（全5回）～子ども・若者世代との交流と相互理解～ ①～④早稲田大学文学学術院教授 増山 均 氏 ①～⑤元中野区立大和小学校校長 白鳥 惠子 氏 ◆日程◆ ②6/6(火) 午後1:00～3:00 ③6/13(火) 午後1:00～3:00 ④6/20(火) 午後1:00～3:00 ◆会場◆ ①⑤なかのＺＥＲＯ学習室 ②～④早稲田大学文学学術院キャンパス	
5	6/7	水	午前9:30～11:30		
6	6/14	水	午前9:30～11:30		
7	6/21	水	午前9:30～11:30		
8	6/28	水	午前9:30～11:30		
9	7/6	※木	(別途案内)	地域学習（1）「地域の仲間と語ろう」（１学年・２学年・３学年合同） ◆会場：なかのＺＥＲＯ学習室など◆	
10	7/12	水	午前9:30～11:30	地域の実践活動と今後に向けて ～ゼミ発表会～	景山 剛 氏、原田 長 氏、鈴木 康明 氏 北河 直子 氏、佐藤 美和 氏、白鳥 惠子 氏
11	7/20	※木	午前10:00～12:00	合同学習「自由な発想で地域貢献と健康長寿～だがしや楽校の魅力～」 ◆会場：なかのＺＥＲＯ小ホール◆	尚絅《しょうけい》学院大学特任教授 松田 道雄 氏
12	9/6	水	午前9:30～11:30	学んだ成果を地域に活かそう（3回目/全6回）	※２クラス担任制（坂本クラス、倉持クラス） 社会情報大学院大学客員教授 坂本 文武 氏 東京学芸大学教育学講座准教授 倉持 伸江 氏
13	9/13	水	午前9:30～11:30	学んだ成果を地域に活かそう（4回目/全6回）	
14	9/27	水	午前9:30～11:30	学んだ成果を地域に活かそう（5回目/全6回）	
15	10/4	水	午前9:30～11:30	学んだ成果を地域に活かそう ～全体発表とまとめ～（6回目/全6回）	
16	10/11	水	午前9:30～11:30	ようこそ「マザーグース」の世界へ	目白大学外国語学部教授 鷲津 名都江 氏
17	10/18	水	午前9:30～11:30	カフェからまちをつくる ～新しい地域づくりのヒント～	クルミドコーヒー店主 影山 知明 氏
18	10月下旬～11月上旬		午後2:00～4:00	地域学習（2）「地域の活動を探る」（１学年・２学年・３学年合同） 10/25、10/26、11/1、11/2のうち1日（予定）※日程は別途案内 ◆会場：各区民活動センター◆	
19	11/8	水	午前9:30～11:30	超高齢社会におけるシニアの可能性	お茶の水女子大学名誉教授 （社）シニア社会学会会長 袖井 孝子 氏
20	11/15	水	午前9:30～11:30	生涯学習社会を創るために私たちができること	社会情報大学院大学客員教授 坂本 文武 氏 東京学芸大学教育学講座准教授 倉持 伸江 氏
21	11/29	水	午後1:30～3:30	生きがいは人生を変える	ピアニスト・作曲家 島筒 英夫 氏
22	12/7	※木	午後1:30～4:00	閉講式・卒業生企画イベント ◆会場：なかのＺＥＲＯ大ホール◆	

（注）原則水曜日が受講日ですが、曜日に※が付いている日は木曜日が受講日となります。

*印の講座＝講師招聘協力（公財）上廣倫理財団

大学では平成帝京大学、東京工芸大学、東京学芸大学、東洋大学、明治大学など、関連機関は区内の国際交流協会、歴史民俗資料館、小学校などである。大学と連携したゼミ活動では実際キャンパスに出向いて現役生と一緒に学び、交流を図っている。

次に、現在までの歴史を簡単にまとめておこう。中野区の高齢者教育事業の歴史は古く、なかの生涯学習大学の前身である「ことぶき大学」は、一九七二年（昭和四七年）に開始している。当時は、高齢者の余暇の充実、仲間づくり、社会参加などが目的だった。

一九八一年に、「ことぶき大学院」が新設されて四年制になったが、二〇〇九年に大量の団塊世代が定年を迎えることになるのを機に、より地域における活動に繋がるようカリキュラムを変更し、名称も「なかの生涯学習大学」とした。設立当初の、シニア世代の余暇や社会適応を中心に考えるものからシニア世代が持つ力を社会貢献に繋げていこうという内容に変わってきたと考えられる。二〇一〇年で「ことぶき大学院」は終わり、三年制として現在に至っている。

②受講生主体の運営

運営は、区の健康福祉部文化・スポーツ分野生涯学習担当が事務局を担当し、運営全般や講師の選定、依頼などを行うが、各学年の運営は受講生が主体となって進めている。

上記のように受講生は区内の居住地域によって班編成がされていて、入学直後から班単位で運営委員と地域学習委員を選出し、協力し合う体制になっている。

運営委員は班のまとめ役で、メンバーへの連絡や出席表の最終確認、意見のとりまとめを行う。年四回の運営委員会に出席し、講座の進め方や内容の精査などについて協議をする。第三学年では閉講式の企画も行う。

地域学習委員は、年二回の地域学習委員会に出席し、春と秋に開催される「地域学習」科目の企画・運営を担当する。一年生から三年生の地域学習委員が中心となって、一四ある地域班ごとにテーマと学習内容を決め、会場確保、講師の招聘、関連資料の収集をし、当日の会場準備や進行管理のとりまとめをする。最後には、発表会で報告する。

毎回の講義には班当番がある。当番の班は、会場の設営、講師用の水差し準備、資料配布、着席誘導、後片付けを行う。司会役は講師紹介や講義終了後の質疑応答を取りまとめ、記録係は講義内容や感想をまとめて事務局に提出する。自らが準備・運営・片付けなどを行うことで、受け身の学びではなく主体的に学ぶ意識を促し、班で協働する体験の機会になっている。

15　なかの生涯学習大学パンフレット二〇一七年度版、より引用。

③修了後の受け皿——OB会（地域ことぶき会）

区内の一四地域に修了生のOB会が組織されている。それぞれのOB会ごとに、文化活動、旅行やハイキングなどのレジャー活動、学習支援、地域行事への参加などを企画・運営している。現役受講生の時から入会することもでき、修了後に途切れることなく地域に居場所を得て、社会的活動を続けていくことができる。受講生も参加する実質的活動組織が地域ことぶき会であり、老人会とは異なる地域組織となっている。入学すると、すぐにことぶき会の勧誘がある。ことぶき会は地域のための活動だけでなく、朗読会やバス旅行や講演会の開催など会員相互の交流を行う自主的な組織となっている。

先述のように、修了後の活動に向けてなかの生涯学習大学ではカリキュラム上の工夫がなされており、第二学年、第三学年と進級するにつれ、ゼミナール学習や実践的なグループワークを通して、学んだ成果を地域・社会活動へつなげていけるように計画されている。

現在、地域の児童館での花壇・菜園作りや環境学習、外国の方との文化交流の場としてカフェ運営、駅前で急な雨天の際に行う傘の無料貸し出しなど、様々な自主団体が活動している。他にも、区の施設内に設置された生涯学習大学専用の掲示板には、OBや受講生の活動の様子が紹介されており、生涯学習サポーター講座の様子や、小学校での朗読会のボランティア活動などを知ることができる。

生涯学習大学での学びをきっかけとして、地域の課題に関心を持ち、気づき、周りの人と協力しあって、少しでも住みやすい街づくりの担い手になっていくこと、そのような期待に受講生は応えていくことが望まれている。

④体験からの考察[16]

定年退職後に地域に戻る、といわれることがある。しかし、生まれ育ったとか、古くからの友人や親族がいるとかではないので、そもそも地域に「戻る」という意識がなかった。子どもが学童期には、それでも地域のお祭りやスポーツ大会参加など、子どもを通したつながりがあったのだが、夫婦二人の世帯となるとそれすらなくなっていて、地域とのつながりは町会の回覧板を回し合う程度だ。

16　この項は、立教セカンドステージ大学で二年間学んだ後、仕事をもちながら現在、中野生涯学習大学を受講している筒井久美子さんの報告を木下が編集したものである。筒井さんは本研究プロジェクトの研究協力員の一人でもある。

今後、高齢世帯でこの地に住み続けるとしたら、このままでいいのだろうか。災害時や、介護や介助が必要になった時などでも、安心して暮らし続けることができるだろうか。そのような思いを持つようになってきた。

そこで、区が開催している「なかの生涯学習大学」に通うことにした。地域との関わり方について、何かヒントが得られるではないかと思ったからだ。

五月、開講式・記念講演から大学が始まった。講義初日、会場に着くと、班ごとに振り分けられていた。なかの生涯学習大学では、居住地によって一四班に分けられ、会場の席もエリアが決まっている。近隣に住んでいる者同士なので、自己紹介すると自宅がわかってしまうことに少し違和感があった。事務局の説明の中で、地域、地域と連呼されることにも重たい感じがした。講義後には、地域のＯＢ会「ことぶき会」の役員の方から入会勧誘があったのだが、「ことぶき会」という名称に、一気に「老人会」の枠組みに入れられるような気がして戸惑った。

帰り道、メンバーの一人は、運営委員や地域学習委員の選出とか、ことぶき会への勧誘を受けて、「単純に講義を聴こうと思って入学したが、いろいろ面倒くさそうだ」と話していたが、私も「果たして面白いのだろうか」と少し弱気になっていた。

こうしてスタートしたなかの生涯学習大学。まだ一学年の途中であるが自分の経験をもとに、行政主導の高齢者大学の役割やシニア世代に及ぼす可能性について考えてみる。

1 簡単に始められる

区内在住者で五五歳以上であれば、年間費用五、〇〇〇円を支払うことで入学することができる。毎週木曜日の午後、月数回の二時間の講義に参加するだけなので、仕事や家事があっても通うことが容易だ。実は、私は後期になって出席回数を数えて青くなった。仕事の関係で欠席が続き、進級のための一四回の出席回数がギリギリの状態だったからだ。そんな頃、事務局から救済措置の説明があった。区内にある大学が主催する公開講座に参加することで出席日数にカウントできるという。シニア世代は突発的な体調不良や家族の介助など、さまざまな事情で出席できないことが起こりがちだが、このような助けがあれば進級をあきらめずに学びつづけることができる。

定年退職後、何をしようかと思っている時に広報誌を見て参加したという男性がいたが、学ぶことは思い立ったら一人で簡単に始めることができる。定期的に通うことで、生活のリズムができるのもいい。通学のために着替え、交通機関を使い、会場まで歩く。講義について意見交換ができる仲間もいる。今日の用事があって、人に会うということは必ず生活の張りになる。大学に通うことは、家にこもることなく、外出するきっかけになる。

2　新しい人間関係ができる

毎回、同じエリアに着席するので、班のメンバーと挨拶したり、講義の感想を言ったりしてだんだん親しくなっていった。残念ながら交流を深めるためのイベント「青空教室」には参加できなかったのだが、順番に回ってくる講義当日の班当番では、みんなで分担して行った。「誰が司会をする?」「集合時間は?」「資料の配り方は?」と運営委員が中心となって進めてくれて、無事終了できたときは、みんなでささやかな達成感を味わった。OBの活動を一緒に見学に行こうという話も盛り上がり、入学当初に比べて馴染んでいる自分に驚く。

班編成が窮屈に感じた時期もあるが、まずは居住地の周りに人間関係を築くきっかけになっている。地域で挨拶する人が確実に増えた。

3　気づきや学びの楽しさ

講義は、シニア世代に求められるコミュニケーション力、人がつながるまちづくり、二〇二五年問題を救う生涯学習、中野区の歴史など、どれも興味深く二時間はあっという間だ。

シニアのコミュニケーションでは、考え方の違う他者を認め、他者の話をよく聴くことがグループ活動をしていく際に特に大事だという講義があった。シニア世代はそれぞれが豊富な経験知を持ち、それぞれが生きてきた世界の文化を背負っている。だが、新しい人間関係では、相手は自分と違う価値観を持っていることをしっかり認識していないと、お互いに苦労をするのだ。講義後に、「いまさらコミュニケーションの話は不要だ」と、持論を滔々と話し続ける男性がいて、講義内容がいかに重要か納得することになった。

講義で紹介された地域活動の事例も印象深かった。誰かの小さな行動から、仲間がつながり、認め合い、暮らしやすい地域になっていく。人々がいきいきと楽しそうに、地域をつくる様子がうかがえた。

私のこれまでの地域活動のイメージは、ごみ集積所の整備や、町内会の役員の当番など、決まっていることをやらなければならないという義務感が伴うものだ。また、「地域課題を解決しよう！」などと言われると、大仰に感じてしまい、そこまではちょっと……と気が引けていた。

講義を聴き、紹介された本を読んだりしているうちに、地域活動へのイメージが変わっていくのを感じた。学びから得たものを、生活の場で、形にできたら楽しいだろうなと思うようになった。それは大規模なものでなくていい、小さなことからでいいのだ。

知らなかったことを教わり、関連する本を読んだり、仲間と話し合ったりすることは楽しい。日常生活にどっぷり漬かっていては経験できない出会いがある。視野が広がり、話題が豊富になり、別の見方や考え方に気づいたりすることができる。生活の中に学びの場を持つ贅沢は、シニア世代に与えられたご褒美ではないか。

シニア世代の関心分野は「健康」が第一だと聞くが、時代の変化に沿ってシニア世代が自立して暮らしていくためには学ぶべきことは多い。食生活、介護制度などの知識、老後の資産計画、防犯や防災など、人任せにはできない。自分で学び、自分で守ることが一層大切なことになるだろう。

4　行政が提供する情報を知る

行政が提供している様々な生涯学習のための情報を知った。これまでも、区報や地域の区民活動センターなどにチラシが置かれているのだが、じっくりと見ることがなかった。居住地が区の中心部から離れていることもあって、図書館などの施設を利用する機会も少ない。

講義のあとに、事務局から知らされる情報を見ると、なかの生涯学習大学以外にも多岐にわたる分野の講演会やセミナーが設けられている。例をあげると、「地域活動担い手養成講座」では地域包括ケアシステム、介護保険制度全般についての理解、高齢者分野で活動するためのコミュニケーション技術、子どもの心の発達について、などの幅広い講座が無料で受講できるのだ。

また、「まなＶＩＶＡネット」という中野区生涯学習サークル・指導者紹介サイトがあり、区内で活動しているサークルの情報や指導者の情報を検索できる仕組みもある。ボランティア活動に関しては、ボランティアセンターが設置されていて、ネットで検索したり相談したりすることもできる。

このような情報や仕組みは初めて知ることが多く、いかに地域に関心が薄かったかを思い知った。待っていてはいけない。一歩を踏み出すことで、見つけられるものがたくさんあるのだ。

5　修了後、学びを地域活動に活かすことができるか

さて、生涯学習大学の大きな目的の一つでもある、学んだ成果を地域の活動に繋げていくことについて考えてみたい。

私たちの身近には、地域の見守り、子育て支援、環境・自然保全、国際交流、福祉ボランティア、学校支援など、人の手や目が必要な問題が多く経験知の豊富なシニアの力が役立つ場面は多いはずだ。単身ではなかなか始めることができなくても、ＯＢ会やゼミ学習の仲間などを母体として自主活動を広げる仕組みは効果的だろう。

実際に、修了生のＯＢ会「ことぶき会」では、まちづくりに向けた文化活動、レジャー活動、祭りなどの地域行事参加などを活発に行っている。小学校の学習支援では、授業中の児童へのサポートを行っており、好評で人手不足になっているという。読み聞かせや昔遊びなどでも、シニア世代の活躍の場があるようだ。

ゼミ活動を活かして、自主団体を作って地域の文化交流のためのカフェ運営や、地域の歴史をたどる会の活動をする人もいる。シルバー人材センターやボランティアセンター登録の道筋もある。

こうした活動は、学びの終着点ではない。読み聞かせをするにしても、さらにうまく読めるようになりたいと思うであろうし、歴史をさらに掘り下げてみたいと意欲がわくことだろう。団体運営で困ることも出てくるだろう。そのような時に、継続的に専門家に相談できたり、ほかの団体と情報交換できたりする機会があれば、さらに活動は活性化し個人のモチベーションもあがる。個々の活動が、緩やかなネットワークでつながっていけば、地域全体の暮らしはより豊かに安心できるものになるに違いない。

一方で、中には、修了後に特別な活動を始めようとは思わない人もいるだろう。単純に学びを楽しみたいという人がいてもおかしくない。行政が提供する「きっかけ」はいろいろある。個人はそれを基盤にして、自分の次の行動に繋げていけばいいのだ。さらに学びを深めていきたい人、人と関わることを楽しみたい人、仕事をしたい人、さまざまな活かし方がある。

なかの生涯学習大学はその入り口にある。地域の歴史を知り、地域の制度や仕組みを知り、それを活用することを知ることだけでも価値がある。学びはシニア世代の自立を支えていく基礎になる。そして、少しでも暮らしやすい地域を、自らが関わりながら作っていこうというシニア世代の参画意識が生まれて、根づいていくことが大切なのだ。

5-3　市民大学型シニア教育・学習プログラムの課題と可能性

本章では市民大学型の例としてかわさき市民アカデミーと中野生涯学習大学を取り上げ、受講生の視点を重視してそれぞれの特徴をみてきた。一般にこのタイプのプログラムでは、行政の財政補助があるので受講料が低く抑えられているが、受講資格が基本的に住民であることと一定の年齢層に限定され、学習成果が地域社会での活動に活かせることが期待されている。全国の市民大学はこの枠組みにより独自性を築いてきたが、社会的変化を受けこのままでよいのかという検討が必要な時期にきているように思われる。条件を変えれば他の条件が連動して変わるわけで、財政補助が減れば受講料を上げる圧力が高くなるし、受講生を確保しようとすれば受講資格を緩める必要が出てくるであろうし、受講生のニーズが多様化すればそもそもの目的である地域社会への積極的な参加についても柔軟な位置づけが必要になるかもしれない。他方、市民大学の枠組みを緩めすぎてしまうと特性自体があいまいになり魅力を失い、他のプログラムと競合することになるかもしれない。

こうした問題意識から、ここでの二例をもとに考えてみたい。第一に、かわさき市民アカデミーもなかの生涯学習大学も、市民大学型ではあるものの、本章でみたように長い実践から独自性を築いてきている。高水準の教養志向の前者と、地域との関連を主軸においた展開の後者である。

第二に、両者はともにこれまでの伝統軌道に修正を試みており、その方向は対照的である。かわさき市民アカデミーは地域協働講座を立ち上げ、地域社会とのつながりの強化に踏み出している。一方、なかの生涯学習大学は地域とは直接関連しないが受講生の学びのニーズに対応する形で新たな科目やゼミテーマを入れてきている。興味深い変化ではあるが、伝統的部分と新たな部分をどのように統合していくのかという課題がみえてくる。並存型でいくのか統合型を目指すのか、諸条件の複合化が背景にあるから以外とむずかしいかもしれない。中でも過渡期であるため、運営側が想定あるいは期待する受講生像と、受講生側のニーズとのマッチングのむずかしさがあるように思われる。

第三として、在籍期間の問題である。これは前章で大学併設型でも指摘したが、居場所の継続性の問題で、かわさき市民アカデミーは継続的な受講を可能としているから多様で豊富な講座群から学び続けることができる。なかの生涯学習大学は三年間に限定しているがその先に地域での活動グループへの参加の道筋を用意している。言うまでもなく、この点は上記の課題と関連する。居場所を、学びの場と地域社会のどちらに、あるいは、両方に求めるかという問題である。

第四に、かわさき市民アカデミーでもなかの生涯学習大学でも、受講生の多くが運営面で多様な形で大きな貢献をしている。シニア受講生の特徴といえるが、市民大学側から要請されているとはいえ、ただ講義を聴くだけでなく資料の準備や当日の運営担当などこうした活動も学びの内容と言えるのであり、人間関係を発展させる。コスト削減対策と切り離せない面が否めないがむしろ積極的に評価されるべきであって、本当に評価するのであれば彼らの希望をできるだけ反映することである。

第3部

シニアの学びの国際動向

第6章 イギリスU3A(University of the Third Age)運動とシェフィールドU3Aの事例研究[17]

1 通過点か到達点か

シニアによる自律的学習活動であるUniversity of the Third Age（U3A）が一九八二年にイギリスで最初に設立されてから三四年後の二〇一六年、グラフ[18]にみるように地域U3Aの数は全国一、〇〇〇ヶ所に達し、会員総数は四〇万人弱にまでに増加した。展開されている学習科目やコースは総数四万程度といわれている。[19]

二〇一六年一一月二二日、ロンドンにおいて一、〇〇〇ヶ所到達を祝う記念式典が盛大に開

17 本章ではイギリスにおけるU3Aについて取り上げるが、フランスに始まり、イギリス以外の世界各国へと展開しているU3Aの歴史と現状については別稿、「国境を超えるシニアの学び活動」、応用社会学研究、二〇一八、を参照のこと。
18 Pam Johns, 2016 AIUTA and Pan-Pacific Alliance, 大阪会議「Active and Healthy Ageing」発表資料
19 https://www.youtube.com/watch?v=s77AD7ZJlg4 accessed on 2017

図6-1　イギリスにおける地域U3Aの増加

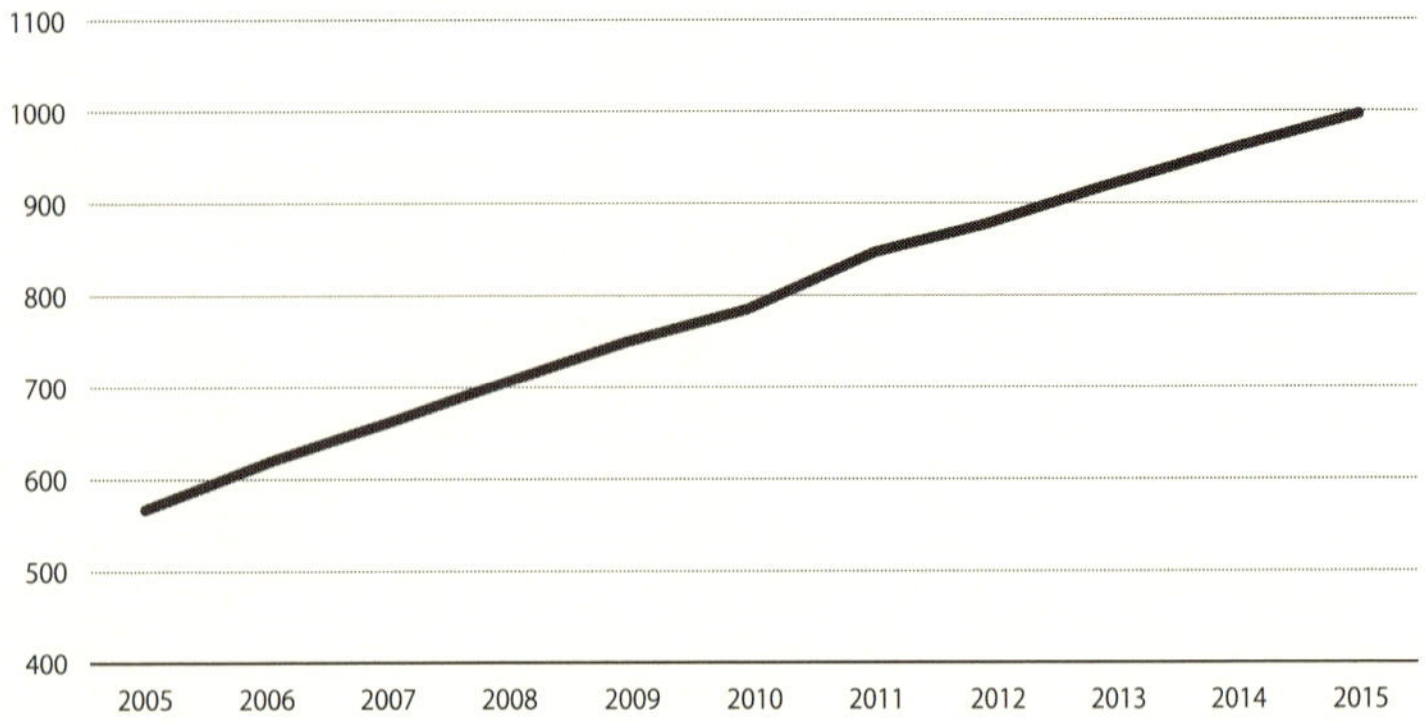

図6-2　U3Aの会員数の増加

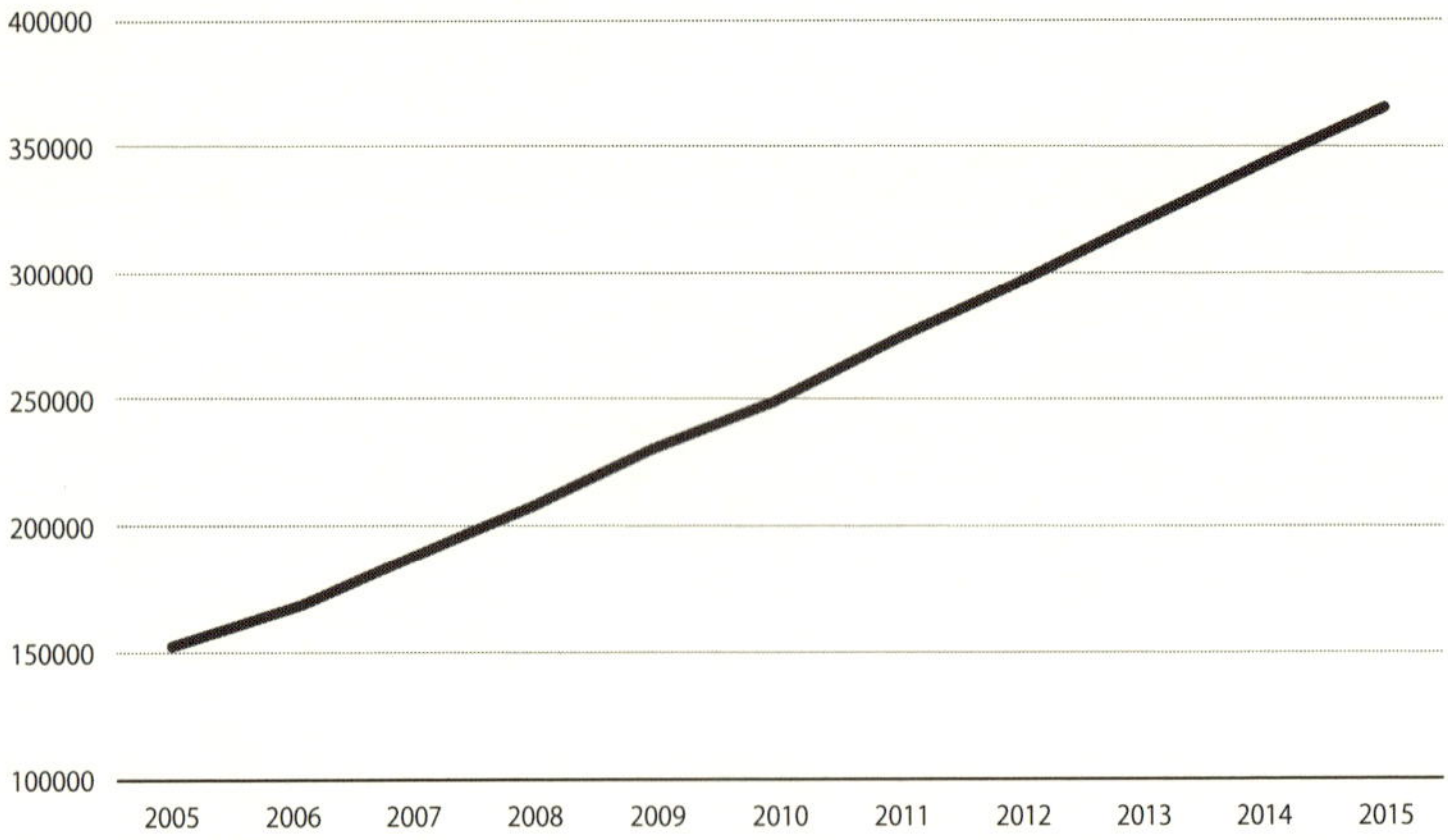

催された。これは「サードエイジの人々（シニア）の、サードエイジの人々（シニア）による、サードエイジの人々（シニア）のための学びと仲間づくりの活動」であり、第二次世界大戦後のイギリスにおいてもっとも成功している社会運動といわれている。

U3Aの活動は一九七三年にフランスで始まり一九八一年にイギリスに紹介されるのであるが、この歴史的経緯とは別に、理念、目的と原則、運営方法においてイギリスでの展開は独自のものであり、単に規模だけでなく活動内容の多様性と豊富さ、組織力において現在この分野における世界的成功例といって過言ではない。その一端はウェブ上での情報提供の活発さであり、全国代表組織Third Age Trust（以下、TATと略記）はもとより各地域のU3Aに至るまでウェブ広報活動は精力的に行われている。新設される地域U3Aの場合は全国組織がサポートの一環としてこの部分を精力的に支援している。

とはいえ、これもよく見られる現象であるが一つのモデルの成功は質的に異なる新たな課題への直面ともなっていて、一、〇〇〇ヶ所、四〇万人の現実は、居住地域でのシニアの手作り的な学習活動と全国的組織化のバランスのむずかしさをもたらしつつあり、本章でみるようにここにはU3Aの理念が関係している。すなわち、現在の成功はイギリスにおけるU3Aの通過点なのか、それとも到達点なのか、そして、いずれにしてもその判断理由が何になるのかを問うている。日本では見られない市民としてのシニアが主導する自律的学習活動であるから、今後の日本でのシニアの学びを考える上でその理解は重要である。

2　ケンブリッジでの始まり

U3Aの考えがフランスからイギリスに紹介されたのは、一九八一年とされている。ケンブリッジ大学のニコラス・コニ教授がフランスでの会議に参加した際にU3Aについて知り、持ち帰って社会学者ピーター・ラスレット（1915–2001）教授と一緒に検討を始めたことによるとされる。

イギリスで最初に設立されたU3Aであるケンブリッジ U3Aのホームページによると、その経緯は次のように説明されている。[20] ベレス教授によってフランス、ツールーズに最初のU3Aが設立されたのは一九七三年であるが、その八年後にはフランス全体で八〇ヶ所に増えていた。一九八一年春に、同じ試みがケンブリッジでもできないかどうか、ケンブリッジ大学教授のピーター・ラスレットとニコラス・コニが相談を始める。そして、ニーズの感触を探るためその年の六月にケンブリッジで公開ミーティングを開いたところ集まった人たちは圧倒的な支持を表明したため、設立準備委員会が構成され、全国的な運動として推進するために社会起業家として名高いマイケル・ヤング（1915–2002）と社会事業実践家のエリック・ミッドウィンター（1932-）が加わった。そして、一九八二年三月にケンブリッジのセント・ジョーンズ・カレッジで一週間にわたるデモンストレーション・コース（「Easter Schoolの実験」と呼ばれる）を実施。八〇名が参加し大変盛況であった。この成功を受けて、最初のU３Aがケンブリッジに設立された。

ケンブリッジ大学の関係者が中心となって始まったのであるが、ケンブリッジ大学とは直接の組織的な関係はない。この点は、既存の大学の役割を前提とするフランスの試みと本質的に異なるのでここで強調しておく必要がある。

したがって、コニ教授によってイギリスに紹介されたのが一九八一年で、最初のU３Aの設立が一九八二年ということになる。なお、次にみるようにイギリスにおけるU３Aの誕生物語に登場するのはラスレット、ヤング、ミッドウィンターの三氏であり、コニは登場しない。彼は紹介しただけのように思えるが実はそうではなく、ケンブリッジU３Aの設立メンバーの一人でもありその後も現在まで中心メンバーとして参加している。

20　http://u3ac.org.uk/history-of-u3ac/　accessed on 二〇一七年三月八日

これも詳しくは後に述べるが、ケンブリッジU３Aは地域U３Aの全国組織から初期段階に脱退する。現在ではU３Aの影響力は全国組織側に移行しているが、ケンブリッジU３Aのホームページにはイギリスにおける最初のU３Aであることの意義と、彼らがその後の全国展開やオーストラリアやニュージーランドでの展開に大きな影響力を及ぼしたことが強調されている。現在、単体としても二、〇〇〇人を超える会員数と豊富なプログラムで、地域U３Aとしては問題なく成功例に入る。彼らはイギリス最大のU３Aといっているが、実際には三、〇〇〇人以上の会員を有するシェフィールドU３Aが最大規模である（後述）。

ケンブリッジU３Aと全国代表組織との関係は、U３Aの理念にかかわる立場の相違を反映している。サードエイジの人々の地域における草の根的自律活動こそがすべての根幹で、その上に組織化をはかることとは異質かつ対抗的な官僚化の弊害を生み出すというケンブリッジU３A側の立場と、基本理念は継承しつつも現実的課題である地域でのU３Aの新規設立と継続的運営を支援し相互の交流を促進する全国組織を必要とする立場との相違である。両者の相違は当初は理念にかかわる問題であったが、一、〇〇〇ヶ所の地域U３Aと四〇万人の会員を擁するまでに成長、拡大した現在、これは理念的問題と同時に現実的な問題ともなっている。

3　三人の創設者とイギリス独自の理念構築

既存の大学が主導し、教員や施設などの大学資源を活用してサードエイジの人々に教育の機会を提供するというフランスモデルは、コニ教授によってイギリスに伝えられた時からその制度化された規範的性格に違和感が示された。同様の活動をイギリスでも実践したいという受け止めは共有されたが、大学教員が教え高齢者が受身的に参加する形式は受け入れられなかった。

ケンブリッジU３Aによれば、コニはラスレットと夕食を共にしながらイギリスでの実践方法を話し合ったという。一九八一年春のことである（Beckett 2014）。同年六月の公開ミーティングはラスレットの呼びかけで開催され、消費者生活協同組合（Consumers Association）や放送大学（Open University）の設立など社会起業家として実績をもつマイケル・ヤングが興味を示して参加し、また、ラジオ番組での放送（一九八一年六月二二日）のためＢＢＣが当時高齢化政策センター（Centre for Policy on Ageing）の所長をしていたエリック・ミッドウィンターに参加を依頼し、そのインタビューが流された。

このときのＢＢＣの放送で一般の人々はＵ３Ａについて初めて知ることになったのだが、このときのリスナーの反応がイギリスにおけるＵ３Ａ誕生の半ば伝説として語り継がれる。ごく短いインタビュー放送だったにもかかわらず、すぐに四〇〇通もの賛同の手紙が送られてきた。

サードエイジの人々が潜在的に求めていたものが具体的な形として提示されたことで〝点火〟したのであり、ラスレットたちにU3Aの可能性を確認させるものであった。

そして、ヤングを委員長、ミッドウィンターを事務局長とする全国委員会が編成された。

この三人は、それぞれに個性的で、存在感の大きい人物たちである。ラスレットとヤングは全くの同時代人であり生没年までがほぼ重なる（ラスレットが一年早く亡くなるが）。ミッドウィンターは二人より一七歳若く、高齢であるが二〇一六年のU3A一、〇〇〇ヶ所達成の記念式典では基調講演をしている。ミッドウィンターはイギリスU3Aの発展史の節目で重要な役割を果たしてきており、二〇〇二年の創設三〇周年の記念式でも基調講演を行い、U3Aが五〇〇ヶ所に達したときには『500 Beacons（五〇〇の標識塔）』（Midwinter, 2003）を出版している。八〇代半ばにして衰えを感じさせない、ユーモアに長けたスピーチは、威厳を感じさせイギリス知識人かくありきといった印象を与える。全国組織は彼を一貫して創設者の一人として遇し、U3Aの原点メッセージを伝える役割を期待している。

マイケル・ヤングの活動も多岐に及び、先に挙げた生活協同組合や放送大学の設立だけでなく、政治面では労働党の政策綱領の策定に参加した時期もある。また、現在にもつながっているものとしてのはメリトクラシーの概念の提唱者である（ただ、この概念自体の意味はヤングのものからは大きく変質した形で定着しているが)。

そして、ピーター・ラスレットである。ラスレットはヤングと共に放送大学の設立にもかかわっている。歴史人口学の社会学者である。筆者は今回の調査で彼の名前に行きついた時、古い知り合いに思わぬところで出会ったような感慨があった。むろん「ような」であって個人的に面識があったわけではない。彼が広く知られているのは代表作『The World We Have Lost: England Before the Industrial Age(『われら失いし世界―近代イギリス社会史』)』(Laslett, 1965=1986)で、中世以降、産業化以前のイギリス(イングランド)における家族生活と形態、社会階層と支配、農村生活、伝統社会の変容などについて人口動態の歴史資料を用いて分析したもので、現在では古典となっている。昔、カリフォルニア大学の大学院生であった頃、社会老年学の中に老いと高齢者の生活に関する社会史研究の領域が形成されつつあり、ラスレットのこの著作も主要研究の一つに挙げられていた。

後述するように、イギリスU3Aの根幹はラスレットの思想に立脚しており、その後の理論的強化の作業も彼の残されたライフワークとなるのだが、そこにはシニアの人々についての彼の人間観、彼らに期待する役割が込められているように思われる。U3Aに関してはフランスモデルがすでにフランスで成功しヨーロッパの国々にも拡がっている状況であったにもかかわらず、ラスレットの感じた違和感、すなわち、シニアについての人間観の問題であり、フランスモデルと彼の思想とのズレであった。

ラスレットがフランスモデルを採用しなかった主な理由は、サードエイジの人たちは政府の援助がなくても自律的に活動できる力量を有しており、既存の大学に併設したプログラムに受身的に参加するのは望ましくないと考えたからであった。自分たちに関心のあるテーマについて「学び合う」ことが重要であって、アカデミックである必要はなく、参加に特別な資格も必要ないとする非常にオープンな立場の表明であった。三人は、イギリス文化、イギリス人のメンタリティは政府主導であるとか大学併設といった形での提案にはなじまないと考えたのである。実際のところ、一九八〇年代初め、大学進学率は一〇％程度で大多数は大学とのかかわりのない人々であったので、大学がセカンドエイジ（就労期）の教員を講師とする教育プログラムを開講してもサードエイジの受講者が集まるとは考えにくかった。

U3Aが登場する以前には高齢者に限定しないものの一般の人々のための教育には、労働者教育協会（Workers' Educational Association）があった。多少の受講料は必要であったが、政府の援助のもと地方自治体が様々なプログラムを夜間に開講していたのだが補助金の削減もあり徐々に衰退していった時期である。

4　ピーター・ラスレットによる「目的と原則」の起草

イギリスにおけるＵ３Ａの理念は一九八一年九月にラスレットによって起草された「目的と原則[21]」で初めて示された。下記に訳出したものは全国組織（ＴＡＴ）のホームページに掲載されているものだが、注記として、全国配布のために一九八四年に若干修正されものであること（ただ、修正内容の言及はない）、地域Ｕ３Ａが設立される際にはこの内容は受け入れられていること、そして、多岐にわたる内容であるのですべてを杓子定規に受け入れなくてはならないわけではないことが添えられている。

目的八項目、原則一九項目で構成され、これ自体が一つの思想的体系になっている。Ｕ３Ａを考えるうえで不可欠の内容であり、本書での議論全体にとっての重要な参照軸にもなるので、長くなるが全文を挙げる（筆者訳）。なお、これは全国組織のホームページに掲載されている。[22]

21　https://www.u3a.org.uk/u3a-movement/90-objects-and-principles.html　accessed on March 4th, 2017
22　Laslett, Peter, Original Objects and Principles, published in September 1981, (slightly amended in 1984) http://www.u3a.org.uk/u3a-movement/90-objects-and principles.html?showall=&start=1　accessed on February 3rd, 2017

目的

第一条

現在の人口年齢構成と高齢化の及ぼす今後の永続的影響に鑑み、イギリス社会全体が新たな学びを必要としている。私たちは現在、「高齢化」社会への到達先進国の一つとして、すべての先進諸国と同様の、そして、将来的には全世界とともに、人口の高齢化の課題に直面している。

第二条

イギリスにおいて高齢期にある人々が、自身に内在する知的、文化的、芸術的感性の発達可能性を認識し、それが自身と社会の双方にとって価値のあることに気づけるようにする。老化による知的衰えというドグマを否定する。

第三条

知的、文化的、芸術的感性のある生活を力強く実現するための資源は、退職した人々の中にあり、そこから提供する。事務所や店舗や工場での仕事から解放された自由を、効果的に、そして満足感をもって活用する。イギリスにおいて現実性のある形でこれを実現する方法を考案する。

第四条

このような目的のための社会的仕組みを創出する。そこでは、教える者と学ぶ者との間に区別はなく、活動は可能な限り自発的であり、この大学（訳註：U３Aを指す。以下同じ）に参加するメンバーは他のメンバーやその他の人々のために自ら進んで行動する。

第五条

ここで創出される仕組みとは、資格や顕彰や個人的地位向上とは関係なく、学びが続けられ、スキルが身につけられ、自分たちにとっての関心が膨らんでいく場である。

第六条

この大学のメンバーは、教育上の刺激を必要としながらも既存の大学では学ぶつもりのない数多くのイギリスの高齢者に向けて、力を合わせて働きかけていく。

第七条
社会におけるエイジング／加齢プロセスの研究、とりわけイギリスにおける高齢者のおかれた現状やその改善方法に関する研究を引き受ける。

第八条
条件がそろっている地域においてこの大学の設立を奨励し、国中に広げ、相互の連携を深めていく。

原則

一．この大学は自身が学び、他の人の学びを手助けする人々の集まりによって構成される。教える人も学び、学ぶ人もまた教える（Those who teach shall learn, those who learn shall also teach）。

二．この大学への参加は、個人の選択の問題である。資格は必要なく、この大学が志願者を選別することはない。

三．この大学に参加する人はだれもが、運営のためと受けた指導に対して費用を支払う。

四．他の会員に教えたり、相談や手助けをしても、いかなる場合であっても、この大学のメンバーには給与や金銭的報酬は支払われない。

五．この大学のすべてのメンバーは、大学に対して、また、社会一般での活動に対して、なかでも高齢者に対しての活動に、ボランティアとして貢献することが期待されている。

六．この大学のメンバーは、美術ギャラリー、博物館、図書館のようなマンパワーを活用できるにもかかわらず現状では希望どおりに確保できていない教育や文化等の諸施設において、組織的ボラティアとして支援する用意がある。

七．すべてのメンバーは教えかつ学ぶのであるが、メンバーとしての活動は次の事柄でも満たされる。他のメンバーの相談にのること。寝たきりで家から出られない人々や、介護施設や病院にいる人たちにこの大学が提供できることを届けること。イギリス社会の圧倒的大多数の高齢者に知的な刺激を提供する活動に協力すること。そして、この大学がマンパワーを提供しようとするときや教育施設や文化施設が人手を必要とするときには、その要請に積極的に応ずること。

八．この大学は、メンバーを成績評価しない。試験はない。学位や卒業証書、修了書は授与しない。ただし、特別に実技にかかわる科目の場合には個人の達成度を記録することはあるかもしれない。

九．この大学のカリキュラムは対応可能な限り幅広いものとし、数学や自然科学から哲学、文学、歴史を含め芸術的、実用的、身体的トレーニングに至るまで多岐にわたる。ただし、何をするかはひとえにメンバーの希望選択による。人間に関するテーマが目立つ傾向がみられる。

一〇．この大学の水準は個々のクラスによって設定され、どのメンバーであっても自分に適したレベルに参加できるよう工夫されている。この大学全体としてはレベルを設定はしない。また他の大学の水準と合わせることもない。

一一．高齢者の特定の状況に関する研究――例えば、社会的、心理的、生理学的――は含まれるが、それらが特に重要視されて科目設定されるわけではない。ただ、研究上のプライオリティはこれらにおかれることがある。

一二．この大学のメンバーの中には美術、芸術史、トポグラフィ（地形学に関心を持つ人たちが一定程度みられるので）、美術協会、ナショナルトラスト、環境省、自然保護局、森林保全機構等の国レベルの機関と協議の上、これらの領域における適切な学習施設の確保や研究のため特別な取り決めを求める。〔上記六．の〕組織的ボランティア協力はこの見返りと位置付けることもできる。

一三．この大学の活動全体において個人的研究は非常に重要視される。各メンバーは、〔例えば、考古学、自然史、人口と社会構造の歴史、気候と地質変動の歴史など〕知識の増進のために、散逸している関連資料の収集への参加が期待される。すべてのメンバーはできるだけ機会をつかまえて自分自身の研究プロジェクトをもち、その結果をレポートにまとめる。しかし、こうした自己研究をしたからといって教えるという役割期待に代わるものではない。

一四．学びはそれ自体が目的でもあるから、どのような種類であれ何かを作ったり新しいスキルを身につけたりそれまでのスキルアップをはかることにも重要な価値がおかれる。したがって、希望があり施設や設備が利用できるのであれば、カリキュラムにはコンピューター・プログラミング、簿記、ビジネス・マネジメント、外国語会話などや、織物、金属加工、木工、製本、印刷等々の手工芸のクラスも含まれる。絵画、彫刻、音楽にも高いプライオリティがおかれる。

一五．身体的トレーニングや健康維持運動などは特に重要であり、施設利用にあたって地域の施設管理者と協議する。

一六．カリキュラム外教育を担当する既存の大学の部署や、それぞれの地域における成人教育プログラムとは緊密な連携を保持する。可能な限りそうした教育プログラムや研究施設を利用できるよう方策を講じる。また、自分の気が進まなくても、この大学のためになることであれば既存の大学にも協力することが望まれる。

一七．各個人がこの大学、すなわちUniversity of the Third Ageに参加する形は、それぞれの目的との関連で決められる。伝統的な講義型クラスが多いが、ゼミ形式や読書会、あるいは、科学、考古学、歴史への関心から博物館や美術収集ギャラリー、さらには個人宅など型にはまらない柔軟さがある。

一八．イギリスにおけるU３Aと諸外国のU３Aとの交流の促進が期待される。相互の教え合い、研究の連携、高齢者の知的関心のさらなる活性化と拡大に向け、国際的交流が重要となる。とくにイギリスにおいて強調されるべき点である。

一九．各メンバーは自発的に自分の研究に取り組むこととは別に、この大学はエイジング／老いのプロセス、とくにその社会現象としての側面について専門的な研究活動の立ち上げを検討する。

以上の文言のあとに、University of the Third Age の名称にある university についての説明があり、こんにち一般に知られているような専門的高等教育機関として制度化された「大学」ではなく、中世のもともとの意味、すなわち、学び合う者たちの集まり、コミュニティという意味であるとされる。専門性を示唆するアカデミックな表記は極力避けるべきとも付記されている。

原則一にある表現はこんにちイギリスU3Aの代名詞のように用いられている。それだけでなく、国際的にもU3Aの説明として散見される。

目的と原則に表現されているラスレットの思想は、彼のメッセージが誰に向けられているかを考えれば明白である。人口の高齢化という歴史的現象に対して社会が変わらなくてはならないのだが、その先導者としての役割を、期待を込めて、サードエイジの人々に託そうとしている。仲間との学び合いを通して個々人が満足のいく生活を送ることが社会の変革を促していくという遠大にみえて現実的な戦略的メッセージが読み取れよう。U3Aの活動を単に社会問題や高齢化対策との関連で位置付けるのではなく行為の主体としてのサードエイジの人々に直接的な呼びかけをしているのであり、この点がその後のイギリスU３Aの成功につながるのであり、かれらのエートスとなって継承されていくのである。

5 概念としてのサードエイジ

さて、このようにラスレットの立場を理解すると、彼が次に概念としてのサードエイジの明確化に取り組むのは自然な成り行きであったと考えられる。Universites du Troisieme Age（仏）、University of the Third Age、U３Aという名称はフランスでの試みから生まれたものであるが、そこでの意味は社会常識的なものであった。人生の第三期にある人々、退職後の人々を指し、そうした人々に学習・教育の機会を社会的に提供することの意義と必要性はどの国であっても異論のないところである。また、その推進のために政府からの補助や支援、既存の大学の役割などについても同様であろう。しかし、こうした見方では当事者は、自分自身も意識や行動の変革という課題を抱えているにもかかわらず、顔のない集団として語られることになる。あるいは、適切な支援のためには対象者像の明確化が求められるのであり、フランスモデルはそれに十分応えるものではなかった。

一九八一年、まだイギリスにおけるU３Aが生まれる前の段階で、ラスレットのテーゼともいうべき目的と原則が起草されたのであるが、地域でU3Aが組織され実際の活動が広がり始め、その一方で、一九八三年に設立された全国組織との組織間関係が安定しきれていない一九八〇年代を背景に、一九八九年に彼は『A Fresh Map of Life: The Emergence of the Third Age（人生の新白地図：第三期の出現）』（Laslett, 1989）を出版する。同書は二年後の一九九一年にはアメリカでも刊行される（以下、本書ではアメリカ版を参照）。

アメリカ版には新たな序文が付けられ、彼は、グローバル・エイジングの時代の到来をみすえ高齢化が先行して出現したイギリスとアメリカ、そして他に国名が挙げられるのは日本なのだが、新たにもたらされた人生の白地図、サードエイジに書き込んでいくための知的ガイドの必要性を強調する。この本は研究書ではあるがむしろ啓蒙的実践書と理解すべきで全体を凝縮した序文は、サードエイジの人々に向けた解放のマニュフェストとも読める。古い観念も論破し、老い／エイジングに対する否定的なイメージを払拭し、サードエイジを生きる恩恵を認識し、自分のため、社会のための変革の主体たれと呼びかけ、その一つの具体例としてイギリスモデルのU3Aを提示する。刊行の時期を意識した面はあるにせよ、これが世紀転換期の歴史的課題であると位置づけている。

ラスレットが老い／エイジングの歴史について研究発表を始めたのは六一歳の時であり、その後六〇代後半から七〇代前半で、サードエイジに関する研究は一個人としての彼自身の経験でもあると述べている（Laslett, 1991, p. ix）。

言うまでもなく、サードエイジは直訳すれば人生第三期／段階となるのだが、二つの定義要件がある。第一に、外形的意味である。まず強調されているのは暦年齢で定義されるのではなく、また、生理学的、生物学的に区分されるものでもない。フルタイムの仕事から退職したあとという緩やかな考え方にたつ。子どもが成人になり家族内責任を終えた場合も含まれる。つまり、ライフコース上の概念として、子どもが成人になるまでをファーストエイジ、職業生活が中心となるセカンドエイジに対してのサードエイジであり、心身の衰えにより活動に制約を受けるようになるフォースエイジの前に位置付けられる。

第二には、サードエイジを人生の最高のとき（crown of life）とする規定で、生き方にかかわる。上記のライフコースにあれば誰でも自動的にサードエイジにあるわけではなく、人生において与えられた機会を自身の意識と行動によって自己実現を図り、満足のいくライフスタイルを創り上げていくという能動的な意味が込められている。ラスレットが強調しているのはこちらの方で、人間にとって重要なのは自身の人生の最高期を有意義に経験することで、例えば天オモーツァルトのように幼少期に最高期を迎える例もあるが、一般には家族的、社会的責任を果たすために仕事中心になりやすく自分のための活動の余裕が取れないセカンドエイジを経て、取り組めるようになるのがサードエイジであるという考え方である。近代化先進国で出現している人口の高齢化は、「サードエイジ＝人生最高のとき」の可能性を社会的に、つまりごく一般の人々にもたらしているのであり、この認識が出発点となる。

上記の二点から、サードエイジとＵ３Ａへの参加はつながる。ラスレットたちが述べたように、学ぶことはそれ自体が目的である。しかし同時に、仲間との交流の機会でもある。Ｕ３Ａでは学ぶ内容は自分たちに関心のあることであれば何でもよい。退職後の生活に直面した時、あるいは、いずれ配偶者を亡くし子どもの近くに転居するかもしれない。慣れない環境で暮らすことになったときに、近くにＵ３Ａの活動があればすぐに参加でき生活のハリと仲間を見出しやすくなる。退職後の生き方をプロセスでみたとき、多くの地域でＵ３Ａの活動が展開していることはそれ自体が大きな社会的資源といえるのである。実はこの点が、Ｕ３Ａ運動の成功がもたらした大きな成果である。

Ｕ３Ａの会員を個別にみると、それぞれに豊かな経験をもっていて貢献できる人たちである。イギリスでは多くの人、とくに男性だが、セカンドエイジのときから趣味が豊富で、いろいろなことを長い間行ってきている。そうした人たちがリタイア後、新たに学びたいことに挑戦し、自分が提供できることを喜んで引き受けていく。「教える者も学び。学ぶ者もまた教える」には、現実的な素地があるということになる。U３Aはそのための媒体である。

6　全国代表組織 Third Age Trust の歩み

イギリスにおけるU３A運動の成功は、全国組織を中心とするネットワーク力によるものである。ここではその歩みと現状、そして、現在直面している課題についてみていく。全国組織は一九八三年一〇月に Third Age Trust の名称でチャリティ団体（イギリスで公式に認可された非営利団体）の登録を受けたが、当初加盟のU３Aは八ヶ所で、一九八四年に一五ヶ所となる（Beckett, 2014）。初期段階の全国組織は組織としても不安定で、一五のU３Aが参加した最初の全国大会（総会）で二ヶ所のU３Aから参加資格を五〇歳以上とする議案が出されヤング、ラスレット、ミッドウインターの三人が慌てて否決に動いたというエピソードが伝えられている（Beckett, 2014）。すでに指摘したように、彼らはサードエイジの概念を暦年齢で規定する立場を意図的にとっていなかったからである。U３Aについての理解が最初は不徹底であったことを示している。

もう一つの組織としての課題は安定的な運営のための財源の確保であった。最初こそ民間財団からの補助があったが、会費制を導入することになる。しかし、その設定方法をめぐり負担と組織間関係の両面で合意が得られず分裂が起きる。一〇〇名以上の会員のU３Aは会員規模にかかわらず一律五〇ポンドの年会費を支払うと決議されたが、一九八八年の総会で一〇〇名程度の小規模U３Aから不公平の訴えがあり、会員一人当たり一ポンドとする変更案が承認される。すると今度は大規模U３Aの負担が年間定額の五〇ポンドから、一、〇〇〇人の会員がいれば一、〇〇〇ポンドを全国組織に納入しなくてはならなくなったため反対が起きる。同時期に、全国組織の規約案をめぐり個々の地域U３Aの活動を管理しようとしているのではないかという疑念が広がり、一九八七年の年次総会に全国組織の閉鎖の提案が出されそうになるが、土壇場で撤回される。結局、全国組織の代表が辞任し、一九八八年と八九年に九ヶ所のU３Aが脱退する。このうちの一つがケンブリッジU３Aであった。この段階で、全国組織は総会員数の三分の一を失う。

この騒動を乗り越えて全国組織は存続し地域U３Aは着実に増加し、一九九一年の総会には一〇〇ヶ所のU３Aが代表を送っている。

二〇一六年時点で会員一人当たりの年会費は三・五ポンドで、各地域U３Aは人数分の額を全国組織に納入する。そして、財源規模は会員総数四〇万人として一四〇万ポンド近くに達している。かつて財源難が組織論と連動して問題となったが、この展開は逆に、財源の拡大が今また全国組織の位置づけと役割の再検討という問題を引き起こしている。

7　全国組織の役割と地域組織との関係

全国組織と地域U3Aの組織上の関係は本部と支部と思われるかもしれないがそうではなく、両者はそれぞれに独立した組織であり対等な関係とされる。TATは全体の代表組織であって、組織上の指揮権限はない。全国組織も各地域U3Aもともにイギリスの制度に基づきチャリティ団体として認定されているので、地域U3Aは全国組織に加盟するか否か、あるいは脱退するか否かも、活動内容も、独自に決定することができる。全国組織の支援はもっぱら助言機関としてのそれであり、強制力はない。ただ、加盟していないとU3Aの名称とロゴの使用はできないし、また、活動中の事故に対処するための共同加入の保険に入れない。

この組織上の関係を実現するために、全国組織はひな形として二種類の定款案を用意している。新規にU3Aを立ち上げる際には実際上のさまざまな事柄に加え、国からチャリティ団体の承認を受けるための申請手続きとその準備は大きな負担となる。定款案は固有の部分を決めるだけで他は共通仕様のため手続きを円滑に進めやすく、その作業にも全国組織からの援助が得られる。一九の大項目で構成されている定款案は目的、権限、会員、役員会の構成と役割、会計、報告義務、年次総会、臨時総会、告知方法等々、非常に包括的かつ具体的で、地域でのU3Aの活動になぜこれほどまでに重装備の定款が求められるのか疑問に思えるのだが、これはU3Aに限らずイギリスでチャリティ団体としての承認を受けるための標準的な内容で、日本で言えばNPO法人の申請に似た手続きである。

申請はイギリスにおける独立審査機関であるチャリティ委員会で審議され、承認されれば承認番号が付与され正式にチャリティ団体となり、以後これが団体識別番号として用いられる。こうして、各地域U3Aも全国組織もそれぞれに独立した法人格の関係となる。

全国組織が近年力を入れているのが、新規にU3Aを設立しようとする人々への援助で、次の七項目が挙げられている。[23]（一）情報ブックレット集の提供（メディア対応、立ち上げ方法、目的と原則、委員会手続き等）、（二）広報用資料一式（ポスター、リーフレット、ブックマーク等）、（三）当該地域で直接支援を提供できる人との連絡、（四）モデル定款、（五）全国組織への3ヶ月間の暫定的加盟（事故補償の保険適用）、（六）立上げ時の少額補助、そして、（七）全国組

23 http://www.u3a.org.uk/start-up-a-new-u3a.html accessed on May 6, 2017

織の開設支援担当者による準備ミーティングへの出席と説明、である。

継続支援の場合には運営に伴う助言や相談の比重が大きくなる傾向にあり、全国組織から現地訪問を行い、円滑な運営のために直接コミュニケーションが図られている。ただ、実費分はカバーされるものの全国組織の理事によるボランティア活動であり過重負担の一つになっている。すでに三〇年以上の経験から支援内容もずいぶん整備されてきており、上記の項目以外にも安全や衛生管理なども含め四〇種類にも及ぶ助言集が作成されている。

8 全国組織の運営体制と課題[24]

全国組織Third Age Trustは、最大二一名で構成される理事会によって運営されている。内訳は、役職者四名（理事長一名、副理事長二名、会計責任者一名）で、年次総会で選出され最大任期は三年間（会計のみ六年間）、一二名の地方代表者（各地方ブロックで選出）、前理事長一名（一年間）、そして、理事会が必要に応じて任命する理事上限三名（年度ごとに任命され、最大任期三年間）、これにスタッフの最高運営責任者（CEO）一名が加わる。
地方ブロックについてはイギリス特有の事情が関係しているので、少し説明しておこう。全国組織が地方ブロックを導入したのは二〇〇八年であるが、この年政府が導入した行政区域の変更に合わせたものであった。全国一二行政区（イングランド九区分、ウェールズ、スコットランド、北アイルランド）に対応して、この行政区を地域U3Aと全国組織の中間単位とし行政区ごとに代表を全国組織に理事として送ることになった。U3A全国組織側も地域U3Aの増加状況を受け、全国組織の在り方が議論されていた時期であった。地方ブロック選出理事は自分の地方の代表という役割を担いつつ、全国組織の理事会構成員としての役割分担もすることになる。例えば、ロンドン行政区の選出理事は、このブロックにある四〇ヶ所のU3Aの個別のミーティングに出席して意見を聞いたり相談に応じ、合わせて、全国組織側のニュースを伝えたりしているのであるが、同時に全国組織の理事でもある。

現実的必要性はあったとしても、地方ブロック制により組織化の度合いを大きく進めたことになる。その結果、理事の負担増と、とくに地方選出の一二名の理事はそれぞれの地方で選出されているため役割遂行の力量に個人差がありミスマッチが起きている。

一方、全国組織の理事会は、運営庶務、会計、入退会とIT、活動内容助言、トレーニングと開発、広報紙 Third Age Matters の発行（年五回、紙媒体とウェブ）、広報とマーケッティング、

24 Ian McCannah 氏へのインタビュー、二〇一六年八月九日、於ロンドン。

ウェブサイト、行事企画に分けられている。これらとは別に、教育、財源、ガバナンス、国際化、ＩＴ対応、調査研究の七つの委員会が設置されている。アドホック的に他の作業課題が入ることもある。

こうした中で課題も指摘され、主にガバナンス委員会が現状分析と改革案の検討に着手している。主な課題として以下が挙げられている。（一）地方ブロック間でのＵ３Ａの数と会員数の偏りと選出理事の負担増、（二）理事者間の専門知識、スキル、経験の偏り、地方ブロック選出理事の二重責任（選出母体の地方ブロックの代表と全国組織理事会の理事）、（三）理事会の大きさ（効率的な意思決定ができているか、理事会内役割数は適切か、任期の検討と途中交代への対応）である。

むろん現状の課題認識が主要なメンバーの中で完全に共有されているとも言い切れないようで、問題はないのに問題を解こうとする愚は冒すべきではないという意見もあれば、新たなガバナンスのシステムが必要だという意見もある。

結局のところ、自らもサードエイジにある理事者のみによる活動はむずかしくなっているのであり、現在でもコンサルタントとして五名をパートタイムで雇用している。先に指摘したように理事の能力の問題もあれば、七〇代が多く高齢傾向にあるので健康問題などで任期中に活動できなくなったり退任に至ることもある。任期中に亡くなるケースもでてくる。また、これまでは五〇代後半から六〇代前半と比較的早くに退職し十分な年金を受給できたが、近年では年金の条件も悪くなり七〇歳まで働かざるを得ない人が増えている。女性も以前は六〇歳で退職していたが、今では六五歳、六六歳になっている。

9　今後の方向性——通過点でのギアチェンジ

イギリスU3Aのこれからは、ひとえに全国組織Third Age Trustが何を目指すのかという問題にかかっている。地域U3Aはそれぞれ独自に活動できるし、ある程度の経験をつめば自律的運営は可能である。むろん、全国組織は必要な時の相談先、支援元として頼りになる存在ではあるが、全国組織への会費負担に見合ったものかどうかは論点になるであろう。

それとは別に、一、〇〇〇ヶ所、四〇万人の実績は一つの到達点として全国組織に新たな存在意義を与えたと考えられる。U3Aのネットワークの成立であり、その要としての全国組織の存在であり次に向かうための彼らの到達点である。これは個々のU3Aではできないことで、全国組織に加盟していることで会員たちはさまざまな集まり、イベント、大会などに参加でき、U3Aをキーワードに言わば瞬時にして仲間と出会えるのである。ラスレットが遺したU3A

のエートスが共有されているからこそ可能となるつながり感で、孤独感一つを例に考えてもシニアにとってこのことのもつ意味は強調しすぎることはないほど重要である。直接交流の自律的活動に加え、空間を越えたこうした交流こそラスレットらが思い描いた世界ではなかったか。

むろん、全国組織としてはそれだけを今後の方向とするわけではない。拡大する財源に見合った活動が求められている。すでに述べたように、理事会改革も検討過程にある。こうした状況下で彼らは、活動の拡大的継続、とりわけ新規のU３Aの設立に向けた援助である。根拠は明白で、四〇万人といってもイギリスのシニアの人口約一、〇〇〇万人の四％に過ぎないからである。U３Aの活動がミドルクラスの社会経済的背景の人たちに偏る傾向があり、労働者階級のシニアにはその恩恵が浸透していない。旗をさらに高く掲げ前進すべし、である。二〇一六年秋の一、〇〇〇ヶ所達成の記念式典での基調講演でミッドウィンターは、次のように述べている。イギリスで最初のU３Aが始まったとき年金生活者のうち何らかの成人教育に参加しているのは二〇万人程度であった。それから三〇数年を経てU３Aという一つの組織が四〇万人の会員を有するに至ったことは素晴らしいことである。しかし、まだ道半ばなのであり、一〇〇万人を目指そう。

10 シェフィールドU3Aの事例研究

次に、シェフィールド地域U3Aを例に、実際の活動の状況をみていく。

シェフィールドはイングランド北部、英国の行政区分ではヨークシャー・ハンバー（イングランドを構成する九つの行政地方区の一つ）に位置する主要都市である。人口五六万三、七四〇人（二〇一四年現在）。産業革命期には鉄鋼生産で世界的に知られた工業都市であったが、現在では名門シェフィールド大学の所在地として知られている。愛称、Steel City（鉄鋼の街）。観光名所的なところは少ないが東西と南北の鉄道の要所で、民営化以降通勤客には利便性の低下とインフラ整備の遅れで不評だが、なだらかな丘陵地帯が続く車窓からの風景には趣がある。

シェフィールドU3Aの設立は一九八六年で、同市で開催された第三回全国大会が契機となった。同年一月に最初の準備会議が開かれ三月には四五名の参加者をもって設立となった。三〇年の歴史をもつ[25]。

ただ、シェフィールドU3Aが現在広く知られているのは歴史の古さだけでなく、三、二〇〇人以上（二〇一六年現在）の会員を擁する最大規模の地域U3Aであるということである。

25　詳しい歴史はhttp://sheffieldu3a.org.uk/History%20of%20SU3A/Preface.htmlを参照

第二位が一、五〇〇人ほどであり、U３Aの多くが二〇〇人から三〇〇人程度の会員で構成されることと比較してもシェフィールドの規模は群を抜いている。女性は男性のほぼ倍で、年齢構成は五〇歳以上から九〇歳以上までの幅があるが七〇歳台と八〇歳台が多い。社会経済的には公務員などいわゆるミドルクラスが大半で、労働者階級出身者は少ないのが現状である。

シェフィールドU３Aが成功例であるのは言うまでもないが、次の二点に注意が必要である。第一に、規模の大きさは必ずしも重視されていない。U３Aは身近な居住地域で関心を共有するシニアたちが集まって活動するという考え方で運営されており、これは移動負担が少なく参加しやすくするためである。移動の利便性の目安として二マイル（約三・二キロ）から二・五マイル（約四キロ）内といわれている。会員の住宅が学習活動の場になっていることも、打ち解けた環境でという面だけでなく、この点とも関係している。つまり、各地域のU３Aは伸縮自由の柔軟な組織として構成され、個々の学習グループ活動は公共施設、教会、野外、会員宅などを活動場所としている。そして、全国代表組織を介して全国各地の地域U３Aと相互に緩やかにつながっている。

第二に、そうした中でシェフィールドU３Aが最大規模であるのはU３Aの組織特性を活かしつつ独自の組織的工夫を行っていることを示唆している。筆者の当初の関心は組織面での特徴であったのだが、三、二〇〇人規模の会員を擁することの意味に気づいたのは、調査がかなり進んだ頃になってからであった。キーワードは、〝you are not alone〟（あなたは、ひとりぼっちではありません）。学習活動を通じた仲間づくりが大きなネットワークを形成している。

ところで、地域U3A組織数一、〇〇〇、会員総数四〇万人にまで拡大成長を続けてきている英国U3Aは、その成功の結果として現在大きな課題に直面している。シニアが学び・シニアが教えるという役割互換の自律的活動はいわば草の根レベルで意味をもつのであり、そのため設立当初より全国組織は基本的に助言機能に自己限定している。組織的な上下関係はとらず官僚制化しないよう強く意識されているが、組織数、会員数の増加は今まで以上の組織的対応の必要度を高めている。地域U3Aの最大化モデルであるシェフィールドU3Aは、地域U3Aでありながらどこまで組織化が可能かを実験しているともいえる。

11　フィールド調査

シェフィールドU3Aのフィールド調査は、二〇一六年三月に予備調査として代表のサミーナさんにインタビューを行い、本調査は同年八月に関係者へのグループ・インタビューと三年ぶりに開催された地方大会への参加の二本立てで実施した。インタビューは、活動場所として借りているシェフィールド市内中心部のメソディスト教会の一室で、初めに代表と事務局長の二名に話を聞き、続いて広報担当と後述するジェネラル・コーディネーターとグループ・コーディネーターをしている六名が参加され計八名での話し合いとなった。後者の一名以外はすべて女性である。人選は事前にこちらの希望を伝え、代表のサミーナさんがアレンジしてくれた。彼女はU3Aに三年半ほど前に加入し、一年ほど副代表を務めたのち二〇一六年初めに代表に就任したばかりであったが、最初の重要な課題であった定款改正を五月の総会で承認されたこともあってか新しい役割にも慣れた様子であった。前半のセッションで、理念と運営方法を中心に説明してくれた。この日は八月最初の火曜日で後述するDrop-in（立寄り）ミーティングの定例開催日だったため参与観察をする予定でもあったが夏休みということで開かれなかったため、グループ・インタビューだけとなった。紅茶タイムを挟んで三時間半の長時間になったが、運営組織としての説明とコーディネーターの人たちの経験を話してもらえた。

二〇一六年八月三日に開催された一日かけた地方大会については後に詳述する。

12 シェフィールドU3Aの活動概要

各地域U3A、全国代表組織ともにウェブサイトが会員への情報提供と対外的広報の両面で機能しているのだが、この点シェフィールドＵ３Ａも例外ではなく活動内容の多様さを反映し非常に充実したものになっている（詳細は、http://sheffieldu三a.org.uk/を参照）。このうち活動紹介の「Our Groups」のメニューでは、その中が、「グループ名（アルファベットＡ－Ｚ）」、「活動内容カテゴリー別グループ」、「活動曜日と時間帯（午前・午後・夕方）」「グループ開設ホームページ」」、「参加者募集中のグループ」、それに「グループ・コーディネーター」の七つのサブメニューに分かれ、閲覧者がその時の自分の関心に応じて選択しやすいように工夫されている。どのグループについても共通フォーマットで、簡単な紹介文と、コーディネーター名、電話番号、メールアドレス、曜日・時間帯・頻度、費用、メンバー募集の有無、活動場所、アクセスの各項目で現況が示されている。例えば、裁縫（dress making）のグループをみると「このグループを始めたメンバーたちはいろいろなドレス・メイキングの経験があり裁縫技術をもっているので、教えたり、他のメンバーから学んだりしている。私たちの目的は、Ｕ３Ａの会員の中でベストドレッサーになること」という紹介文があり、隔週の月曜午前中に旧中学校で集まっていること、費用は一〇個のハサミ代として一八ポンド等の記載がある。さらに詳しく知りたければ電話かメールでコーディネーターに問い合わせができる。

活動グループ総数は、二〇〇強。左記の情報はこのすべてについて提供されている。内容別に一七のカテゴリーに分類され、読書、外国語、絵画、手工芸、運動、ガーデニング、ゲーム、音楽、詩作、旅行などなど非常に多様で豊富である。人気のあるグループは小さなグループに分化し、例えばウォーキングは歩く距離によって一八ものグループに分かれている。また、例えばドイツ語学習の場合など習熟度別の対応が必要であれば初学者と上級者を分けるといった調整が行われる。柔軟なグループ編成により、関心のあるシニアが誰でもどれかのグループに参加できるよう調整が行われていることがうかがえる。リストは壮観、まるで巨大デパートのようで、これらがすべてシニアによるボランティアで支えられているのである。これだけのグループがあると誰でも自分のしたいことが見つけられそうである。もし見つからなければ、自分たちでグループを立ち上げることができ、シェフィールドU3A役員会からサポートも提供されている。三、二〇〇名の会員の存在感を印象付けられる活動実態であるが、後述するようにグループ単位での活動とは別の企画の活動もあるので、グループに参加していない会員も一定数いるという。

13　シェフィールドU3Aの運営組織の構成と主要役割

U3Aはすべて会員制をとっていて年会費は各U3Aで決めているが、シェフィールドの場

図6-3　シェフィールドU3Aの運営組織

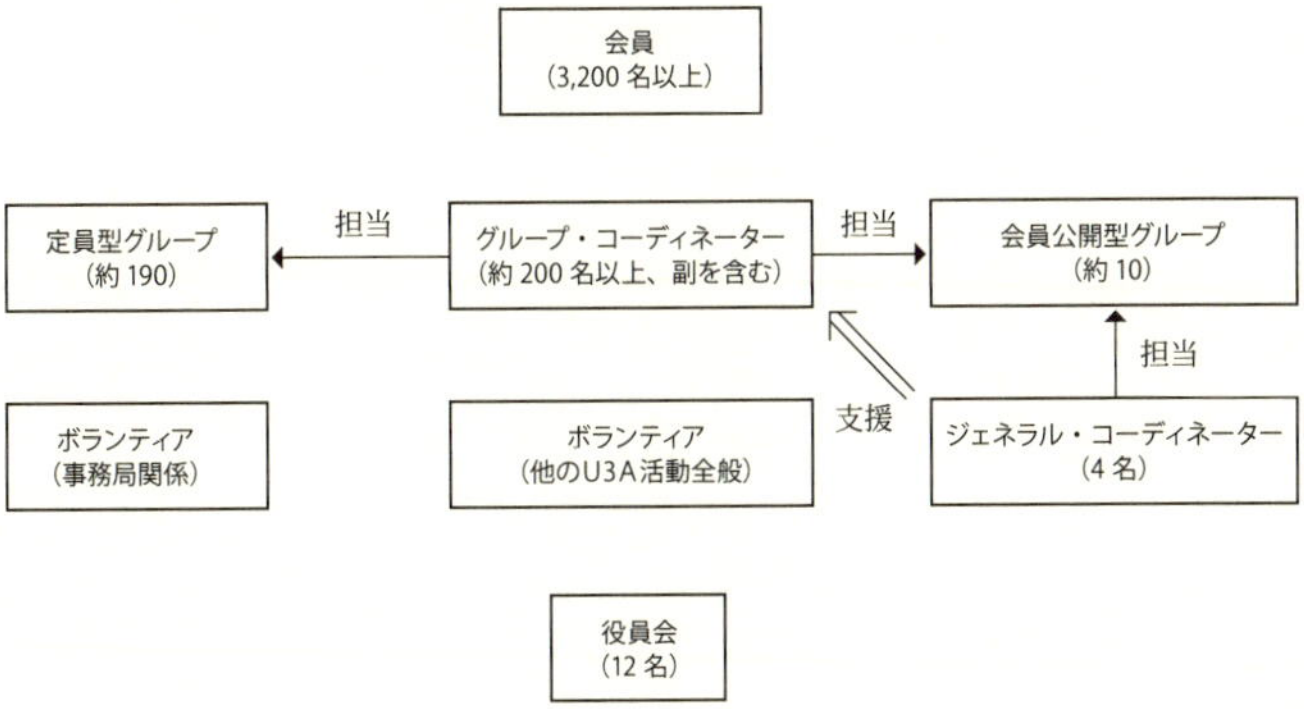

合年会費一〇ポンド（約一、五三〇円、二〇一六年）である。会費の一部は頭割り制で全国代表組織への加盟費として支払われる仕組みになっており、全国共通で会員一人につき三・五ポンド（同年）となっている。三、二〇〇名の会員を擁するシェフィールドU3Aは年間一一、二〇〇ポンド（一七〇万円強）の加盟費となる。

図6−3は、シェフィールドU3Aの運営組織を示したものである。

活動の中核は、すべてのグループに一人ずつ配置されているグループ・コーディネーターである。約二〇〇名。グループの円滑な運営のため様々な調整を日常的に行っている人たちである。この人たちをサポートしつつU3A全体の活動に目配りをするのがジェネラル・コーディネーターになり、シェフィールドでは四名が配置されている。そして、全体の運営責任を一二名で構成される役員会が担っていて、この三者が組織としての運営軸、フォーマルな関係にある。

活動は会員公開型グループと定員型グループの二種類に大別されているが、どちらであってもグループごとにグループ・コーディネーターがつく。言うまでもなく、活動の中心は定員制グループである。ただ、会員公開型グループの内容はユニークで、企画ごとに関心のある会員は自由に参加できる。金曜日の講演会シリーズや博物館や大聖堂などへの日帰りツアー、ヨーロッパや国外旅行など現在一〇ほどのプログラムが提供されている。企画と準備に人手を要するため、一つの企画に三人から八人が関わっている。したがって、会員公開型はまとまったグループとして活動しているというよりも、一〇名ほどの人たちが企画要員のような形で参加していて、企画ごとに担当者を決めて進めているといえる。定員制グループについてはすでに概要をみてきた。

新しいグループの立ち上げは希望する内容のグループが存在しない場合が主だが、他にもグループがあっても活動場所が自分の居住地から遠いとか、定員に達していて新規の受け入れが困難でかつ待機者がいる場合などがある。グループ新設の手順と手続きはチェックリストの形で、ウェブサイトで説明されている。申請があると、会員宅を含め安全な活動場所が確保できているかどうか、移動制限のある会員にとってアクセス可能かどうか、保険加入など事故への備えといった点をシェフィールドU３Aの役員会が確認しサポートする。

このときカギとなるのが、四名のジェネラル・コーディネーターである。他のU３Aでは一名の配置が一般的だが、シェフィールドは規模が大きいため四名体制としている。新規にグループを立ち上げたい会員はジェネラル・コーディネーターに連絡し、教会などの施設利用費、茶菓子代など会員からの費用徴収を含め具体的な準備を一緒に進める。担当するジェネラル・コーディネーターは広報紙Links Magazineなどを使って情報を流し、通常最初のグループ・ミーティングが開かれるまでサポートする。グループの受け入れ会員数、つまり定員は活動内容や収容可能人数などによって設定される。ジェネラル・コーディネーターは、新設時のサポートに加え、グループ・コーディネーターの支援という重要な役割を担っている。

グループ・コーディネーターは各グループに最低一人ついていて、グループによっては副をおき二名体制をとっている。休暇等での長期不在時の対応として、あるいは、休暇だけでなく孫の世話や葬儀への参列、パートの仕事などで参加できない場合があれば副グループ・コーディネーターをおくことが推奨されている。

もう一方の運営支援が事務局担当のボランティアで、問い合わせ全般への対応、会議の議事録作成、月例の立ち寄り会（drop-in meeting）の運営、ウェブサイトの維持管理などを担当している。ボランティアはU3Aの活動全般にわたり不可欠の役割を果たしており、ボランティアのコーディネートは事務局が行っている。

こうしてみてくると、シニアたちによる草の根レベルでの柔軟で活発なグループ化の動きがU3A活動の真骨頂であり、グループ・コーディネーターとジェネラル・コーディネーターの動き、そして、そこに参加してくる会員ボランティアの動きが活動水準のバロメーターといえる。新設であれ、グループ分化であれ調整であれ、この人たちがある程度忙しくしていないと新しい提案も少なく、活動状態も不活発、停滞気味となるからで、U3Aの社会運動的性格がみえてくる。地域U3Aとして独立するとこうした運営の組織化と運営への会員の参加が必要となりメリットと共に一定の負担も生ずる。それでも活動内容の充実と会員の満足度に寄与する方法であり全国代表組織もていねいなサポート態勢をとっているのではあるが、シェフィールドU3Aについて考えると、スケールメリットというか、一つの枠組みを維持することで組織としての運営負担をコーディネーターとボランティアのネットワークでうまく調整しているといえよう。

そこを束ねているのが、役員会で、定款上は七名以上一二名以下であるが現在は一二名体制である。

役員会、ジェネラル・コーディネーター、グループ・コーディネーター、ボランティアはすべてのU3Aに共通だが、当然規模による違いもあり二五〇名程度の会員数のところでは役員会がコーディネーターの役割を担っているところもある。本来役割の性質が異なるので分離したほうが良いのだが人数不足などのためにやむを得ないと受け止められていて、シェフィールドU3Aの組織力と人的対応レベルについては他のU3Aからは羨ましがられているほどである。活動内容の豊富さと活発なグループ化はとくにシェフィールドの強みとして他のU3Aからも認識されているようで、そのことは他の、比較的小さな規模のU3Aでは活性化のための新たなグループの立ち上げを役員会が担わざるを得ないという背景がある。

U3Aの活動は特定の指導者によってではなく個々の会員の関心の多様さと提案の積極性に支えられるのであるが、シェフィールドU3Aが最大規模に成長した理由の一端はこの点にある。同時に、U3Aの理念、エートスを会員に周知させていくリーダーシップの問題があり、これは現実には人格的に表現されていくものでもある。現代表のサミーナ さんはインタビューで会員数自体が重要ではなくそれは日常の活動の結果であって、むしろプロセスの意義と、参加型でオープンな運営体制を強調された。また、規模が大きくなるにつれて新たな重要性を獲得していくといった有機的な動きもみられ、例えば配偶者を亡くして引きこもりがちになった人たちに家庭医がＵ３Ａを紹介し月例立寄り会への参加を勧めるなど、新たな出会いと友人作りが自然にできる地域社会での集いの場としても機能している。つまり、Ｕ３Ａの活動自体がローカルなレベルで地域資源化している。これが先ほど述べた「あなたは、ひとりぼっちではありません」の意味である。

参加の経路はたくさんあり、立寄り会だけでなくホームページが提供している豊富な情報で活動グループを調べ担当のグループ・コーディネーターに直接連絡して試しに参加してから決めることもできる。ただ、事故保険の関係で、これは一グループにつき二回までとされている。

役員会の方針として直接のコミュニケーションもさまざまレベルで積極的に行われており、新規加入の会員を対象にしたミーティングが年に二回ないし三回、ジェネラル・コーディネーターが企画するグループ・コーディネーター全体とのミーティングが年一回、加えて、すでに言及しているように会員か否かを問わずだれでも来れる月例立ち寄り会（第一火曜日）が年一二回、そして、年次定例総会が年一回開催される。

例えば、新会員を対象とする集まりではＵ３Ａの理念と会員として参加することの意味が強調される。自分の関心のある活動グループに積極的に参加することが期待されていること、ただ受身的になって他の人が自分を楽しませてくれるのを期待するといった姿勢にならないこと、そして、他の人たちが自分のためにしてくれ、自分も他の人のためにできることをするという自律的自己学習の意義と楽しさを理解してもらう。

14　コーディネーターたちとの話し合い

ジェネラル・コーディネーター二名とグループ・コーディネーター三名とのグループ・ディスカッションは活動の中核を日常的に担っている人たちの率直な経験や意見が語られた。簡単に紹介すると、ステファニーさんはA区分（グループ名がアルファベットのAで始まるグループ）のジェネラル・コーディネーターをしており、自身は歴史、バードウォッチング、ウォーキングのグループに参加している。もう一人はアンさんで外国語と文学のグループに参加している。ベラさんはピラティスのグループ・コーディネーターをしているが、他に会員公開型企画の一つである講演会シリーズの担当もしている。二〇〇八年から二〇一二年までシェフィールドU3Aの事務局長を務めた人である。ジョーさんは、持続可能開発グループのコーディネーターで、同時に、個人ファイナンス・グループの副コーディネーターもしている。最後の一人はクリスさんでこの日の顔ぶれの中では唯一の男性。二つのグループのコーディネーターをしている。彼は、二〇一一年から二〇一六年までシェフィールドＵ３Ａの会計担当であった。

クリスさん（グループ・コーディネーター）

Ｕ３Ａとのかかわりですが、退職後しばらくパートタイムで働いていたが、そのときにウォーキング・グループに参加した。実は、既に別のところでウォーキングのグループに入っていたが、もっと力を入れたくてＵ３Ａに参加した。数ヶ月後に広報紙Linksでクロケット（注：croquet、芝生のコートで行うゲートボールのような球技でイギリスでは根強い人気がある）のグループを始めたいという人の呼びかけをみて、立ち上げを手伝った。それで結局そのグループの副コーディネーターになって今に至っている。

それから、ラミキューブ（Rummikub）というドミノに似た室内でするゲームがあるのだが、シェフィールドにはそのグループがすでにあったが定員になっていた。私はゲームにも関心があったが、夜はすることがなくて時間を持て余していたから広報紙Linksで「夜にラミキューブをしませんか」と提案したところ希望者が揃ったのでグループを立ち上げた。

グループごとに異なるところがあるから複数のグループのコーディネーターをするのは

大変な面もある。それで、わたしはウォーキングの方のコーディネーターをやめさせてもらってラミキューブに絞った。ラミキューブ・グループは現在一四名のメンバーで週一回私の家に集まってゲームをしている。もう一つコーディネーターをしているクロケットの方は八〇人のメンバーで、週に三回集まっている。毎回、道具の用意と片づけなどをしなくてはならない。地区リーグに二チームが加入していて親睦試合だけでなく、バーベキューなど交流の機会ともなっている。大所帯で作業が大変になったので、それぞれのチーム担当、用具担当、親善試合担当と役割を分けた。グループ・コーディネーターといっても暇なときもあれば、作業のために他のメンバーを手伝ったりといろいろであるが、他の人たちに喜んでもらえるのでやりがいがある。とくに配偶者を亡くした人たちにとってグループ・メンバーのサポートは大きい。だから、最初は自分の関心で参加するのだが、グループの役割をする中でやりがいや満足感が得られるようになっていく。これはグループ内でのことだけでなく、役員会に入ったり会計担当をするなど関わりのレベルが増すにつれ徐々に感じられる。

自分にとってのU3Aはということだが、もともと性格が内気で、働いていたころも何かに参加するのは苦手だった。退職を機に、自分から何かをしようとしなくてはと思ったのだが、Ｕ３Ａのグループに参加し役員にもなり、Ｕ３Ａについて人前で話すのもまったく苦にならなくなった。一〇年かかった。性格も変わった気がする。

ジョーさん（グループ・コーディネーター）

私は最初、会員公開型の講演会シリーズだけに参加していたのだが、持続可能開発グループに参加している人と知り合い、話を聞いてとても興味をもったので参加することになった。グループには二人のコーディネーターがいたが、入って一年たった頃二人とも辞めたいということになった。学習内容も面白かったし、仲の良い友人もできて居心地の良いグループになっていたが、このままではグループが存続しなくなるので私は自分からコーディネーターを引き受けることにして今に至っている。メンバーは一六名だが、忙しい人が多く出席はまちまちでリマインドしている。

月一回の頻度だが、発電所や農場の見学など野外学習も含まれ環境全般について考えている。野外のときにはお茶会が必ずあり、仲の良いメンバーである。メンバーの交流、親睦は重視され、年に二回か三回大きな集まりが開かれる。例えば九月の集まりではそれぞれ食べ物を持ち寄るのだが、基本コンセプトは地産地消におき、できれだけ家庭菜園などで自分が育てた野菜類をつかったものが揃う。

さらに、三、四人のメンバーが自宅をグリーン・ホーム（green home）にして見学者に公開している。グリーン・ホームは全国的に関心を持たれている環境保護対策で、断熱材の利用によりエネルギー消費を抑える方法だが、年金収入の人たちにとっては現実的効果が期待できる。このように座学だけでなく、活発にこうした実践的活動も行っている。他にも持続可能な環境に関するｅ－ラーニング・システムであるＭＯＯＣ（Massive Open Online Learning Courses）を活用している。これは全世界の大学が提供している学習プログラムで地元のシェフィールド大学もかなりの科目を提供している。多くが三週間から四週間の比較的短い期間のものであるが、このシステムは無料で利用できる。関心のある内容の回の視聴となるので、グループのメンバー全員が利用しているわけではなく、また、コースを終了する人はほとんどいないのでつまみ食い的な利用ではあるが自発的に始まった動きである。

ベラさん（グループ・コーディネーター）

私は先ほど話の出た会員公開型企画で主に金曜日の講演シリーズのコーディネーターを

している。U３Aの会員が対象だが企画ごとの自由参加で、このほかにもお昼の時間帯を使うプログラムもあり、現在クラシック音楽の鑑賞企画にもかかわっている。

私とU３Aのかかわりは二〇年ほど前になる。当時まだ働いていたが、ちょうどここでU３Aが始まったばかりだったと思う。どういうところで何をするのか見当もつかなかったので、市内の大学の公開講座かと思った。

ジョーさんと同じように、私も最初は定員型グループには参加しなかった。旅行に関心があったので公開型グループの旅行企画に参加していた。しかし、ほどなく役員会の事務局長になり、その任期四年の間に本当にいろいろなことが学習できた。任期中に代表は三人代わったが、二人目の代表のときに月例の講演会シリーズが始まった。会場には映画館を借りて、講師は主にシェフィールド大学とシェフィールド・ハラム大学が無償で提供してくれている。お返しというか、代わりにU３A側は大学からの研究協力依頼があれば積極的に応じるよう会員に働きかけている。こうした形で大学側とU３A側との関係が安定的に形成されている。

公開型グループの企画会議は、小人数でもあるしほぼ定期的に開いている。講演会シリーズは、多くの会員に関心を持ってもらいたいのでインパクトのある企画となるよう知恵を絞っている。クラシック音楽鑑賞企画の方はジェネラル・コーディネーターの中で音楽に詳しい三人が中心となって年四，五回コンサートに出かける。自分たちでいくつか下見で出かけ聴いてから、感想を出し合って決める。ただ、皆さん料金は払いたがらないから市民ホールのような立派な施設でのコンサートではないところを探している。

定員型グループではピラティス・グループのコーディネーターをしている。こちらは大変人気があり一二名の定員に余裕はなく、希望者はウェイティングリスト状態である。すでに六年半続いている。教室を借りて専門のインストラクターに、高齢者に適したプログラムを作ってもらって行っているので、その費用は参加者で負担している。ただ、一人当たりの額は少ない。希望者が常時一定数いるのでもう一つグループを作ろうと考え、教会を検討したが床が硬くマットレスを用意しなくてはならないとか、高齢者に適した内容で担当できるインストラクターを探すのも困難だったりで、結局断念したという経緯がある。

公開型と定員型の両方のタイプのコーディネーターをしてきての感想だが、個人的にはピラティスで丈夫になったし身体も以前できなかった動きができるようになった。音楽会への参加も生活に潤いをもたらしてくれる。とくに生の演奏を聴くのは格別の経験である。

ステファニーさん（ジェネラル・コーディネーター）

公開型の講演会シリーズの企画をしているが、その都度どんな人（会員）が現れるかその時になってみないとわからないから、その点に興味を感じている。他に、三つある合唱グループの内の一つのグループ・コーディネーターもしている。自分にどんなスキルがあって何ができるかは実際にコーディネーターをしてみて気づくことができるものである。自分の経験でも、コミュニケーションは得意な方だとか、人をまとめるのも上手な方だとかがわかったので、声掛けしても、これができない、あれもできないという反応の会員には自分の例を挙げてチャレンジしがいのあること、役員会をはじめサポート態勢がしっかりしていることなどを説明している。

アンさん（ジェネラル・コーディネーター）

私の話をしましょう。友人の葬儀に参列して、式が終わった後他の参列者の何人かと話しているときに、なぜＵ３Ａに参加しているのか聞かれた。私はとても打ち解けた雰囲気の戯曲朗読グループに入っている。メンバーの家に集まり、戯曲を読んでいる。演劇をするのではなく、ただ読むだけだが年齢や性別を変えいろいろな配役になってセリフを読むのがとても楽しい。それから、クリスさんと同じように、私もクロケットの案内を見て連絡し、参加している。四〇年以上プレーしていなかったが、いろいろなことに挑戦しようと思っていた時期だった。ユニホームを着て自分のラケットをもって、今ではできる間は続けるつもりでいる。他のメンバーがコーチになって教えてくれる。長いブランクがあっても、始めれば上達するし、技も身に付き、心身の状態にもとてもよい。

クリスさんも言っていたように、大失敗をしてもグループのみんなが助けてくれるし、励ましあって、一緒にお茶を飲んで、芝の上でボールを打って試合にも参加する。いろいろあってもこうした仲間とのやり取りが、実は楽しい。私は太極拳のグループにも入っていて、このグループはU３Aの会員とその妻が運営している。まだ上手にできないが気持ちにもハリがでたし、筋肉や関節の動きが楽になったように感じている。定期的なスケジュールで、なにより家から出かける機会になっている。

三年前の総会に出席したときのことだが、一人を除く三人のジェネラル・コーディネーターが辞めることになって新規に担当者を探すことになった。しかし、静まり返って誰も手を挙げない。皆、手を下げたままでジェネラル・コーディネーターの席は空いたまま。なり手がいないとシェフィールドU３Aの活動も立ち行かなくなる。思わず、自分が手を挙げていた。幸い他に二人の人が手を挙げてくれ、どうにか交代ができたのだが、自分は四三個のグループを担当することになった。もともと面倒見が良いのが自分の取り柄だ。自分が参加しているのは外国語と文学関係のグループだが、特に外国語はグループが多くサンスクリット語に始まり、ウェールズ語、ケルト語、スペイン語、ポルトガル語、フランス語、ドイツ語、等々、これらはすべてグループのメンバーが講師をしている。もちろん謝礼はなく、場所はほとんどがメンバー宅である。何年も続いているグループもあり、レベルの高い特別な教科書を使って順に学習を進めてきているので、新たなメンバーの受け入れは難しい。それで、ある程度の希望者がいると新規にグループを立ち上げるわけだが、自分たちジェネラル・コーディネーターの役割はそのサポートをすることである。最近の例だと、三ヶ月前に北京語を始めたいという会員から相談があったので、U3Aの会員でもある上海出身の近所の知り合いに話したところ講師を快諾してくれた。そこで広報紙Linksとウェブサイトにグループ開設の案内を出した。七月に最初のミーティングをもち、立ち上げが決まった。定員を八名とし、友人でもある講師宅で一〇月から第一水曜に開くことになった。彼女は北京語をヨーロッパ人に教えた経験も英語を中国人に教えた経験もあったので申し分のない担当者であった。ジェネラル・コーディネーターが新しいグループの立ち上げにかかわる具体例として理解しやすいだろう。

ジェネラル・コーディネーターのもう一つの重要な役割が、トラブルというか問題が生じたときの対応である。グループの中にはもう何年も続いているものがあり、グループ・コーディネーターがかなりの高齢のため活動が停滞している場合がある。活動場所の家に所定の時間に行くと玄関に寝間着姿で現れるといったこともあるのだが、本人はグループ・コーディネーターの役割を手放すつもりはない。むずかしいのは、彼女は長い間このグループのためにかかわってきてくれたという感謝の気持ちだけでなく、高齢の彼女にとってこのグループの機会、つまり、メンバーが彼女の家に集まるということが現在の彼女にとって唯一の社会的活動になっていることを知っているために、メンバーは、多少ちぐはぐな面があってこのままの形で継続することを決めた。自然なことでもあろう。自分が経験した問題はこのケースぐらいで、いわゆる深刻なトラブルは経験したことがない。グループ・コーディネーターは対応がむずかしい問題に直面した時にはいつでも担当のジェネラル・コーディネーターに相談することができるようになっている。それでも埒があかなければ役員会に相談できる。重要なことは、どの役割を担っているにせよ、必ずサポートがあるので自分ひとりだけで対応しなくても大丈夫だということを関係者、とくにグループ・コーディネーターに理解してもらうようにしている。

ジェネラル・コーディネーターとして四三のグループを担当している。数を聞くと多いように思われるかもしれないが自分に連絡が来るのは電話かメールで月に一度くらいである。ただ、困ったことがあったらいつでも連絡してもよいようにグループとはコミュニケーションをとっている。これが大事で、サポートの態勢があることを知っていてもらうことでとくにグループ・コーディネーターは安心して活動できている。

15　立寄り会（drop-in meetings）

立寄り会は、決まった場所と日時で開いているもので、主に役員を含めた事務局スタッフやジェネラル・コーディネーター、そして、ボランティアが担当している。そこにいけば必ず誰かがいる。シェフィールドU3Aでは毎月第一火曜で、日時と場所は広報紙Linksで周知している。ウェブにアクセスできない会員はまだ四分の一いるので、直接会って話を聞いたり質問する機会は重要である。コンピューターでの接続方法についての疑問なども持ち寄ることができる。

立寄り会の大事なところは、会員のためだけでなく、まだ参加していないが関心を持っている人たちが立寄れる場所であること、そして、種々の質問にていねいに対応するので会員になるかどうかを判断しやすくなる。また、ここでの出会いが人間関係に発展し新しいグループの立ち上げにつながることもある。

会員にはなっていないが関心のある人たちに対しては、高齢になるとほとんどの人が孤独感に悩まされるがU3Aでは友人関係を作れることの重要さを伝えている。三、二〇〇人ものU3Aの会員たちがいるから、孤独感や寂しさを感じている暇はない。たくさんのグループが活動しているので関心のあるものは必ずと言っていいほど見つけることができる。仮にみつからなかったら、ジェネラル・コーディネーターの助けを借りて新規にグループを立ち上げることもできる。誰か車があれば交代で乗り合わせるなど活動自体だけでなくそれに関係するところでたくさんの交流が自然に起きてくる。こうしたことはU3Aの会員間だけではなく、その配偶者や友人などU3A以外の人たちとの付き合いにも拡がり、全体としてみれば人間関係のネットワークができコミュニティになっている。

とりわけジェネラル・コーディネーターやグループ・コーディネーター、役員会のメンバーをしていると知り合いのネットワークが格段に広がる。U3Aを共通の話題にでき、どこで出会っても共通の話題や情報共有があるし、個人的なことについても話す関係になるので、寂しさとか孤独感に悩まされることはなくなる。

とくに関心はあっても参加して大丈夫かどうか不安があるときなど立寄り会に来て話を聞いたり相談することで安心できるし、無料のコーヒーを飲みながらの談笑できる。立寄り会ではグループへの参加についてだけでなく、例えば研究で協力者を募るために来ている学生たちに会うこともある。

16 ヨークシャー・ハンバー地方U3A夏季合同発表会

シェフィールドU3Aは先に説明した九つの行政区の一つヨークシャー・ハンバー地方に属している。シェフィールドの他、リーズや古都ヨークが主要都市である。二〇一六年八月三日、三年ぶりとなる、この地方での夏季ショーケースと呼ばれる大きな集まりがヨーク市郊外のアスクハム・ブライアン大学で開催された。この地方のU3Aが一堂に会して日頃の学習活動の成果を発表し合い交流を深めることを目的に、一〇時から一六時までの一日がかりの行事である。会場はヨーク市中心部から七キロほどのところに位置する農園芸・酪農系の単科大学で、この日に向けてヨークシャー地方U3Aの代表をリーダーとする実行委員会が準備を進め、参加募集の広報として進捗情報がニューズレターやフライヤーで各地域U3Aおよび地方U3A

会場前に集うシニアたち

のホームページに掲載されていた。

　当日は朝から夏らしい快晴の一日であった。

　筆者はシェフィールドU3Aの参加者一行の貸し切りバスに乗せてもらい八時出発。会場に到着すると、一番大きな駐車場にすでに何台もの大型バスが連なって止まっていた。夏休み中の農園芸系大学。芝生の広大さだけでなくそこここに草花が咲き乱れて、イベント会場の雰囲気を醸し出していた。会場設営はシンプルで、中心は大講堂で開会式、表彰式、閉会式のほか、合唱などの団体発表が行われた。二〇〇人くらいは収容できそうな一番大きな建物で、パイプ椅子が何列も並べられていた。

園芸大学の教員によるキャンパス内の植物園芸ツアー

このホールの横の広いグランドには白いテントで覆われたブースが列をなして設営されていて、キルティングなどの手芸品、絵画、歴史研究結果などグループ活動の成果であるさまざまな作品が展示されている。中には、小グループでの演奏もある。また、成果発表関係だけでなく、体験参加を呼び掛けるhave-a-go（やってみよう！）のブースもいくつかありフラワーアレンジメント、ミニチュアクラフト、ゲームのラミキューブなどがあった。テントには多少の大小がある。テントのブースは悪天に備えてのものであったが、この日は晴天で気温も高くかなりの混雑のため、テントの裾を巻き上げ風通しの工夫をするところが多かった。人の出入りは自由。ゆっくり見て歩くといった感じではなく、とくに開会式前の時間は展示の準備をしている人たちと、準備の終わったブースをのぞき見しようというたくさんの参加者が集中してごった返しの状態となった。

施設会場はメインのホールのほかに四ヶ所用意され、一つの発表に三〇分に、中には一時間のプログラムもあったが、カラフルなスケジュール表が配布されていた。太極拳やサークルダンス、フォークダンスといった運動系のものもあれば、コメディや特定の作家の作品を取り上げたもの、さらには“Is there anything to like about Karl Marx?”（今、なぜカール・マルクスか?）と題した哲学をテーマとするディスカッション・セッションもみられた。

屋外プログラムとしてはグランドでのクロケットで、これはHマーク付き、つまり、have-a-go（やってみよう!）。バードウォッチングも集合時間を分けて、三、四回出かけて行った。同様の方式で、会場の大学の園芸教員が講師をしてくれるキャンパス内植物園芸ツアーがコラボ企画として行われた。八月に入ったばかりの頃でいろいろな種類の花が咲いていた。興味深かったのは講師の説明を聞くだけでなく、自分のガーデニングについての質問が多かったことである。講師の説明に関連する内容もあれば、自分が気になっていることを質問しているケースも少なくなく、コースを歩きながらも質問している。内容はよくわからなかったが、やり取りの様子から知識と関心の深さを感じさせられた。担当の園芸教員はツアーごとに交代していた。

開会式は定刻一〇時にヨークシャー・ハンバー地方U３Aの代表で全国代表組織への選出理事の男性の歯切れのよい声での挨拶で始まる。開始前から席は埋まり始めていて開会式のときにはすでに立ち見の人たちが後ろだけでなく壁伝いに両側へ広がる盛況さであった。全国代表組織の代表も来賓として参加し挨拶をされた。この後、このホールが満員状態となるのは一四時からの表彰式と一五時三〇分からの閉会式で、その間にコーラスの発表が入れ替わり行われていったがこちらは席に余裕がみられた。

イスはほぼ会場いっぱいに用意されていたから準備不足ではなく、収容規模を超える参加者だったことになる。立ち見には八〇代と思われる高齢の人、杖や歩行器の人も混ざっていて席を譲られたり、電動や通常の車いす利用者はステージが見やすい位置を勧められたりといった動きが見られた。中でも注目されたのは、補助具を使っていない人たちの動きで誰かが席を立ってイスが空くと立ち見の人が素早い動きでそこに座る。年を重ねるとじっと立っているのは苦痛なので、椅子取りゲームの実戦版で思いのほかの俊敏な動きが印象的であった。

午後はプログラムに余裕があったがその中の一つがシェフィールドU３Aの戯曲朗読グループの発表であった。静かな雰囲気での一時間枠の充実した内容であった。会場に入ったときはすでに始まっていて、気を付けたが古い建物でドアがギーギー音をたて、階段教室の中央列付近にいた女性二人がこちらを見て顔をしかめる。筆者は後ろの方に座ったが、その後も入室する人たちがいて、その都度怖い顔が向けられた。

ステージでは九人が役を決めて、セリフを読んでいる。戯曲ということもあり、何の話か内容がわからない。こういう時は観察に切り替えるしかないのだが、見渡したところ聴衆はあまり多くはなく大きめの階段教室にパラパラといった程度であったが、顔をしかめた女性たちはこの活動に関心の高い人たちと思われた。九人の中でひときわ声の力が強く本職の舞台俳優ではないかと思える男性がいたのでよく見るとこの人は午前中のシェフィールドのコーラスにも出演していた人だと気が付く。台詞の朗読ではあるが感情を込めたやり取りで、ラジオドラマを聞いているようであった。二幕分を取り上げ、前半が終わると小休憩、後半は役を変えて続ける。

この休憩中の出来事であった。グループのひとりの男性がこちらの席に来て朗読中のテキストを貸してくれ、今どこまで進んでいるのか、後半の開始箇所はどこかを教えてくれた。終わるまでテキストを手元においてよいという親切さであった。朝のマイクロバスでの紹介のおかげで、こちらのことに気づいてもらえたようであった。

演じられていたのは、なんとシャーロット・ブロンテの『ジェーン・エア』であった。一九三六年に初演されたもので、第二幕の二つの場面であった。ハイライトの一場面、ローチェスターがジェーン・エアにプロポーズする箇所であった。知っている小説で、しかも活字で追えたので後半はどうにかついていくことができた。ヨーク市からブロンテ姉妹博物館のあるハワースまではそれほど遠くない。『嵐が丘』の風景がある。

このグループはシェフィールドU3Aの二つある戯曲朗読グループの一つで一九九六年に設立、ほぼ同じメンバーで二〇年近く活動してきている。全員が参加できるようにするため定員は少な目の一二名で、活動場所をメンバーの自宅としている。参加希望者はウェイティングリストに乗せられるのだが、最近その人たちで二つ目のグループが立ち上げられた。

朗読を楽しむことを最優先に活動しているので、アカデミックな検討は目的としていないが市内のシェフィールド劇場で上演されるものについて自由な意見交換などはしている。取り上げる戯曲はシェフィールド図書館や近隣の公立図書館などから借りているが、どれにするかはメンバーの投票で選んでいる。

閉会式に先立ち、コーラスを発表したグループが一緒の大合唱となった。

総参加者はおそらく二〇〇人は超えたと思われるが、大変盛況であった。表情の良い顔にいくつも出会い、知り合いかどうかはわからないがそこここで談笑がみられた。これだけのイベントが、企画と準備、当日のボランティアまですべてＵ３Ａの会員たちの手で行われたのであり、協力して事をなすシニアたちの草の根の力を印象付けられた。とくに青地のＵ３Ａのマークを付けた多くのボランティアが円滑な運営を支えていた。

あとがき

筆者はしばらく前に『The Long History of Old Age（老人の歴史）』（Pat Thane編、2005＝2009）という本の翻訳をした。この本は多くの図像を含む大著で、社会史の立場から老年期の多様性を提示したものである。古代ギリシャ・ローマ、中世とルネサンス、一七世紀、一八世紀、一九世紀、二〇世紀までおよそ二〇〇〇年にわたり、主にヨーロッパ、北米、オセアニアについてであるが、彫刻や絵画、宗教書や文学や演劇、民衆生活の諸資料などの豊富な題材の検討を通して年老いた人々がどのように見られ、扱われ、生きていたのかを年代を追って時代背景、社会背景とともに論じていく。基底音は著しい多様性である。心身面、経済面、居住形態、地域特性、社会制度上の位置づけ、存在価値、社会道徳、等々において高齢者が歴史的には多様な存在であったことが示される。

同書のあとがきで、筆者は次のように述べた。

歴史を通してみたときの高齢者には、多様性にもかかわらず重要な共通特性もみられる。本書が繰り返し強調しているように、富裕者も貧者も、男性も女性も、働ける限りは働き、動ける限りは動いていたのである。引退という社会制度の発明は歴史的にはごく最近の出来事であって、普遍的なものではない。個人のライフスタイルの問題とされ趣味やボランティアなど社会参加を推奨する耳慣れた言説は、実は問題の本質を表しきれていないことを本書は明らかにしている。個人の問題であると同時に、歴史的課題であることが理解される必要があろう。本書は人口の高齢化が取り上げられる時の陰鬱な文脈に対して多様な高齢者像を歴史から提示することで、社会通念に挑戦している。この試みは成功している。抽象化されがちな高齢者像は具体的なさまざまな姿の提示で、息を吹き込まれているからである。問われてくるのは、そこからどのようなメッセージを読み取るかであろう。個人の問題でありながら個人の問題としては完結できないところに老いの本質があるのであり、他者との関係性、新たな社会的価値の生成、高齢社会の次、を視野に入れる必要がある。その原動力は、高齢者と呼ばれる人々である。

我々はやはり、かつてない時代に生きているのである。（木下、二〇〇九、四一一～四一二頁）

この認識は、今回の本でも踏襲されている。本書では序章で理論枠組みを提示したが、その中に歴史的視点を組み込んでいる。ミルズ（C. Wright Mills 1959=1965/1995、第一章）を引き合いに出すまでもなく、個人史と歴史の交錯点から「いま、この」社会とそこに生きる人々の特性を理解することが私たちに実践的指針をもたらしてくれる。

社会の変動期には新しい種類の人間が登場するのだが、その人たち自身も他の人々もそのことに気づくのがむずかしいものである。社会的意識の遅滞化現象である。本書では「サードエイジにあるシニア」という視点を軸に、静かに変動しつつある高齢社会でその最前線を生きるシニアたちの姿を〝学びの経験〟を通して描こうとした。本書で論じたように、学ぶという行為とその場は、シニア個人にとって有意義な生き方をもたらすだけではない。教え・学ぶことは文化的価値に立脚し大学として制度化されており、社会に送り出すための教育あるいは社会から戻ったときの学び直しの社会的機能をもっている。それゆえに、閉塞化した社会に対しても変化を促す戦略点になりうるのではないかと考えている。そこで、当事者たちの経験、学びの場の特性を事例研究的に取り上げ、問題の所在、論点の明確化を試みた。その意味で、本書は中間報告であり取り上げるべき重要な点もまだあるであろうが、とりあえずは次に続く足場は築けたのではないかと思っている。

定年後の生き方をめぐっては高い関心が寄せられているが、個人の側に比重が偏る傾向があるよう思われる。頭ではわかるが、行動につながらない。言語状況が飽和化しているともいえよう。求められているのは、本書が試みたように理論枠組み――と言ってもごく一般的に理解できるものだが――を設定することで、それにより現状での自身の位置確認ができミクロ、マクロ両面での方向性を得ることができよう。

自分は時間的にも限りある人生の最高期のとき、サードエイジを有意義に生きているのだろうか、どこに居場所を得て、誰との関係で社会的役割を果たしているのか、第二モラトリアムの機会があるとすれば、どこで何をしたらよいだろうか、そして、第一歩をともかく踏み出してみたいと思うのであれば自分に合いそうな〝学び〟の場を調べ、参加を検討してみよう。そのとき背中をそっと押せたらと願う……これが、本書のささやかなメッセージである。

本書は科学研究費の助成により実施している「高齢者の学習・教育プログラムのタイプ別比較と実践モデルの提示」（基盤C、課題番号16k04203：2016-2018、代表、木下康仁）の成果の一部であるが、この研究プロジェクトはシニア参加型として計画され実施されてきている。研究協力者として次の六名のシニアが参加し、カッコ内の作業を分担し月例ミーティングを重ねてきている。小川潔さん（立教セカンドステージ大学とサポートセンター）、吉澤健春さん（立教セカンドステージ大学と同窓会）、小川文男さん（かわさき市民アカデミー）、筒井雄二さん（東京農大グリーンアカデミー）、北川範子さん（イギリスU３Aとあさお市民活動サポートセンター）、筒井久美子さん（なかの生涯学習大学）である。

なお、大学併設型、市民大学型ともに今回取り上げたところ以外にも注目すべき実践例は少なくないであろうし、大学／院正規入学型、放送大学、高齢者コミュニティ（Continuing Care Retirement Community）など他のタイプの研究も残されている。それぞれの特性を明らかにし、シニアの多様な学びのニーズに応えられる選択肢の提示が必要であろう。

本書の作業経過であるが、二〇一六年度に筆者のフィールドワークに基づきイギリスのU３A活動について重点的に検討した。本書では最後の第六章になるが、U３Aについての理解をメンバーで共有し、序章の理論枠組みとは別のもう一つの参照軸に設定した。市民シニアによる自律的学習活動であり日本には見られない形態であるが、明確な理念と方法論をもつ世界的にも屈指の成功例でありモデルである。その拡大と成長の結果、現在ではイギリスにおいてシニアにとっての社会資源といえるほど大きなネットワークになっている。U３Aという言葉で瞬時につながる世界が創出されている。イギリスU3Aの水平型組織活動論に対して日本の実践は制度的な枠があり、大学併設型にせよ市民大学型にせよ、あるいはその他のタイプにしてもその枠をどこまで柔軟にしていけるかが水平型の発展、つまり、日本における市民シニアの出現可能性と密接に関係している。なお、イギリス以外の国々や地域でのU3A活動については別稿で述べているので参照していただきたい（木下、二〇一八）。

最後に、本書の調査にご協力いただいた関係者の方々、とくに、中村喜光氏、中村昌子さん、（公財）川崎市生涯学習財団事業推進室の中田秀逸氏、認定NPO法人かわさき市民アカデミー事務局の西山拓氏と堀江清美さん、中野区健康福祉部文化・スポーツ分野の市川恵子さんと亀井久徳氏に心より感謝申し上げます。また、研究協力員として参加している、先に挙げたシニアの皆さんにもお礼を申し上げる。チームでの月例ミーティングでは刺激的な議論が交わされ、それ自体がシニアの学びの実践プロセスにもなっている。なお、本書の刊行に際しては、これまでと同様に弘文堂編集部の中村憲生氏にお世話になった。氏とのコンビは二〇年近くになるがこれまでの仕事と違い、今回はともにシニアの立場でもあり自分を当事者化していろいろ議論ができた。感謝申し上げる。

Laslett, Peter 1965 *The World We Have Lost: England Before the Industrial Age*, Routledge, London（=1986、『われら失いし世界：近代イギリス社会史』、川北稔他訳、三嶺書房）

Laslett, Peter 1989/1991 *A Fresh Map of Life: The Emergence of the Third Age*, Harvard University Press

Linton, Ralf 1936 *The Study of Man: An Introduction*. Appleton-Century-Crofts, INC.

Mead, George Herbert 1934 *Mind, Self, and Society*, University of Chicago Press（= 1995「精神・自我・社会」、河村望訳、人間の科学社）

Midwinter, Eric, *500 Beacons – U3A Stories*, Third Age Press, 2003

Mills, C. Wright 1959 *The Sociological Imagination*, Oxford University Press（= 1965/1995『社会学的想像力、新版』、鈴木広訳、紀伊国屋書店）

Parsons, Talcott 1951 *Social System* , Free Press（= 1974『社会体系論』、佐藤勉訳、青木書店）

Thane, Pat ed. 2005 *The Long History of Old Age*, Thames & Hudson（= 2009『老人の歴史』、木下康仁訳、東洋書林）

Rosow, Irving 1967 *Social Integration of the Aged*, Free Press, New York

Rosow, Irving 1974 *Socialization to Old Age*, University of California Press (=1983 高齢者の社会学、嵯峨座晴夫監訳、早稲田大学出版)

Tornstam, Lars 2005 Gerotranscendence: *A Developmental Theory of Positive Aging*, Springer Publishing Company, Inc., New York

参考・引用文献

Beckett, Francis 2014 *The U3A Story*, published on March 27th , 2014 www.u3a.org.uk/the-u3a-story/file.html, accessed on January 5th, 2017

Blumer, Herbert 1969 Symbolic Interactionism: *Perspective and Method*, Prentice-Hall（=1991『シンボリック相互作用論：パースペクティブと方法』後藤将之訳、勁草書房）

Burges, Ernest W. 1960 Aging in Western Culture, In: *Aging in Western Societies*, edited by Ernest W. Burges, The University of Chicago Press, Chicago, pp. 20-21

DeVos, George A. 1973 Role Narcissism of the Etiology of Japanese Suicide, In: Socialization for Achievement; *The Cultural Psychology of the Japanese*, edited by George A. DeVos, University of California Press, pp. 438-485

Erikson, Erik. H. and Joan M. Erikson 1982 *The Life Cycle Completed, Expanded Edition*（= 2001『ライフサイクル、その完結〈増補版〉』、村瀬孝雄・近藤邦夫訳、みすず書房）

深沢七郎 1964 『楢山節考』、新潮文庫

Hochschild, Arlie Russel, 1973 The Unexpected Community: Portrait of an Old Age Subculture, University of California Press, Berkley

木下康仁 1983 アメリカ社会老年学における比較文化研究の現状、社会老年学、no. 17, pp. 50-66

木下康仁 1989 『老人ケアの社会学』、医学書院

木下康仁 2009 あとがき、In:『老人の歴史』、木下康仁訳、東洋書林、pp. 411-412

木下康仁 2018 国境を超えるシニアの学び：University of the Third Age 運動の国際展開、応用社会学研究、第60号

【著者紹介】

木下康仁（きのした　やすひと）
立教大学社会学部教授。1953年山梨県小菅村生まれ。1984年カリフォルニア大学（サンフランシスコ校）人間発達・エイジング研究科博士課程修了(Ph.D.)。専門は、社会老年学、福祉社会論、質的研究法（とくに、修正版グラウンデッド・セオリー・アプローチ、M-GTA）。
著書に、『質的研究と記述の厚み』（弘文堂、2009年）、『ライブ講義M-GTA』（弘文堂、2007年）、『改革進むオーストラリアの高齢者ケア』（東信堂、2007年）『グラウンデッド・セオリー・アプローチの実践』（弘文堂、2003年）、『分野別実践編グラウンデッド・セオリー・アプローチ』（編著、弘文堂、2005年）、『グラウンデッド・セオリー論』（弘文堂、2014年）、『ケアラー支援の実践モデル』（編著、ハーベスト社、2014年）、『親密性の福祉社会学』（共著、東京大学出版会、2013年）、『ヘルスリサーチの方法論』（共著、放送大学教育振興会、2013年）。翻訳『老人の歴史』（東洋書林、2009年）などがある。

シニア 学びの群像——定年後ライフスタイルの創出

2018（平成30）年2月28日　初版1刷発行

著　者　木下康仁
発行者　鯉渕友南
発行所　株式会社 弘文堂　101-0062 東京都千代田区神田駿河台1の7
TEL 03(3294)4801　振替 00120-6-53909
http://www.koubundou.co.jp

装　丁　笠井亞子
組　版　スタジオトラミーケ
印　刷　大盛印刷
製　本　井上製本所

ISBN978-4-335-55191-8